おしゃカワ！

ビューティー大じてん

一番ラブリー！

監修／オトメのミリョク研究会

おしゃれは、女《おんな》の子《こ》がかわいくなれる魔《ま》法《ほう》だよ！
この本《ほん》には、あなたのミリョクを引《ひ》き出《だ》す
10コの方《ほう》法《ほう》と、みんなの口《くち》コミがつまっているの♪
おしゃれでかわいい女《おんな》の子《こ》になって、
毎《まい》日《にち》を今《いま》よりもっと楽《たの》しく過《す》ごしちゃおう☆

成美堂出版

あこがれるのは

おしゃれでかわいい女《おんな》の子《こ》

おしゃれでかわいい女《おんな》の子《こ》への第一歩《だいいっぽ》は、
自分《じぶん》のチャームポイントを知《し》ること♪
ここではあなたの性格《せいかく》と、それに合《あ》わせて、
あなたがおしゃれの中《なか》で
一番気《いちばんき》をつけるべきポイントを診断《しんだん》するよ！
そのポイントを中心《ちゅうしん》におしゃれをみがけば、
あなたのミリョクが
ぐ〜んとアップしちゃうはず♡

写真《しゃしん》の
とり方《かた》
ダイエット
メイク
ヘア
ネイル
スキンケア
モテ女子《じょし》
ファッション
手《て》がき
文字《もじ》

テスト1

オモテ性格《せいかく》診《しん》断《だん》

ステキな女《おんな》の子《こ》になるためには、まず自分《じぶん》を知《し》ることが大切《たいせつ》♡
まずは、あなたのオモテ性格《せいかく》がわかる診断《しんだん》テスト！
質問《しつもん》を読《よ》んで当《あ》てはまるほうに進《すす》んでね。

スタート！

1

朝《あさ》のあいさつは？

- だいたい自分《じぶん》から先《さき》にする　5へ
- 友《とも》だちからされるほうが多《おお》い　2へ

2

グループ内《ない》でのあなたのキャラは？

- たよられるお姉《ねえ》さんキャラ　3へ
- 盛《も》り上《あ》げ役《やく》のムードメーカー　4へ

3

友《とも》だちと家《いえ》で遊《あそ》ぶときは？

- 友《とも》だちの家《いえ》に行《い》くことが多《おお》い 6へ
- 自分《じぶん》の家《いえ》に呼《よ》ぶことが多《おお》い 8へ

4

友《とも》だちに相談《そうだん》されたときどうする？

- 話《はなし》を聞《き》いてはげます 8へ
- 解決《かいけつ》するために協力《きょうりょく》する 9へ

5

友《とも》だちを笑《わら》わせるのは得意《とくい》？

- 得意《とくい》！ 7へ
- そうでもない 3へ

6

ホメられるなら、どっちがうれしい？

たよりになるね！　テスト2の1へ

おもしろいね！　テスト2の2へ

7

待《ま》ち合《あ》わせするときは？

ピッタリか早《はや》めに着《つ》くようにする　10へ

たいていおくれちゃう　6へ

8

イヤなことがあったら？

友《とも》だちに話《はなし》を聞《き》いてもらう　テスト2の2へ

1人《ひとり》で部屋《へや》で音《おん》楽《がく》を聴《き》く　テスト2の3へ

テスト1

オモテ性格《せいかく》診《しん》断《だん》

9

友《とも》だちがいてよかった！と思《おも》うのはどんなとき？

いっしょに盛《も》り上《あ》がったとき　8へ

自分《じぶん》が落《お》ちこんだとき　テスト2の3へ

10

係《かかり》や委員《いいん》を決《き》めるときは積極的《せっきょくてき》？

積極的《せっきょくてき》にやる　テスト2の1へ

あんまりやらない　6へ

テスト2に続《つづ》くよ♡

テスト2

ウラ性《せい》格《かく》診《しん》断《だん》

続《つづ》けて、テスト2はあなたのウラ性格《せいかく》を診断《しんだん》するテストだよ！
テスト1の最後《さいご》に指示《しじ》された番号《ばんごう》から、始《はじ》めてみよう。
進《すす》め方《かた》はテスト1といっしょだよ。

スタート！

1

好《す》きな人《ひと》に作《つく》ってあげるなら？

お弁当《べんとう》 6 へ

おかし 5 へ

2

このアイス、どこから食《た》べ始《はじ》める？

Aのゾーン 5 へ

Bのゾーン 4 へ

3

初《はじ》めて見《み》るフルーツ。どんな味《あじ》だと思《おも》う？

- とろけそうなくらいあまい！ 4へ
- 飛《と》び上《あ》がるほどすっぱい！ 7へ

4

どちらか選《えら》ばないといけないなら？

- 一番《いちばん》好《す》きなものを一生《いっしょう》食《た》べられない 8へ
- 一番《いちばん》キライなものを毎日《まいにち》食《た》べなきゃいけない 9へ

5

雨《あめ》の音《おと》のイメージは？

- ザーザー 10へ
- しとしと 8へ

6

魔法《まほう》のドアの
向《む》こうに続《つづ》くのは？

空《そら》の上《うえ》の世界《せかい》 10へ

おとぎの国《くに》 5へ

7

将来《しょうらい》どんな
結婚式《けっこんしき》をしたい？

にぎやかで
パーティーみたいな式《しき》 4へ

海外《かいがい》でカレと
2人《ふたり》きりの式《しき》 9へ

8

もし
生《う》まれ変《か》わるなら？

男《おとこ》の子《こ》 診断《しんだん》B P14へ

女《おんな》の子《こ》 診断《しんだん》C P15へ

テスト3に
続《つづ》くよ♡

テスト2

ウラ性格《せいかく》診断《しんだん》

9

○○に入《はい》る言葉《ことば》はどちらだと思《おも》う？

「好《す》きな人《ひと》と目《め》が合《あ》って、○○した」

ドキドキ　診断《しんだん》C　P15へ

キュンと　診断《しんだん》D　P16へ

テスト3に続《つづ》くよ♡

10

もし能力《のうりょく》をもらえるならどっち？

時間《じかん》を止《と》められる力《ちから》　診断《しんだん》A　P13へ

空《そら》を飛《と》ぶ力《ちから》　診断《しんだん》B　P14へ

テスト3に続《つづ》くよ♡

テスト3

スイッチを押《お》したら何《なに》が起《お》きる？

部屋《へや》の入《い》り口《ぐち》にあるスイッチ。押《お》したら何《なに》が起《お》きると思《おも》う？

b
カーテンが閉《し》まって、プラネタリウムが始《はじ》まる

a
たなの引《ひ》き出《だ》しが開《ひら》いて、うちゅう人《じん》が出《で》てくる

診断結果《しんだんけっか》は次《つぎ》のページ！

テスト１・２でわかったあなたのオモテ性格《せいかく》・ウラ性《せい》格《かく》と合《あ》わせて、テスト３では、あなたがもっとミリョク的《てき》な女《おんな》の子《こ》になるためにみがくべきおしゃれ度《ど》アップポイントがわかるよ♡

診《しん》断《だん》 A のあなたは

元《げん》気《き》いっぱいのパワフルガール

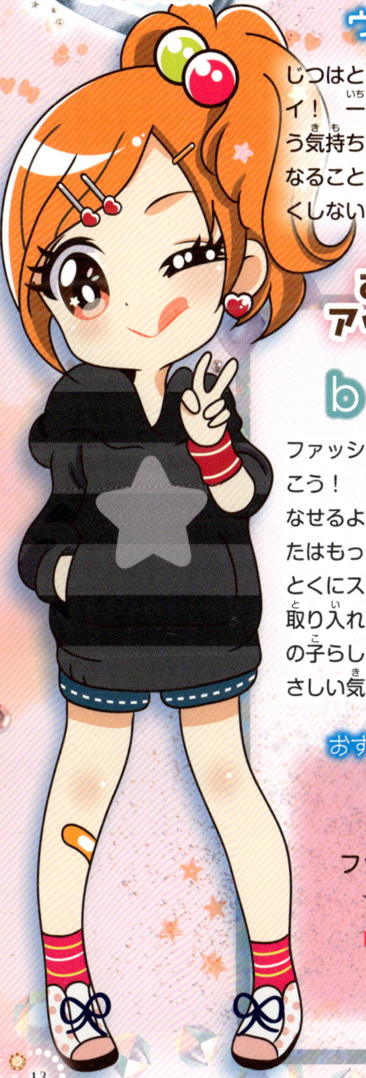

ウラ性《せい》格《かく》

じつはとっても負《ま》けずギライ！　一番《いちばん》になりたいという気《き》持《も》ちが強《つよ》くて、ムキになることも。フンイキを悪《わる》くしないように気《き》をつけて。

オモテ性《せい》格《かく》

あなたは明《あか》るくて積極的《せっきょくてき》な女《おんな》の子《こ》！　友《とも》だちも多《おお》くて、みんなの人《にん》気《き》者《もの》タイプ。いつも堂々《どうどう》としたすがたが、キラキラかがやいてるよ☆

おしゃれ度《ど》アップポイント

テスト3 で……

b を選《えら》んだ人《ひと》

ファッションセンスをみがこう！　いろんな服《ふく》を着《き》こなせるようになると、あなたはもっとかがやけるよ。とくにスカートをコーデに取《と》り入《い》れると、いつでも女《おんな》の子《こ》らしくおだやかな、やさしい気《き》持《も》ちになれそう♡

おすすめページ

part 1
ファッション
☆ガイド
➡ P23

a を選《えら》んだ人《ひと》

ツメをキレイにしよう！
ツメのお手《て》入《い》れをすると、熱《あつ》くなりすぎちゃった気《き》持《も》ちが落《お》ち着《つ》きそうだよ。マニキュアやネイルをすれば、太陽《たいよう》みたいに明《あか》るいあなたのミリョクが、さらに引《ひ》き出《だ》されそうだよ♪

おすすめページ

part 4
ネイルマジック
➡ P129

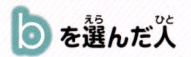

診《しん》断《だん》 B のあなたは

センスバツグンおしゃれガール

ウラ性《せい》格《かく》

じつはあきっぽいところも。何《なに》かを始《はじ》めてもすぐ他《ほか》のものが気《き》になって、なかなか続《つづ》かないみたい。１つのことをがんばってみよう！

オモテ性《せい》格《かく》

あなたはおしゃれでかっこいい女《おんな》の子《こ》！　人《ひと》を引《ひ》きつけるミリョクを持《も》っているの。みんなに注目《ちゅうもく》されていて、あこがれの的《まと》だよ♡

おしゃれ度《ど》アップポイント

テスト3 で……

b を選《えら》んだ人《ひと》

身体《からだ》にみがきをかけよう！　ストレッチをしたり食《た》べものに気《き》をつけたりすることで、おしゃれがさらに似合《にあ》うかっこいい体型《たいけい》になるよ。運動《うんどう》を続《つづ》けることで心《こころ》も強《つよ》くなって、内側《うちがわ》からミリョク的《てき》に変身《へんしん》できそう☆

おすすめページ

part 6
ヒミツのプチダイエット
➡P161

a を選《えら》んだ人《ひと》

写真《しゃしん》のとり方《かた》や、かわいい文字《もじ》をかくセンスをみがこう！　見《み》た目《め》以外《いがい》のミリョクをアップさせることで、ぬけ目《め》のないおしゃれガールになれるよ。じっくり覚《おぼ》えてみると、一生《いっしょう》けん命《めい》向《む》き合《あ》う力《ちから》が身《み》につきそう♪

おすすめページ

part 8
いいね！ 写真《しゃしん》のとり方《かた》
➡P225

part 9
かわいい手《て》がき文字《もじ》
➡P241

診断《しんだん》 C のあなたは

おしとやかなほんわかガール

ウラ性格《せいかく》

じつは自分《じぶん》に自信《じしん》が持《も》てないみたい。自分《じぶん》の意見《いけん》なんて……と、人《ひと》にゆずってしまいがち。自分《じぶん》みがきをしてもっと自信《じしん》を持《も》とう！

オモテ性格《せいかく》

あなたはおだやかで、心《こころ》やさしい女《おんな》の子《こ》！　人《ひと》をいやす力《ちから》があるよ。あなたといると落《お》ち着《つ》くので、だれからも好《す》かれているはず♡

おしゃれ度《ど》アップポイント

テスト3で……

b を選《えら》んだ人《ひと》

肌《はだ》のケアをしよう！　肌《はだ》をキレイにすることで、相手《あいて》の目《め》を見《み》て、自分《じぶん》の気持《きも》ちを伝《つた》えられるようになりそう。やさしくてかわいらしいあなたが自信《じしん》をつけたら、一気《いっき》に男《おとこ》の子《こ》からの注目《ちゅうもく》が高《たか》まりそうだよ♡

おすすめページ

part 5
スベスベ肌《はだ》のヒケツ♡
➡P145

a を選《えら》んだ人《ひと》

モテしぐさやマナーを学《まな》ぼう！　もともと女《おんな》の子《こ》らしいあなたがエレガントなふるまいを覚《おぼ》えれば、ミリョクがぐ〜んとアップしてモテモテに♡　みんなの見《み》る目《め》も変《か》わるので、自信《じしん》が持《も》てるようになるはず。

おすすめページ

part 7
モテ女子《じょし》のすべて
➡P193

part 10
好《す》かれ女子入門《じょしにゅうもん》
➡P257

診断《しんだん》 D のあなたは

たのもしいクールガール

ウラ性格《せいかく》

じつは素直《すなお》になれないところも。人《ひと》にきびしい印象《いんしょう》をあたえてしまうこともありそう。もう少《すこ》し気楽《きらく》に考《かんが》えてみてもよさそうだよ！

オモテ性格《せいかく》

あなたはしっかり者《もの》の女《おんな》の子《こ》！　いつも冷静《れいせい》で落《お》ち着《つ》いた判断《はんだん》ができるよ。みんなの相談役《そうだんやく》にピッタリで、信《しん》らいされているはず♪

おしゃれ度《ど》アップポイント

テスト3で……

b を選《えら》んだ人《ひと》

ヘアに気《き》を配《くば》ろう！　ケアやアレンジをすると、きびしく見《み》えていたあなたのフンイキがやわらかくなりそう。いつもクールなあなたの女《おんな》の子《こ》らしい一面《いちめん》に、ドキッとしちゃう男《おとこ》の子《こ》もたくさんいそうだよ♡

おすすめページ

part 2
女子力上《じょしりょくあ》げ♡
ヘアレシピ
➡ P65

a を選《えら》んだ人《ひと》

メイクにチャレンジしてみよう！　メイクをすると気《き》分《ぶん》が変《か》わって、あなたのクールなミリョクに加《くわ》えて、大人《おとな》のよゆうが身《み》につくよ。とくにチークをすると、ハートがやさしくなって素直《すなお》になれちゃうかも♡

おすすめページ

part 3
メイクの魔法《まほう》♪
➡ P97

おしゃカワ！ビューティー大じてん

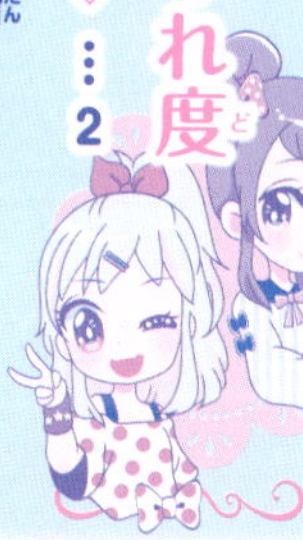

part 1

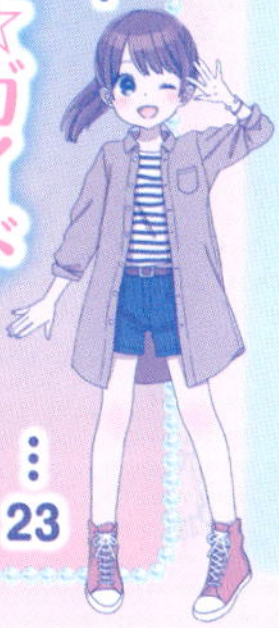

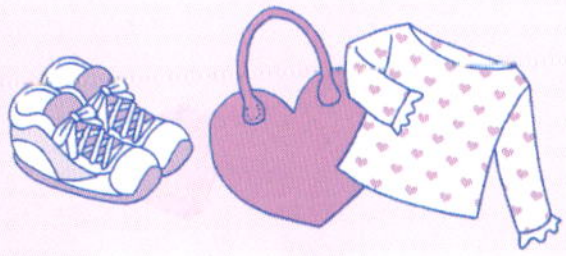

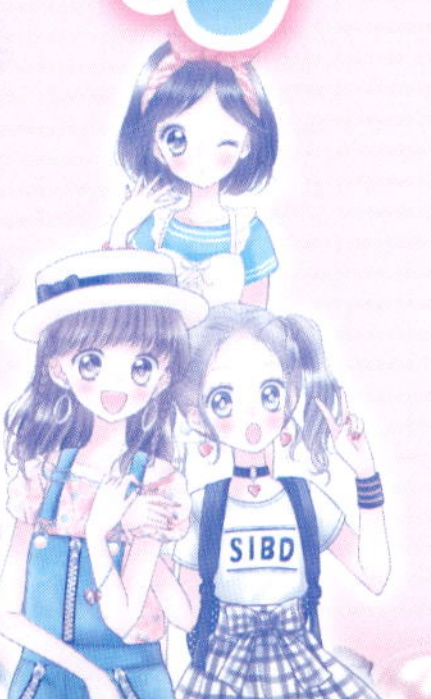

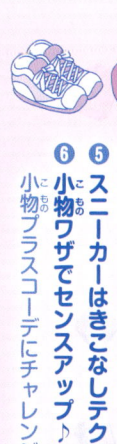

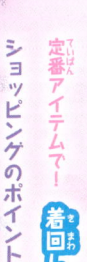

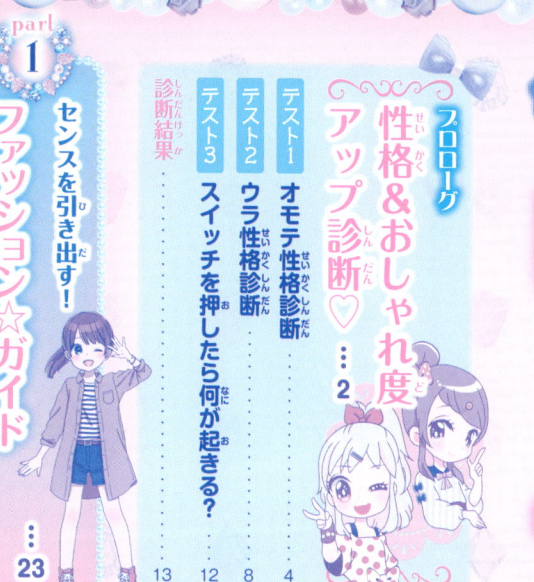

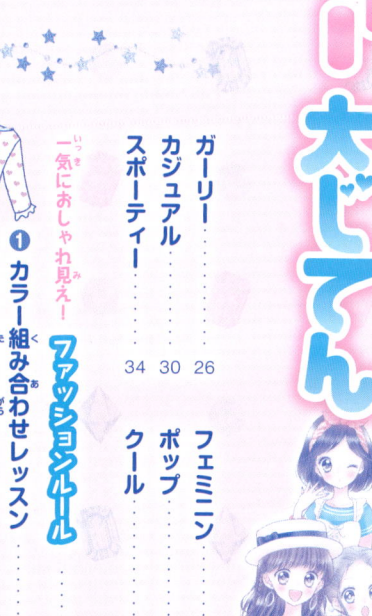

part 2 おしゃカワガールの命《いのち》！ 女子力《じょしりょく》上《あ》げ♡ヘアレシピ…65

part 3 スペシャルな1日《にち》に♡ メイクの魔法《まほう》♪…97

part 5 さわりたくなる！ スベスベ肌《はだ》のヒケツ♡ …… 145

part 6 美《び》ボディーをゲット！ ヒミツのプチダイエット …… 161

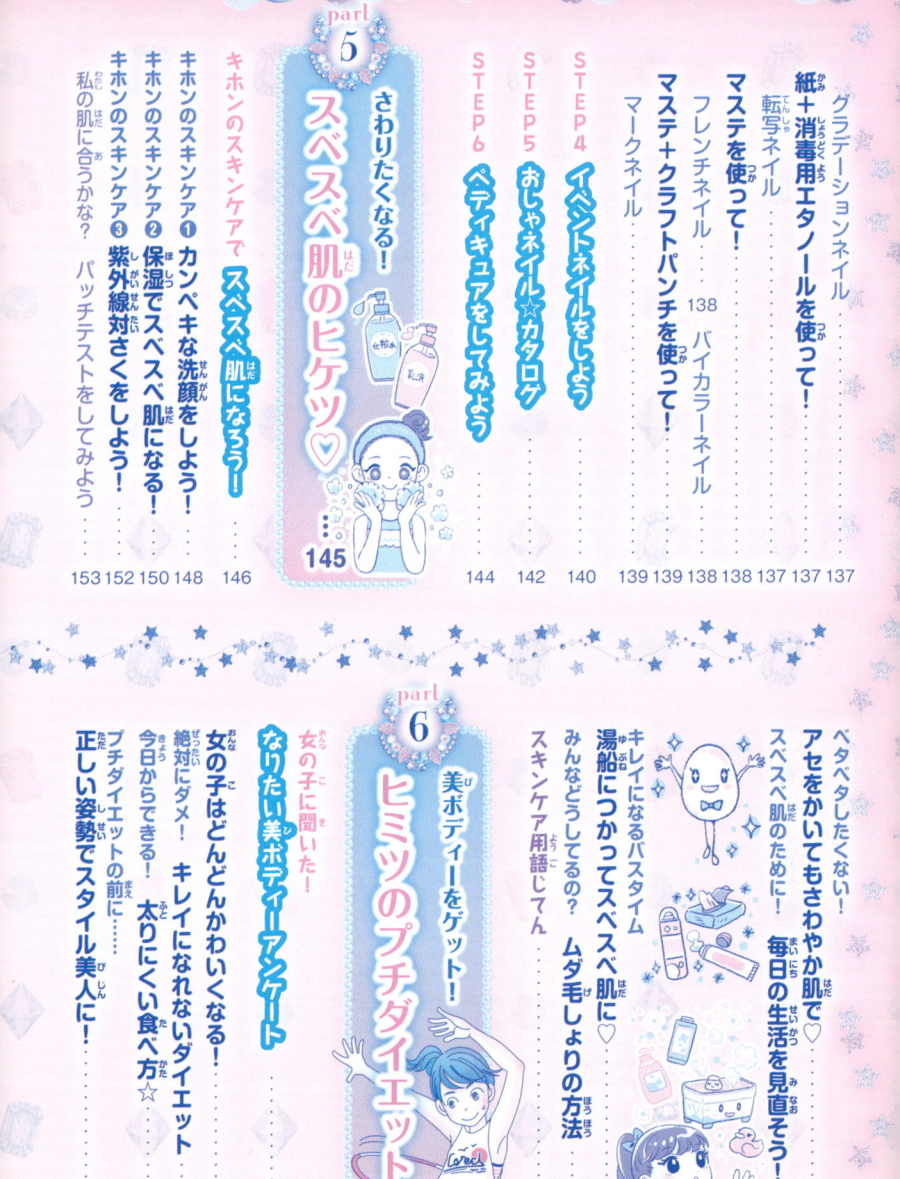

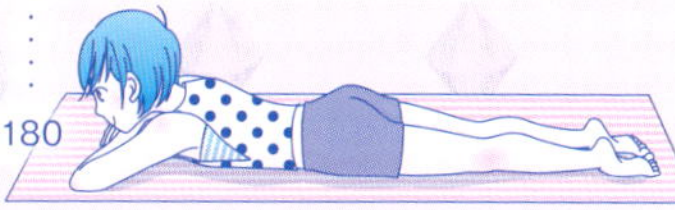

part 1

センスを引《ひ》き出《だ》す!

ファッション☆ガイド

おしゃれに自《じ》信《しん》がないあなたも！　持《も》っている服《ふく》が少《すく》ない……と、なやむあなたも！　コーディネートのちょっとしたルールを覚《おぼ》えれば、カンタンにおしゃれ上《じょう》手《ず》になれちゃうの♡　センスをみがいて、毎《まい》日《にち》のファッションをもっと楽《たの》しもう☆

ファッションテイスト6

カジュアル
フェミニン
ガーリー
ナチュラルな
ラフさがおしゃれ！
キレイな
お姉《ねえ》さんスタイル♪
ふわふわ
女《おんな》の子《こ》らしい♡

どれがお好《この》み？

ファッションテイストとは、ざっくり言《い》うとかわいい系《けい》・かっこいい系《けい》など、服《ふく》のフンイキの種類《しゅるい》のこと。ここでは、代表的《だいひょうてき》な6つのテイストを集《あつ》めたよ。自分《じぶん》の好《この》みのテイストをマネしてみよう！

クール
スポーティー
ポップ
シンプルで大人《おとな》っぽい♡
動《うご》きやすくてかっこいい！
ハデハデで元気《げんき》はじける☆

王道《おうどう》ラブリーといったらコレ！

ガーリー

女《おんな》の子《こ》らしいフンイキのコーデ。フリルやリボン、レースなどのポイントで、キュートなイメージだよ。

Point 1
シュシュ

シュシュは、ヘアを結《むす》んでも、手首《てくび》につけても◎。クシュクシュした素材《そざい》が女《おんな》の子《こ》らしいアイテム♡

こんな子《こ》におすすめ！

- 好《す》きな色《いろ》はピンクやあわい色《いろ》♡
- ギンガムチェックや花柄《はながら》が好《す》き！
- パンツよりも、断然《だんぜん》スカート派《は》♪

とびきりキュートな
ふんわりスタイル♡

Point 2
ブラウス

せいそで女《おんな》の子《こ》っぽいブラウスは、ガーリーコーデの定番《ていばん》。そでのフリルがかわいらしい！

Point 4
バレエシューズ

コロンとしたつま先《さき》がラブリーなバレエシューズ。さりげなくついているリボンがキュート！

Point 3
フレアスカート

すそが広《ひろ》がるフレアスカートは、ふんわりした感《かん》じが女《おんな》の子《こ》らしさをアップしてくれるよ。

おすすめアイテム

ギンガムチェック

ガーリーコーデにもってこいのギンガムチェックは、ピンクや水色《みずいろ》などパステルカラーがおすすめ！

ハートモチーフ

バッグや洋服《ようふく》の柄《がら》などで、ハートモチーフのアイテムを取《と》り入《い》れよう♡ラブリー感《かん》をアップできちゃうよ♪

サスペンダーつきスカート

ちょっと少女《しょうじょ》っぽいスカートだよ♪　ブラウスやTシャツなど、いろんなトップスと合《あ》わせやすいので、持《も》っておくと便利《べんり》☆

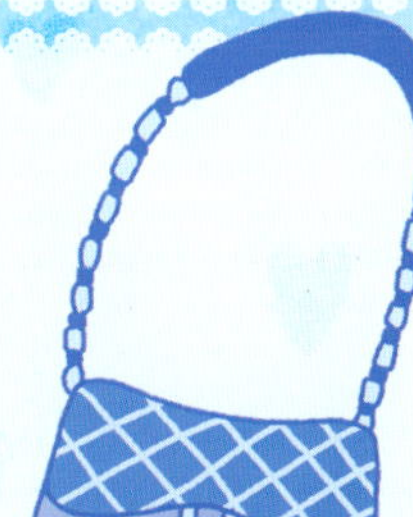

チェーンバッグ

ガーリーコーデには、小《ちい》さなバッグがおすすめ。チェーンバッグでラブリーにコーデをまとめよう！

ガーリーテイストのコツ

フリル・リボン・レースなどの、ラブリーモチーフをつめこみすぎないのがコツ！　1つのコーデでたくさん使《つか》いすぎると、子《こ》どもっぽくなっちゃうかも……。

背《せ》のびした美人《びじん》スタイル♡

フェミニン

女性《じょせい》らしくてキレイなフンイキのコーデ。大人《おとな》っぽくて、かわいらしすぎないイメージだよ。

こんな子《こ》におすすめ！

★キレイなお姉《ねえ》さんっぽくなりたい♡

★かわいいモチーフも好《す》きだけどシンプルなのも好《す》き！

大人《おとな》かわいいちょいあまコーデ♡

Point 1 リブニット

身体《からだ》にフィットしやすいリブニットは、女性《じょせい》らしく見《み》せてくれて、やわらかい印象《いんしょう》になるよ♡

Point 2 イヤリング

フェミニンコーデには花《はな》モチーフもおすすめ。花《はな》のイヤリングでかわいらしさをプラス！

Point 3 サーキュラースカート

エレガントに見《み》えるサーキュラースカートは、ひざより長《なが》めのたけのものがお姉《ねえ》さんっぽい♪

Point 4 パンプス

足《あし》のこうが見《み》えるパンプスは、スラッとキレイに見《み》せてくれるよ。大人《おとな》っぽくて上品《じょうひん》に☆

おすすめアイテム

ハンドバッグ

小《ちい》さいハンドバッグがおすすめ！ ひじにかけて持《も》つしぐさで、女性《じょせい》らしさをアップできちゃう！

カーディガン

１つ持《も》っておくと便利《べんり》なカーディガン。ブラウスの上《うえ》に羽織《はお》ったり、肩《かた》にかけて結《むす》ぶのもおしゃれだよ♪

パールアクセサリー

アクセサリーを追加《ついか》するならパール系《けい》がおすすめ♡　上品《じょうひん》なフンイキにしてくれて、大人《おとな》っぽくなるよ。

ハイウエストパンツ

パンツコーデをするなら、ハイウエストパンツが合《あ》うよ！　ウエスト部分《ぶぶん》にリボンがついているものなら女性《じょせい》らしくて◎。

フェミニンテイストのコツ

コーデのどこかにかわいらしさを残《のこ》そう。大人《おとな》の女性《じょせい》らしくまとめすぎると、無理《むり》して背《せ》のびしている印象《いんしょう》に。１つかわいらしいポイントがあると、バランスが取《と》れるよ。

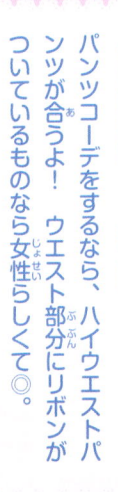

ナチュラルなシンプル派《は》なら♪

カジュアル

ラフでかざりすぎないフンイキのコーデ。アイテムによって、かわいくもかっこよくもなれるよ☆

こんな子《こ》に おすすめ！

- 女《おんな》の子《こ》っぽすぎるのはニガテ。
- どちらかというとパンツ派《は》！
- シンプルなアイテムが好《す》き♪

さらっと着《き》こなす
シンプルおしゃれ☆

Point 1

ニットぼう

カジュアルで、ほっこりしたかわいさもあるニットぼう♡　かぶるだけでおしゃれ上級者《じょうきゅうしゃ》チック！

Point 2

Gジャン

定番《ていばん》で何《なん》にでも合《あ》わせやすいGジャン。そでを通《とお》さず、肩《かた》にかけて羽織《はお》るのもおしゃれだよ♪

Point 3

スウェット

どんなボトムスでも合《あ》わせやすいスウェットはすぐれもの！　これ１つでカジュアルに☆

Point 4

ショーパン

アクティブな印象《いんしょう》のショーパンは、トップスと合《あ》わせてコーデ全体《ぜんたい》のバランスが取《と》りやすいよ♪

おすすめアイテム

チェックシャツ

Tシャツの上《うえ》に羽織《はお》っても、ボタンをとめて着《き》ても、こしに巻《ま》いてもOK！　着回《きまわ》しやすいよ！

ボーダーTシャツ

人気《にんき》のボーダーTシャツは、コーデの主役《しゅやく》に☆　さわやかなリラックススタイルが作《つく》れそう！

ショルダーバッグ

ラフなカジュアルコーデにピッタリのショルダーバッグ。肩《かた》からさげられるから、両手《りょうて》が空《あ》いて便利《べんり》♪

ジーンズ

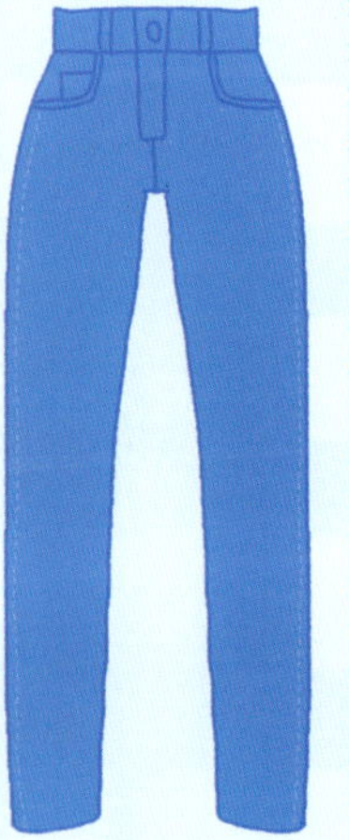

デニムは、カジュアルコーデに欠《か》かせない定番《ていばん》のアイテム！　とくにジーンズは何《なん》にでも合《あ》わせられて便利《べんり》だよ♡

カジュアルテイストのコツ

無地《むじ》アイテムばかりで、シンプルになりすぎないように気《き》をつけよう！　ロゴや柄《がら》の入《はい》ったアイテムを意識《いしき》して取《と》り入《い》れて、コーデにポイントを作《つく》ってね。

カラフルでおめだち度《ど》1位《い》☆

ポップ

元気《げんき》でにぎやかなフンイキのコーデ。ビタミンカラーや柄《がら》ものアイテムでキメた、ハデスタイル！

にぎやかコーデで
みんな注目《ちゅうもく》♪

こんな子《こ》におすすめ！

- ★好《す》きな色《いろ》はハッキリした赤《あか》や黄色《きいろ》♪
- ★とにかくみんなから注目《ちゅうもく》されたい！
- ★ハデでにぎやかなアイテムが好《す》き♡

Point 1 レインボー柄《がら》

一気《いっき》にコーデがカラフルになる、レインボー柄《がら》のアイテムは、ポップコーデにピッタリ♪

Point 2 デニムスカート

カラフルコーデにも合《あ》わせられる、デニムスカート。たくさんのワッペンがかわいい☆

Point 3 ガチャベルト

ラインの入《はい》ったガチャベルトは、ポップなフンイキに♪　先《さき》をたらすのがキュートだよ♡

Point 4 柄《がら》タイツ

足元《あしもと》にもポップさを取《と》り入《い》れよう♡　色《いろ》や柄《がら》のハデなものをはけば、注目《ちゅうもく》度《ど》アップしちゃう！

おすすめアイテム

ニコちゃんマークのアイテム

キュートなニコちゃんマーク入《い》りのアイテムは、ポップコーデの元気《げんき》なフンイキにピッタリ！

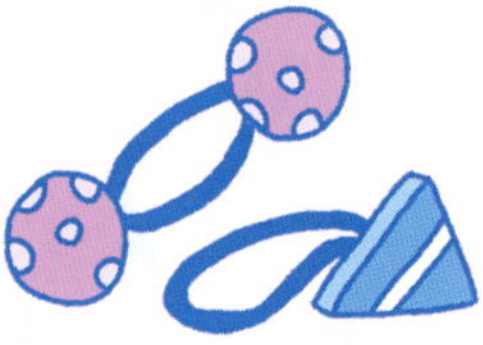

かざりつきのヘアアクセ

ポップなかざりのついたヘアアクセを使《つか》えば、ヘアまでハデかわいくなれる♡　大《おお》きめのものを選《えら》んでみて。

チェックスカート

こい赤《あか》やピンクのチェックスカートで、かわいさをプラスしちゃおう♪　アメリカンスクールみたい♡

ゴツめスニーカー

しっかりしたゴツめのスニーカーは、ポップコーデの引《ひ》きしめ役《やく》になってくれるよ。厚底《あつぞこ》でもかわいい！

ポップテイストのコツ

ハデなアイテムを取《と》り入《い》れすぎて、ゴチャゴチャしないように気《き》をつけて！　主役《しゅやく》になるアイテムを１つ決《き》めてから、コーデを考《かんが》えるのがおすすめだよ！

アクティブな元気《げんき》スタイル！

スポーティー

スポーツ系《けい》のアイテムを取《と》り入《い》れたコーデ。ライン入《い》りアイテムやキャップでアクティブに！

こんな子《こ》に **おすすめ！**

- ☆運動《うんどう》が大好《だいす》き♪
- ☆ボーイズっぽいアイテムが好《す》き！
- ☆クツはやっぱりスニーカー派《は》☆

Point 1 キャップ

かぶるだけでフンイキを変《か》えられるキャップ。ロゴやマークが入《はい》ったものがかわいいよ♪

アクティブキュートな
楽《らく》ちんスタイル♡

Point 2 ビッグパーカー

定番《ていばん》のパーカーは、少《すこ》し大《おお》きめサイズを合《あ》わせるのがスポーティーコーデにピッタリ！

Point 4 リュック

スポーティーコーデにはやっぱりリュック！　片《かた》側《がわ》をおろして背《せ》おうのも、ラフでおしゃれ☆

Point 3 ライン入《い》りスカート

ラインの入《はい》ったミニスカートは元気《げんき》さいっぱい！　チアリーダーみたいで、キュートだよ♪

おすすめアイテム

ナンバーロゴアイテム

ユニフォームみたいなナンバー入《い》りのアイテムは、インパクトも大《おお》きくて、スポ系《けい》をアピール！

スタジャン

もともとスポーツ用《よう》だったアウターだよ。ワッペンやロゴがついていて、スポ系《けい》にピッタリのアイテム！

スポーツサンダル

じょうぶな素材《そざい》で作《つく》られた、レジャー用《よう》のサンダルのことだよ。ソックスを合《あ》わせてはくのもおしゃれ！

ラインソックス

スニーカーやスポーツサンダルとの相性《あいしょう》もバツグン！　スポ系《けい》コーデにはもってこいの大定番《だいていばん》アイテム！

スポーティーテイストのコツ

スポーティーにまとめすぎると、ジャージみたいに見《み》えちゃうかも!?　スカートにしてみたり、スポ系以外《けいいがい》のアイテムを取《と》り入《い》れたりして、バランスを取《と》ってみてね。

シックで大人《おとな》っぽいフンイキ♡

クール

あまさやハデさのない落《お》ち着《つ》いたコーデ。モノトーンを使《つか》った、ちょっぴり大人《おとな》っぽいスタイル♪

こんな子《こ》におすすめ！

★好《す》きな色《いろ》は白《しろ》や黒《くろ》☆
★大人《おとな》っぽく、かっこよく見《み》られたい！
★タイトな服《ふく》が好《す》き♡

スタイリッシュなモノトーンコーデ☆

Point 1 チョーカー

首元《くびもと》のチョーカーで、シンプルコーデのアクセントになるよ。チャームつきがかわいい♡

Point 2 Vネック

さこつが見《み》えるVネックの服《ふく》は、顔《かお》まわりがスッキリして大人《おとな》の印象《いんしょう》に♪ちょっぴりセクシー！

Point 3 タイトスカート

クールにキメたいなら、大人《おとな》っぽくてかっこよく見《み》せてくれるタイトスカートが一番《いちばん》だよ！

Point 4 ブーツ

スラッと見《み》せてくれるブーツは、クールテイストにピッタリ。タイツと合《あ》わせてはこう！

おすすめアイテム

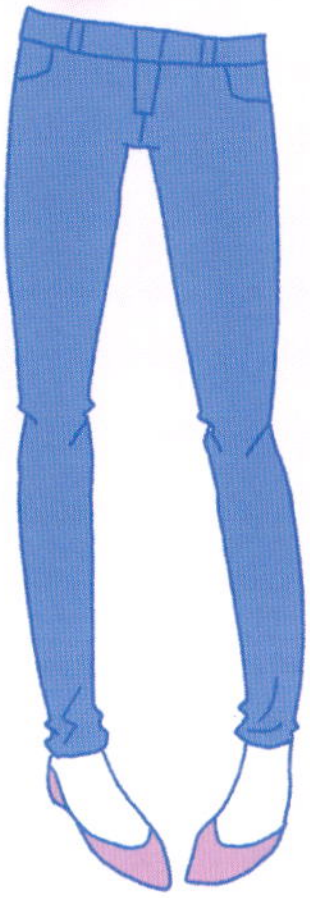

スキニーパンツ

足《あし》にピッタリとフィットしたスキニーパンツは、クールコーデとの相性《あいしょう》バツグンだよ！　かっこよくはきこなそう☆

ハット

落《お》ち着《つ》いたフンイキで、かっこいいハット！　使《つか》いこなせば、おしゃれ上級者《じょうきゅうしゃ》になれちゃう♡

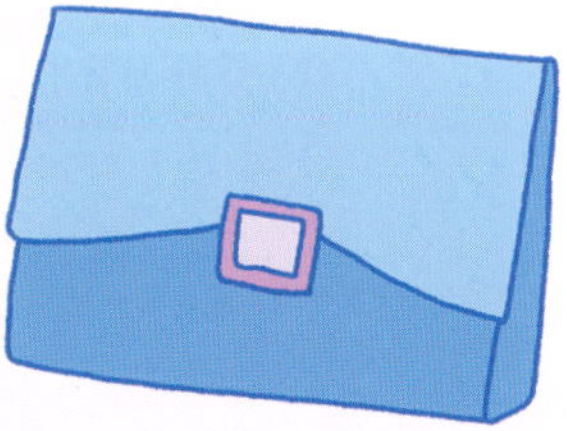

クラッチバッグ

持《も》ち手《て》のないクラッチバッグは、おしゃれ度《ど》高《たか》め！　かっこよくてスタイリッシュに見《み》せられるよ♡

レザージャケット

かわでできたジャケットだよ。羽織《はお》るだけで、コーデをちょっぴり辛口《からくち》にしてくれるすぐれもの！

クールテイストのコツ

スッキリ見《み》せるのがコツだよ。色味《いろみ》をなるべくおさえながら、ポイントで金《きん》などの色《いろ》を使《つか》うとおしゃれ。全身《ぜんしん》がタイトになるように意識《いしき》してコーデしよう！

一《いっ》気《き》におしゃれ見《み》え！

ファッションルール

コーデを考《かんが》えるのってむずかしいよね。でもちょっとしたコツをつかめば、まわりのみんなに「おしゃれ！」って思《おも》われる子《こ》になれるよ♪　ポイントをおさえて、クラスのおしゃれリーダーになろう☆

コーデポイント

- ポイント 1　カラー
- ポイント 2　柄《がら》
- ポイント 3　シルエット
- ポイント 4　レイヤード
- ポイント 5　足《あし》元《もと》
- ポイント 6　小《こ》物《もの》

キホン用《よう》語《ご》

トップス

上《じょう》半《はん》身《しん》に着《き》る服《ふく》のこと。

・Tシャツ
・ブラウス
・トレーナー など

アウター

上《じょう》半《はん》身《しん》に着《き》る上《うわ》着《ぎ》のこと。

・ジャケット
・ジャンパー
・コート など

ボトムス

下《か》半《はん》身《しん》に着《き》る服《ふく》のこと。

・ジーンズ
・ショーパン
・スカート など

ワンピース

トップスとスカートがつながっている服《ふく》のこと。

1 カラー組《く》み合《あ》わせレッスン

ファッションにとって色《いろ》は重要《じゅうよう》だよ！　色《いろ》の組《く》み合《あ》わせ方《かた》で印象《いんしょう》がガラリと変《か》わるから、色《いろ》のルールを覚《おぼ》えよう♪

色《いろ》のバランスを考《かんが》えよう！

コーデをおしゃれに見《み》せるには、色《いろ》のバランスが重要《じゅうよう》だよ。いくつもの色《いろ》をコーデに取《と》り入《い》れると、ちぐはぐな印象《いんしょう》になってしまうことも。使《つか》う色《いろ》を３色《しょく》くらいにしぼるのが、キホンのルールだよ！

３色《しょく》ルール

❶ベースカラー

コーデの中《なか》で、一番面積《いちばんめんせき》が大《おお》きい色《いろ》のこと。コーデ全体《ぜんたい》の印象《いんしょう》が決《き》まるので、表《あらわ》したいイメージに合《あ》った色《いろ》にしよう。

❷アソートカラー

二番目《にばんめ》に面積《めんせき》の大《おお》きい色《いろ》で、ベースカラーを引《ひ》き立《た》てる色《いろ》のこと。ベースカラーとの相性《あいしょう》がいい色《いろ》を選《えら》ぶようにしよう。

❸アクセントカラー

全体《ぜんたい》の差《さ》し色《いろ》になる色《いろ》のこと。アクセサリーやバッグに取《と》り入《い》れよう。ベースカラーと反対《はんたい》の色《いろ》や、めだつ色《いろ》がおすすめ。

- ベースカラー→白《しろ》
- アソートカラー→ネイビー
- アクセントカラー→赤《あか》

NG

色《いろ》がゴチャゴチャするとまとまりがない印象《いんしょう》に……。子《こ》どもっぽく見《み》えちゃうことも。

どんな風《ふう》に選《えら》べばいい？

3色《しょく》ルールがわかっても、どうやって3つの色《いろ》を選《えら》べばいいか、なやんじゃうよね。ここでは初心者《しょしんしゃ》さんに向《む》けて、色《いろ》の組《く》み合《あ》わせ方《かた》の3つのルールをしょうかいするよ！

初心者《しょしんしゃ》さんの組《く》み合《あ》わせルール3

ルール 1

ベースカラーをモノトーンに！

モノトーンとは、白《しろ》・黒《くろ》・グレーのことで、どんな色《いろ》にも合《あ》わせられる便利《べんり》なカラーだよ。ベースカラーをモノトーンにしたら、アソートカラーは何色《なにいろ》でもOK ！

ルール 2

反対《はんたい》の色《いろ》をアクセントカラーに！

オレンジと青《あお》、赤《あか》と緑《みどり》などが反対《はんたい》の色同《いろどう》士《し》だよ。たとえば、ベースカラーが白《しろ》、アソートカラーが青《あお》なら、アクセントカラーにオレンジを取《と》り入《い》れるということ。

その他《た》の反対色《はんたいしょく》の例《れい》

ピンク ⟷ 緑《みどり》
青《あお》 ⟷ 黄色《きいろ》
紫《むらさき》 ⟷ 黄緑《きみどり》

組《く》み合《あ》わせ例《れい》

※ベースカラー＋アソートカラー＋アクセントカラー

グレー	＋ うすピンク	＋ うす水色《みずいろ》
白《しろ》	＋ オレンジ	＋ 黄緑《きみどり》
黒《くろ》	＋ ピンク	＋ 緑《みどり》

ルール 3

色《いろ》のトーンをそろえる！

色《いろ》の明《あか》るさのことをトーンというよ。あわいピンク・水色《みずいろ》・黄色《きいろ》の組《く》み合《あ》わせや、こい赤《あか》・ネイビー・黄色《きいろ》の組《く》み合《あ》わせなど、色《いろ》の明《あか》るさを合《あ》わせるとまとまりやすいよ。

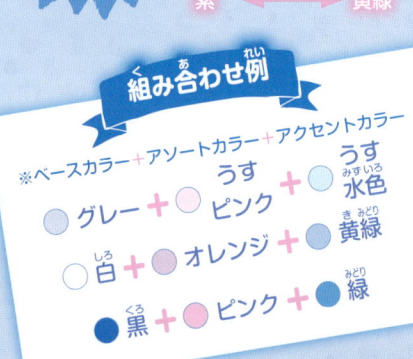

2 ちょい足《た》し☆柄《がら》レッスン

色《いろ》の次《つぎ》は、柄《がら》のテクニックを覚《おぼ》えよう！　上手《じょうず》に取《と》り入《い》れられると、おしゃれのバリエーションが広《ひろ》がるよ♪

柄《がら》ものにチャレンジしよう

花柄《はながら》や水玉《みずたま》、チェックやボーダーなど……コーデに柄《がら》ものアイテムをプラスすると、一気《いっき》にはなやかに見《み》せることができるの！　ここでは、柄《がら》アイテムの取《と》り入《い》れ方《かた》のパターンを３つしょうかいするよ。

難易度《なんいど》 ★ 柄《がら》×無地《むじ》

１つの柄《がら》アイテムと無地《むじ》の組《く》み合《あ》わせなら、何《なん》でもOK！

無地《むし》のブラウス×花柄《はながら》スカート

せいそなフンイキのガーリースタイル♡

チェックシャツ×無地《むし》のジーンズ

カジュアルでかっこいい定《てい》番《ばん》コーデ！

難易度《なんいど》 ★★★ 柄《がら》×ちがう柄《がら》

ちがう柄《がら》を合《あ》わせる上級《じょうきゅう》テク！
柄《がら》の色味《いろみ》に注意《ちゅうい》しよう。

ボーダーTシャツ×チェックマフラー

カジュアル同士《どうし》で、色味《いろみ》もピッタリだから◎！

ヒョウ柄《がら》Tシャツ×花柄《はながら》スカート

フンイキがちがう柄同《がらどう》士《し》だと合《あ》わせにくい！

難易度《なんいど》 ★★ 柄《がら》×同《おな》じ柄《がら》

同《おな》じ柄《がら》なら安心《あんしん》！　なるべくはなれたポイントで使《つか》おう。

水玉《みずたま》ブラウス×水玉《みずたま》ソックス

ボトムスを無地《むじ》にすることでまとまりやすくなるよ♪

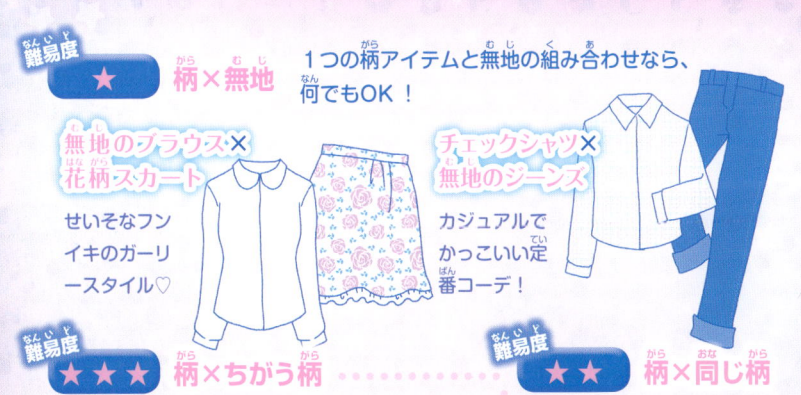

3 おしゃれシルエットを作《つく》ろう♡

シルエットとは、服《ふく》を着《き》たときの全身《ぜんしん》のりんかくのことだよ。意識《いしき》すると一気《いっき》におしゃれになれちゃう！

シルエットに注意《ちゅうい》しよう

コーデ全体《ぜんたい》で「ライン」を作《つく》ることで、シルエットが整《ととの》って見《み》えるの。全身《ぜんしん》のバランスがいいとスタイルもよく見《み》えるし、おしゃれになるよ。シルエットにメリハリが出《で》る、4つのラインを教《おし》えるよ。

ふんわりかわいい Aライン

「A」のように下半身《かはんしん》に向《む》かってボリュームが出《で》るシルエット。女《おんな》の子《こ》らしくて、かわいいイメージだよ。

同《おな》じアイテムの組《く》み合《あ》わせでも印象《いんしょう》がちがうよね。どちらもすそが広《ひろ》がってるトップスとスカートを合《あ》わせると、シルエットがバラバラに。トップスをインするとメリハリが出《で》て、左《ひだり》でいうAラインを作《つく》れるよ。

4つのシルエット

自分《じぶん》のなりたいフンイキに合《あ》わせて、
コーデのラインを意識《いしき》してみよう！

スッキリ大人《おとな》っぽい Yライン

「Y」のように肩《かた》のあたりにボリュームがあり、下半身《かはんしん》がタイトなシルエット。大人《おとな》っぽく見《み》えるよ。

セクシーに見《み》える Xライン

「X」のようにウエストがしぼられて、下半《かはん》身《しん》に向《む》かってボリュームが出《で》るシルエット。女性《じょせい》らしく見《み》えるよ。

スタイリッシュな Iライン

「I」のように全身《ぜんしん》がタイトでストレートなシルエット。スマートな印象《いんしょう》で、体型《たいけい》がタテ長《なが》に見《み》えるよ。

シルエットで おなやみ解決《かいけつ》 ウラワザ

今度《こんど》はキホンの４つを応用《おうよう》して、みんなの体型《たいけい》のおなやみをカバーするシルエット作《づく》りの方法《ほうほう》を教《おし》えるよ！

おなやみ 1 背《せ》を高《たか》く見《み》せたい

Iライン＋上半身《じょうはんしん》にポイントを！

タテに長《なが》いIラインのシルエットを作《つく》ろう！　また、上半身《じょうはんしん》に視線《しせん》が集《あつ》まるように意識《いしき》してみよう。トップスを明《あか》るい色《いろ》のものにしたり、柄《がら》ものにしたり、ポイントを上半身《じょうはんしん》に置《お》くことで背《せ》を高《たか》く見《み》せることができるよ。下半身《かはんしん》はスッキリまとめるほうが◎。

秘《まるひ》テク

ヘアや頭《あたま》もタテ方向《ほうこう》を意識《いしき》♪

おだんごヘアやニットぼうなど、頭《あたま》の部分《ぶぶん》でも高《たか》さを出《だ》そう。

ストライプ柄《がら》でタテを強調《きょうちょう》！

タテラインが強調《きょうちょう》される柄《がら》は、スッキリ細長《ほそなが》く見《み》せられるよ！

持《も》つなら小《ちい》さいバッグ！

小《ちい》さめのバッグを持《も》つと、遠《とお》くから見《み》ても背《せ》が高《たか》く見《み》えるよ。

ロールアップで足長効果《あしながこうか》☆

足首《あしくび》を見《み》せると足《あし》が長《なが》く見《み》えるよ。折《お》るははば細《ほそ》めがおすすめ！

おなやみ 2

身体《からだ》を細《ほそ》く見《み》せたい！

Xライン＋「首《くび》」見《み》せで着《き》やせ！

ウエスト部分《ぶぶん》をしめたXラインのシルエットを作《つく》ろう！　おなかまわりをかくしたいからといって、ダボっとした服《ふく》を着《き》ると、逆《ぎゃく》に身体《からだ》が大《おお》きく見《み》えちゃうの。また、手首《てくび》・足首《あしくび》を出《だ》すと、メリハリが生《う》まれて細《ほそ》く見《み》えるよ。そでやすそを折《お》ってみよう！

秘《まるひ》テク

ウエストの位置《いち》を高《たか》めに♪

ハイウエストのパンツはウエストが細《ほそ》く見《み》えるのでおすすめだよ！

引《ひ》きしめ色《しょく》でスマートに！

黒《くろ》やネイビーなど、暗《くら》めの色《いろ》を着《き》ると引《ひ》きしまって細《ほそ》く見《み》えるよ。

トップスを前《まえ》だけイン☆

トップスのすそを前《まえ》だけパンツにインすると、スラッと見《み》えるよ。

ワンピースにもベルトを！

太《ふと》めのベルトをしめたり、ウエストにヒモがついたものも◎。

おなやみ 3 下《か》半《はん》身《しん》を スッキリ見《み》せたい！

Aライン＋ゆるボトムスで着《き》やせ！

すそが広《ひろ》がったAラインのシルエットを作《つく》ろう。また、ロングスカートやワイドパンツなど、ゆるいボトムスがおすすめ。おしりまわりや太《ふと》もものラインをかくしてくれるので、あまり気《き》にならなくなるよ！

おなやみ 4 小《こ》顔《がお》に見《み》せたい！

首《くび》まわりスッキリ＋でかアクセ

Vネックなど、首元《くびもと》が開《あ》いた服《ふく》がおすすめ！逆《ぎゃく》にタートルネックなど、首《くび》がつまった服《ふく》は顔《かお》の大《おお》きさを強調《きょうちょう》させちゃうよ。また、大《おお》きめのヘアアクセやイヤリングをプラスするのも、小《こ》顔《がお》に見《み》せるコツ！

おなやみ 5 足《あし》を長《なが》く見《み》せたい！

Iライン＋上下《じょうげ》のバランス調整《ちょうせい》！

細長《ほそなが》く見《み》えるIラインのシルエットを作《つく》ろう。また、トップスをたけの短《みじか》いものにすると足《あし》が長《なが》く見《み》えるよ。また、パンツとシューズ、スカートならタイツとシューズを近《ちか》い色《いろ》にすると、足長《あしなが》効果《こうか》でスタイルアップ！

おなやみ 6 肩《かた》をきゃしゃに見《み》せたい！

あえて肩見《かたみ》せ＋ロングアクセ

意外《いがい》に、オフショルダーで肩《かた》を見《み》せてしまうのがおすすめ！　さこつを見《み》せると女性《じょせい》らしく見《み》えるので、肩《かた》はばが気《き》にならなくなるの。また、胸《むね》の位置《いち》よりも下《した》にくる長《なが》いネックレスをつけると、目線《めせん》が肩《かた》からはずれるよ。

4 差《さ》がつく！㊙《まるひ》レイヤード

レイヤードとは重《かさ》ね着《ぎ》のこと！　アイテムを重《かさ》ねることで、1つのアイテムでいろんなコーデができちゃうの♡

定《てい》番《ばん》アイテムをレイヤードしてみよう！

Tシャツ

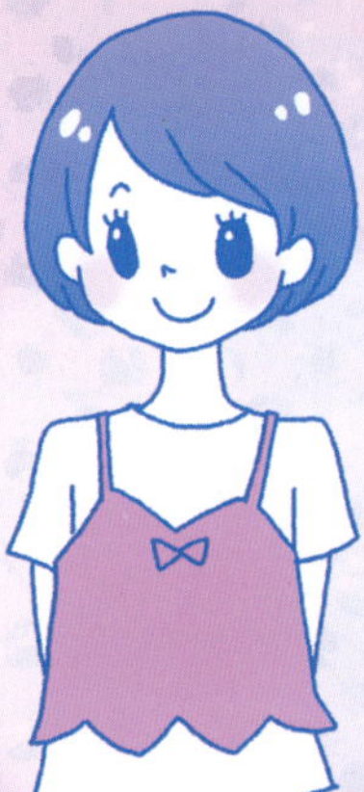

ビスチェ×無《む》地《じ》Tシャツ

カンタンに合《あ》わせられて、一気《いっき》におしゃれ上級者《じょうきゅうしゃ》に見《み》えるコーデ♪

小《ちい》さめTシャツ×大《おお》きめTシャツ

Tシャツを重《かさ》ね着《ぎ》して、すそを出《だ》すとボーイズっぽくてかわいい♡

半《はん》そでTシャツ×ロンT

そでに柄《がら》が入《はい》ったロンTなら、さらにおしゃれ度《ど》アップできるよ！

キャミワンピ×Tシャツ

ゆるいワンピを重《かさ》ねると、シンプルだけどおしゃれなコーデに♡

シャツ

白《しろ》ニット×デニムシャツ

せいそな白《しろ》ニットも、デニムシャツとならカジュアルに変身《へんしん》！

ニットベスト×白《しろ》シャツ

シャキッとした白《しろ》シャツとニットベストの組《く》み合《あ》わせは王道《おうどう》コーデ♡

スウェット×チェックシャツ

ルーズなスウェットも、シャツと合《あ》わせるとスッキリするよ☆

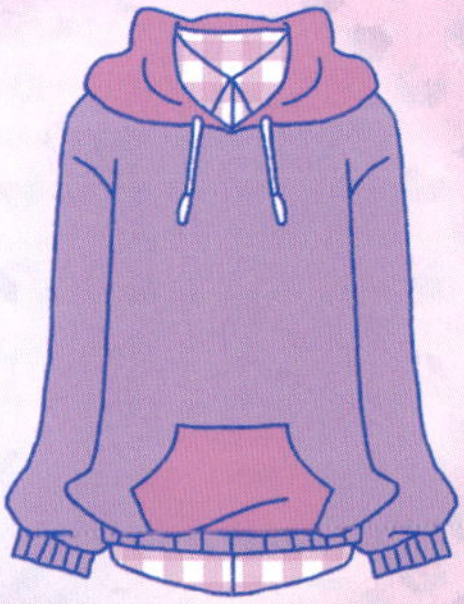

パーカー×チェックシャツ

えりとすそから見《み》える赤《あか》いチェックがアメカジっぽくてかわいい♪

ワンピース

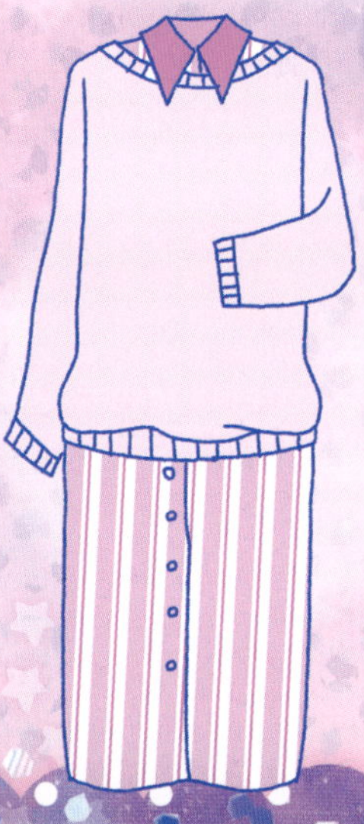

ニット×シャツワンピース

ざっくりしたニットを上《うえ》から着《き》れば、おしゃれだしあったかい♡

ワンピース×ジーンズ

ひざ下《した》の長《なが》さのワンピースと、タイトなジーンズは相性《あいしょう》バツグン！ おしゃれ上級者《じょうきゅうしゃ》っぽい♡

5 スニーカーはきこなしテク

本当《ほんとう》におしゃれな人《ひと》は、足元《あしもと》まで気《き》をぬかないもの！
意外《いがい》と人《ひと》の目《め》につくところだから、こだわってみよう☆

足元《あしもと》のおしゃれって何《なん》だろう？

定番《ていばん》のクツといえばスニーカーだけど、スニーカーをたくさん持《も》っている子《こ》って少《すく》ないんじゃないかな？　でもだいじょうぶ！　ソックスでバリエーションを出《だ》せば、いろんなおしゃれが楽《たの》しめちゃうよ♡　ここではまず、スニーカーに欠《か》かせないソックスからしょうかいするよ！

ソックスの種類《しゅるい》

まずはソックスの種類《しゅるい》を覚《おぼ》えよう！　ソックスは、たけによって種類《しゅるい》がちがうの。おもなものをしょうかいするよ。

クルーソックス

ふくらはぎのたけのソックス。一番一《いちばんいっ》ぱん的《てき》な形《かたち》だよ。

スニーカーソックス

くるぶしたけのソックス。スニーカーに合《あ》わせることが多《おお》いよ。

カバーソックス

足《あし》のこうが出《で》る形《かたち》のソックス。パンプスに合《あ》わせることが多《おお》いよ。

ハイソックス

ひざ下《した》たけのソックス。制服《せいふく》に合《あ》わせることが多《おお》い定番《ていばん》の形《かたち》だよ。

ニーハイソックス

ひざ上《うえ》たけのソックス。ミニスカートやショーパンとの相性《あいしょう》が◎。

タイツ

こしから足《あし》の先《さき》までをおおう形《かたち》。スカートに合《あ》わせることが多《おお》いよ。

ソックスコーデ例《れい》♡

カラーを合《あ》わせる

スニーカーが白《しろ》なら、ソックスも白《しろ》にしてみて。コーデがまとまりやすいよ！足《あし》が長《なが》く見《み》える効果《こうか》も。

素足風《すあしふう》ですずしげに

カバーソックスをはけば、外《そと》からソックスが見《み》えることなく、素足風《すあしふう》でスッキリした足元《あしもと》に見《み》えるよ。

ロールアップと合《あ》わせる

ジーンズのすそとソックスの間《あいだ》に、肌《はだ》が少《すこ》し見《み》えるくらいがかわいい◎。このバランスがおしゃれだよ！

ハデソックスを合《あ》わせる

白《しろ》のスニーカーに、赤《あか》や黄《き》色《いろ》など、パキッとした色《いろ》のソックスをはこう。コーデのアクセントになるよ。

柄《がら》ニーハイと合《あ》わせる

ニーハイとの組《く》み合《あ》わせは定番《ていばん》！足《あし》が長《なが》く見《み》えるよ。柄《がら》のニーハイなら、コーデのポイントに！

ラインソックスを合《あ》わせる

スポーティーな印象《いんしょう》にしたいときはこれ！どんなスニーカーともおしゃれに合《あ》わせられるよ！

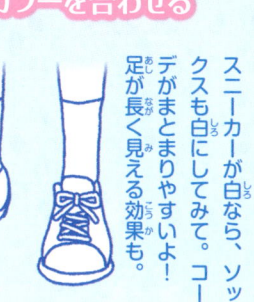

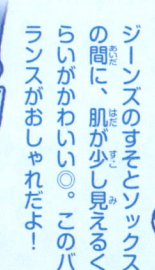

ちょこっとアレンジ

スニーカーテク

毎日《まいにち》はくスニーカーだから、気分《きぶん》を変《か》えたいときもあるよね！　少《すこ》しアレンジするだけで、差《さ》がついちゃうよ♪

クツヒモチェンジ！

もともとついているクツヒモをぬいて、好《す》きなものに変《か》えてみよう！
フンイキが変《か》わってちがうスニーカーになったみたい☆

ビーズで ポップキュート☆

クツヒモの先《せん》たんに、好《す》きなビーズを通《とお》して固結《かたむす》びをしよう。シンプルなスニーカーもカラフルでおしゃれに！

女《おんな》の子《こ》らしく イメチェン♡

レースのクツヒモやリボンを通《とお》してふんわり結《むす》んでみて♡　カジュアルなスニーカーも一気《いっき》にガーリーになるよ♡

色《いろ》を変《か》えて ポイントに♪

白《しろ》いスニーカーのクツヒモを好《す》きな色《いろ》に変《か》えてみよう！　赤《あか》やピンク、柄《がら》入《い》りのクツヒモなら注目《ちゅうもく》されちゃいそう☆

ワッペンで個性的《こせいてき》に！

布地《ぬのじ》のスニーカーには、布用《ぬのよう》ボンドで好《す》きなワッペンをつけよう。
一気《いっき》にオリジナルスニーカーになるよ♡

いっぱいつけてもおしゃれ！

オリジナルブランドみたい♪

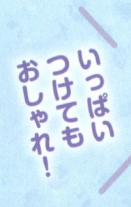

ラッキーになれそう☆

星《ほし》結《むす》び

クツヒモを星形《ほしがた》に結《むす》ぶアレンジだよ☆　ちょっぴり難《むずか》しいけど、バッチリめだてるからチャレンジしてみて！　みんなとかぶらなくておしゃれ♪

1

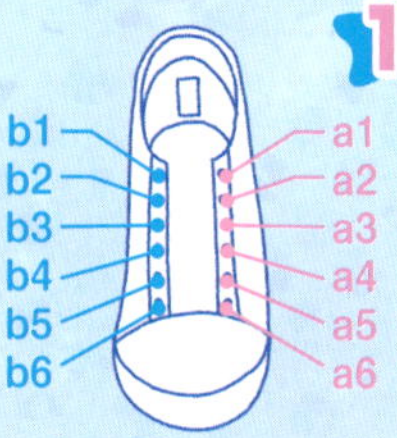

12個《こ》の穴《あな》がある、一《いっ》ぱん的《てき》なタイプで説明《せつめい》するよ。穴《あな》の番号《ばんごう》を確《かく》にんしてね。

2

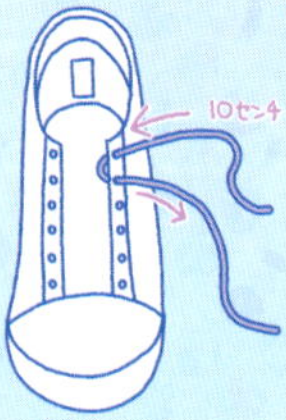

a1の上《うえ》からヒモを通《とお》し、a2から出《だ》したら、a1側《がわ》に10センチほど残《のこ》して引《ひ》っぱろう。

3

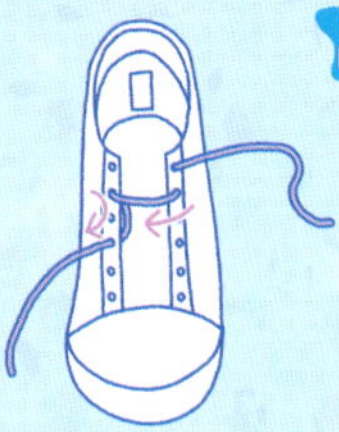

a2から出《だ》した先《せん》たんを、上《うえ》からb2に通《とお》して、b4から出《だ》そう。

4

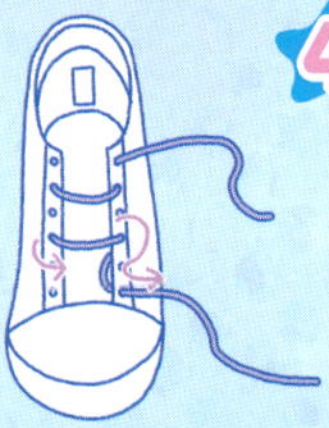

b4から出《だ》した先《せん》たんを、上《うえ》からa4に通《とお》して、a6から出《だ》そう。

5

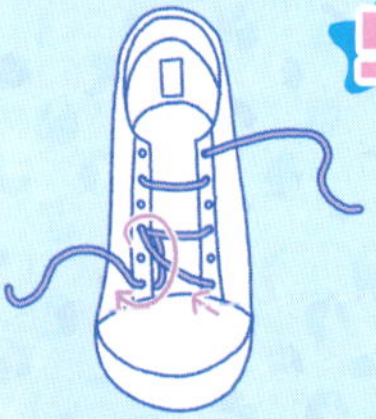

a6から出《だ》した先《せん》たんを、上《うえ》からb4に通《とお》して、b6から出《だ》そう。

6

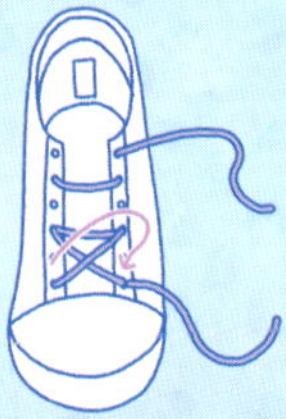

b6から出《だ》した先《せん》たんを、上《うえ》からa4に通《とお》して、a6から出《だ》そう。

7

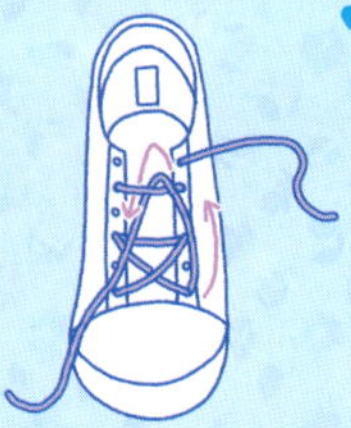

a6から出《だ》した先《せん》たんを、a2とb2のヒモに上《うえ》から引《ひ》っかけよう。

8

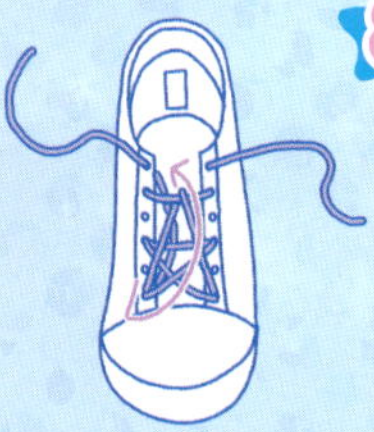

先《せん》たんを上《うえ》からb6に通《とお》して、b1から出《だ》そう。

チョウ結《むす》びをして完成《かんせい》☆☆

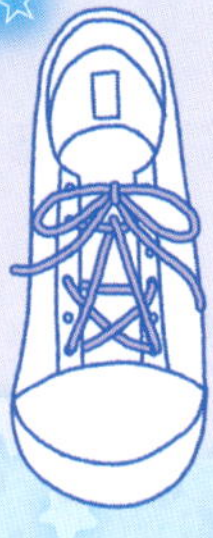

6 小物《こもの》ワザでセンスアップ♪

コーデにプラスしたい、バッグやアクセサリーなどの小物《こもの》。
上手《じょうず》に取《と》り入《い》れられたら、おしゃれ上級者《じょうきゅうしゃ》！

小物《こもの》大集合《だいしゅうごう》！

バッグ

どこに行《い》くにもマストなバッグ！　バッグはコーデの中《なか》でもかなり重要《じゅうよう》なポイント。持《も》ってるだけでウキウキしちゃう、お気《き》に入《い》りのバッグを見《み》つけてね♪

リュック
トートバッグ
ショルダーバッグ
クラッチバッグ
ハンドバッグ

ネックレス
ヘアアクセ
ブレスレット
チョーカー
リング
サングラス
イヤリング

アクセサリー

その日《ひ》の気分《きぶん》で、気軽《きがる》につけられるアクセサリー♡
コーデにプラスするだけではなやかになれちゃう！
アクセサリー使《づか》いが上手《じょうず》だと、おしゃれに見《み》えるよ♪

ぼうし

コーデのアクセントにも、主役《しゅやく》にもなれちゃうぼうし！　ぼうしによって印象《いんしょう》がガラリと変《か》わるので、コーデに合《あ》わせながら、ピッタリのぼうしを選《えら》ぼう☆

キャップ
ハット
ベレーぼう
カンカンぼう
バケットハット
ニットぼう

ベルト

コーデの引《ひ》きしめ役《やく》といったらベルト！　スタイルにメリハリを出《だ》してくれるよ。太《ふと》さや形《かたち》、素材《そざい》によってコーデのスパイスにもなる名《めい》わき役《やく》だよ♪

コルセットベルト
サッシュベルト
サスペンダー
レザーベルト
細《ほそ》ベルト
ガチャベルト

マフラー

冬《ふゆ》のおしゃれには欠《か》かせないマフラー！　暗《くら》くなりがちな冬《ふゆ》のコーデを、ほっこりかわいくしてくれるよ。巻《ま》き方《かた》によってもフンイキが変《か》わるよ。

スヌード
フリンジマフラー
大判《おおばん》ストール

小物《こもの》プラスコーデにチャレンジ♪

シンプルというより、地味《じみ》で手《て》ぬきに見《み》えちゃう……

小物《こもの》をプラスで……

ニットぼうをチョイス！

ほっこりニットぼうでかわいさとカジュアルさをプラス♡

ブレスレットをオン！

手首《てくび》にシンプルなブレスレットを重《かさ》ねづけすることで、おしゃれ見《み》え！

ベルトで引《ひ》きしめ効果《こうか》！

パンツにインしたウエストが強調《きょうちょう》されて、コーデが引《ひ》きしまった印象《いんしょう》☆

サングラスでかっこよく♪

実際《じっさい》にかけなくても、胸元《むなもと》にかけるだけで大人《おとな》っぽくてかっこいいよ♪

黒《くろ》リュックでこなれ感《かん》！

スポーティーな黒《くろ》リュックなら、シンプルカジュアルにピッタリ！

地味《じみ》コーデが-

大人《おとな》のおしゃれコーデに変身《へんしん》!

NG 小物《こもの》のつけすぎには注意《ちゅうい》しよう！

小物《こもの》をつけすぎると、まとまりがない印象《いんしょう》になってしまうよ。大《おお》きなイヤリングをつけるならネックレスをやめたり、ブレスレットの重《かさ》ねづけをするならリングの重《かさ》ねづけをやめたり、全体《ぜんたい》のバランスを見《み》て引《ひ》き算《ざん》をしよう！

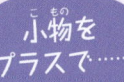

ほっこりかわいいあまコーデ♪

ベレーぼうで超《ちょう》キュートに♡

ニットとベレーぼうは相性《あいしょう》バツグン！ロマンティックに♪

バッグがアクセントに！

シンプルなコーデに、赤《あか》いハートのバッグがアクセントになるね♡

メガネでおしゃれ度《ど》アップ！

だてメガネをかけるだけで、おしゃれ上級者《じょうきゅうしゃ》っぽくなれちゃう！

バッグと合《あ》わせたイヤリング♪

ゆれる赤《あか》いハートを耳《みみ》元《もと》にも♡　コーデにまとまりが出《で》るよ！

ゆるっとおしゃれな大人《おとな》コーデ♡

クラッチバッグで大人感《おとなかん》♡

スタイリッシュなクラッチバッグは、大人《おとな》っぽく見《み》せてくれる！

サッシュベルトが効《き》いてる！

黒《くろ》のサッシュベルトが、ワンピースにメリハリをプラスしてる♪

アンクレットで足首細見《あしくびほそみ》え♪

足首《あしくび》のブレスレットをアンクレットというよ。サンダルのときにおすすめ♪

小《ちい》さなネックレスがきらめく☆

柄《がら》ものコーデに合《あ》わせるアクセサリーは、あまりめだたないきゃしゃなものがいいよ！

定番《ていばん》アイテムで！

着《き》回《まわ》し10日《か》間《かん》

これまでに覚《おぼ》えたポイントを応用《おうよう》した、10日間《かかん》の着《き》回《まわ》しコーデをしょうかいするよ！ 定番《ていばん》のアイテムばかりだから、参考《さんこう》にしてみて♡

着《き》回《まわ》しアイテム

A Tシャツ

モノトーンの無《む》地《じ》Tシャツは、何《なん》にでも合《あ》わせられて便利《べんり》！

B ボーダーロンT

カジュアルコーデの定番《ていばん》！ 細《ほそ》めボーダーだと、ガーリーコーデにも合《あ》うよ！

C ブラウス

せいそコーデには欠《か》かせないアイテム！ 1枚《まい》は持《も》っておくといいよ！

D カーデ

羽織《はお》ったりボタンをとめたり、肩《かた》にかけたり。着回《きまわ》しやすくて、あると便利《べんり》♪

E シャツワンピ

羽織《はお》りにしても、ワンピースとして着《き》てもおしゃれな、おすすめアイテム。

F デニムショーパン

何《なん》にでも合《あ》わせられるデニムは、着回《きまわ》しにもってこいの、たのもしいアイテム。

G フレアスカート

一気《いっき》に女《おんな》の子《こ》らしくなれちゃう、ふんわりしたフレアスカート。

H ハイウエストパンツ

はきこなせたらおしゃれ上級者《じょうきゅうしゃ》だよ！ 定番《ていばん》の黒《くろ》なら合《あ》わせやすいね。

I スニーカー

白《しろ》なら、どんなコーデでも◎。

J ハイカットスニーカー

ポイントになる赤《あか》スニーカー。

これ以外《いがい》に、コーデに合《あ》わせて小物《こもの》を加《くわ》えていくよ♡

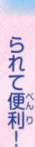

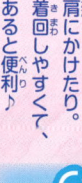

DAY 1

カジュアルアイテムを組《く》み合《あ》わせたコーデ♪

着回《きまわ》しアイテム

B E F J

ショーパンと**シャツワンピ**の長《なが》さのバランスが◎。**ハイカットスニーカー**がアクセント！

小物《こもの》

まくったそでから見《み》える**ゴールドのブレス**と、ショーパンの**ベルト**で引《ひ》きしめ効果《こうか》☆

DAY 2

ナチュラルなかわいらしさ♡

着回《きまわ》しアイテム

A G I

Tシャツと**フレアスカート**を合《あ》わせれば、さりげなく女《おんな》の子《こ》らしさをアピールできるよ！

小物《こもの》

ベレーぼうをプラスすると、クラシカルなフンイキにチェンジ♡

DAY 3

モノトーンに赤《あか》が効《き》いたクールスタイル☆

着《き》回《まわ》しアイテム

C H J

ブラウスをパンツにインして、**足長効果《あしながこうか》**バッチリ！ **赤《あか》スニーカー**が差《さ》し色《いろ》に♪

小物《こもの》

黒《くろ》のチョーカーをつけることで、ウエストと首元《くびもと》がしまって、まとまりが出《で》るよ。**ショルダーバッグ**の色《いろ》を**スニーカー**と合《あ》わせて、アクセントに♪

DAY 4

さらっと1枚《まい》で着《き》るシャツワンピスタイル♪

着《き》回《まわ》しアイテム

E I

シャツワンピのボタンを全部《ぜんぶ》とめて、**ワンピース**として着《き》こなすコーデ。大人《おとな》っぽく見《み》せたいならこれがおすすめ！

小物《こもの》

ベルトでウエストをしめれば、メリハリがついてせいそに♡

着《き》回《まわ》しアイテム

C D G I

王道《おうどう》ガーリーでかわいらしいスタイル。**カーデ**のボタンは開《あ》けてもしめてもかわいい♪

小物《こもの》

せいそスタイルには、**パール系《けい》イヤリング**！お嬢様感《じょうさまかん》アップだよ♡

バッチリお嬢《じょう》様《さま》風《ふう》コーデ♡

DAY 6

カジュアルなTシャツレイヤード☆

DAY 5

小物《こもの》

ガチャベルトと**キャップ**でさらにカジュアルな印象《いんしょう》に☆

着《き》回《まわ》しアイテム

A B F I

ボーダーと**無地《むじ》**なら相性《あいしょう》バツグン！ちょっぴりボーイズっぽくキメ！

DAY 7

大人《おとな》カジュアルコーデ☆

着回《きまわ》しアイテム

A E H J

シャツワンピの中《なか》に**ハイウエストパンツ**をはくことで、かっこいいフンイキに♡　足首《あしくび》を見《み》せるとスッキリ見《み》えるよ。

小物《こもの》

だてメガネをプラスすれば、大人《おとな》のリラックスカジュアルモードに♪

DAY 8

ふんわりフレアのガーリースタイル♡

着回《きまわ》しアイテム

B G I

カジュアルな**ボーダーTシャツ**も、**フレアスカート**と合《あ》わせると一気《いっき》に女《おんな》の子《こ》らしく♡

小物《こもの》

ゆれる**小《ち》さなイヤリング**で、さりげなくきらめきアピール♪　**ハンドバッグ**を持《も》てば、さらにガーリーさアップ♡

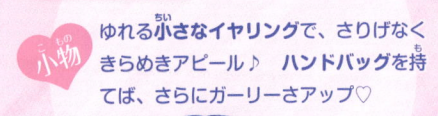

DAY 9

ブラウスをシャツ風《ふう》にしたコーデ♪

着回《きまわ》しアイテム

A C F J

ボタンを開《あ》け、**Tシャツ**の上《うえ》に**ブラウス**を羽《は》織《お》ろう。せいそなブラウスが一気《いっき》にカジュアルダウン！

小物《こもの》

開《ひら》いた胸元《むなもと》に、**大《おお》きめのネックレス**をつけよう。無地《むじ》コーデなので、ちょっとハデでOK！

DAY 10

ルーズさ重視《じゅうし》のラフコーデ！

着回《きまわ》しアイテム

B D H I

あえてトップスをインしないで、**ハイウエストパンツ**をスキニー風《ふう》に。**カーデ**を肩《かた》にかければよゆうのあるコーデに♡

小物《こもの》

カンカンぼうをかぶれば、さらにルーズさが出《で》るよ♡

ショッピングのポイント

いろんなおしゃれのポイントを覚《おぼ》えたら、
新《あたら》しい服《ふく》を買《か》ってもっとおしゃれしたくなるね♪
最後《さいご》に、ショッピングのコツを教《おし》えるよ！

その1 行《い》く前《まえ》にクローゼットをチェック！

手持《ても》ちの服《ふく》を確《かく》にんするのは大事《だいじ》☆ お店《みせ》で「ほしい！」と思《おも》ったアイテムが、家《いえ》にある服《ふく》と合《あ》わせて着回《きまわ》しができるか、考《かんが》えながら買《か》おう！

その2 目《め》当《あ》てのアイテムを決《き》めておこう

「白《しろ》いスカートを買《か》う！」など、具《ぐ》体的《たいてき》に決《き》めてから買《か》いに行《い》こう。あいまいだと時間《じかん》もかかるし、よけいなものを買《か》っちゃうかも？

その3 迷《まよ》ったら店員《てんいん》さんに聞《き》いてみよう

「かわいいけど、どうやって合《あ》わせるんだろう？」と思《おも》う服《ふく》があったら、店員《てんいん》さんに聞《き》いてみよう！　アドバイスをくれるはずだよ♡

その4 なるべく試着《しちゃく》をしてから買《か》おう

鏡《かがみ》で合《あ》わせるのと、実際《じっさい》に着《き》るのとではちがうよ！　本当《ほんとう》にそのアイテムが自分《じぶん》に似合《にあ》うのか、きちんと見《み》極《きわ》めてから買《か》うようにしよう。

試着室《しちゃくしつ》でのチェックポイント

- 着回《きまわ》しできるか
- サイズ感《かん》
- 動《うご》きにくくないか
- 正面《しょうめん》・ヨコ・後《うし》ろすがた

その5 迷《まよ》ったらすぐには買《か》わないのも◎

迷《まよ》うということは、納得《なっとく》できない理《り》由《ゆう》があるはず。他《ほか》のお店《みせ》を見《み》たり、時間《じかん》を置《お》いてみたりして、一度《いちど》冷静《れいせい》になって考《かんが》えてみよう。

コツをおさえて、ショッピングを楽《たの》しんでね♡

part 2

おしゃカワガールの命《いのち》！

女《じょ》子《し》力《りょく》上《あ》げ♡ ヘアレシピ

おしゃれなヘアアレンジをしている子《こ》や、髪《かみ》がキレイな子《こ》って、それだけで女《じょ》子《し》力《りょく》が高《たか》く見《み》えるよね♪　ヘアは女《おんな》の子《こ》をかわいくする、大《だい》事《じ》なカギ！　アレンジやケアの方《ほう》法《ほう》をマスターすれば、ステキヘアであなたのミリョクもぐ～んとアップだよ♡

おしゃれっ子《こ》は知《し》ってる♥

女《じょ》子《し》力《りょく》のカギはヘア！

どんなにコーデがステキでも、髪《かみ》がボサボサじゃ台《だい》なし！
人《ひと》の見《み》た目《め》の印象《いんしょう》は、70パーセントがヘアで決《き》まると言《い》われてるの！

毎日《まいにち》ちがうヘアアレンジをしてる子《こ》は、いつもおしゃれだなぁと思《おも》う（リリ♪）

自分《じぶん》でかわいいヘアアレンジができる子《こ》はすごい！教《おし》えてほしい☆（ちょこ）

ヘアに関《かん》するJSの声《こえ》

髪《かみ》がサラサラな子《こ》はあこがれ♪ねぐせがついてる子《こ》は、だらしなく見《み》えちゃう。（ここあ）

前髪《まえがみ》をアレンジしてる子《こ》のことを、男子《だんし》が「かわいい」ってウワサしてた！（みゆちん）

おしゃれっ子《こ》になるためには、やっぱりヘアが大《だい》事《じ》なんだね★ ここではヘアで女《じょ》子《し》力《りょく》アップして、かわいくなれちゃう方《ほう》法《ほう》をしょうかいするよ。あなたが一《いち》番《ばん》知《し》りたいのはどれかな？

不器用《ぶきよう》でもできるヘアアレンジを知《し》りたい！
カンタン！ヘアアレンジレシピ集《しゅう》 68ページ

カンタンに前髪《まえがみ》だけで印象《いんしょう》チェンジしたい！
絶対《ぜったい》モテ♪ 前髪《まえがみ》イメチェン法《ほう》 80ページ

毎日《まいにち》ちがう、いろんなヘアアレンジがしたい！
毎日変身《まいにちへんしん》！ヘアアレンジダイアリー 86ページ

ツヤツヤサラサラのキレイな髪《かみ》の毛《け》にしたい！
ミリョク的《てき》♡ ツヤサラ髪《がみ》の作《つく》り方《かた》 92ページ

ヘアのキホン用語《ようご》

ヘアアレンジにチャレンジする前《まえ》に、髪《かみ》のパーツの名前《なまえ》を覚《おぼ》えよう♪

トップ
頭《あたま》のてっぺんのあたりの髪《かみ》の毛《け》。

ハチ
頭《あたま》の一番《いちばん》出《で》っぱっている部分《ぶぶん》のこと。

フロント／バング
おでこの部分《ぶぶん》にある髪《かみ》の毛《け》。前髪《まえがみ》もふくめる。

サイド
顔《かお》のヨコ（右《みぎ》と左《ひだり》）にある、耳《みみ》の上《うえ》あたりの髪《かみ》の毛《け》。

もみあげ
耳《みみ》の前《まえ》に生《は》えている細《ほそ》い髪《かみ》の毛《け》。

えりあし
首《くび》の後《うし》ろ側《がわ》の髪《かみ》の生《は》え際《ぎわ》。

プチ用語《ようご》じてん

ヘアに関《かん》する用語《ようご》を少《すこ》しだけしょうかいするよ！

アシンメトリー
左右《さゆう》をちがう長《なが》さでカットしたスタイルのこと。個性的《こせいてき》な印象《いんしょう》になるよ。

後《おく》れ毛《げ》
髪《かみ》を結《むす》んだときに、長《なが》さが足《た》りずに出《で》てしまう短《みじか》い髪《かみ》の毛《け》のこと。

くるりんぱ
結《むす》んだゴムの上《うえ》の部分《ぶぶん》に穴《あな》を開《あ》けて、毛束《けたば》を通《とお》す結《むす》び方《かた》。やり方《かた》はＰ71を見《み》てね。

毛《け》束《たば》
分《わ》けられたひと束《たば》の髪《かみ》のこと。

逆《さか》毛《げ》
髪《かみ》の毛《け》を逆立《さかだ》ててふくらませる方法《ほうほう》。やり方《かた》はＰ70を見《み》てね。

手《て》ぐし
コームやブラシを使《つか》わず、手《て》の指《ゆび》で髪《かみ》をとかすこと。

ブロッキング
髪《かみ》をいくつかの毛束《けたば》に分《わ》けること。アレンジやカットがやりやすくなるよ。

ボブ
前《まえ》から見《み》てアゴのラインより長《なが》く、肩《かた》よりも短《みじか》いスタイルのこと。

レイヤー
下《した》の髪《かみ》より、上《うえ》の髪《かみ》が短《みじか》くなるようにカットしたスタイルのこと。軽《かる》い印象《いんしょう》になるよ。

レングス
髪《かみ》の長《なが》さのこと。

カンタン！

ヘアアレンジレシピ集《しゅう》

アレンジされた髪《かみ》の毛《け》はとってもおしゃれに見《み》えるよね♪　カンタンにできて、かわいく見《み》えちゃうヘアアレンジをしょうかいするよ！

キホンの4タイプ

1つ結《むす》び

1本《ぽん》にまとめる1つ結《むす》び。一番《いちばん》キホンの結《むす》び方《かた》だよ。スッキリとした印象《いんしょう》。

2つ結《むす》び

両《りょう》サイドに結《むす》ぶ2つ結《むす》び。ツインテールとも言《い》うよ。かわいらしい印象《いんしょう》。

おだんご

毛束《けたば》を丸《まる》めるおだんご。やり方《かた》はP78で教《おし》えるよ。大人《おとな》っぽい印象《いんしょう》。

みつあみ

3本《ぼん》の毛束《けたば》をあむみつあみ。やり方《かた》はP74で教《おし》えるよ。女《おんな》の子《こ》らしい印象《いんしょう》。

あなたの髪《かみ》の長《なが》さはどれくらい？

髪《かみ》の長《なが》さは大《おお》きく3つのタイプに分《わ》けられるよ！

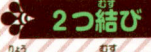

ヘアアイテムカタログ

アレンジに役立《やくだ》つアイテムをしょうかいするよ！

ヘアブラシ

髪《かみ》をとくブラシ。目《め》があらいものをいうよ。

コーム

髪《かみ》をとくくし。持《も》ち手《て》の部分《ぶぶん》で髪《かみ》を分《わ》けるのにも使《つか》えるよ。

ゴム

髪《かみ》を結《むす》ぶゴム。いろんな色《いろ》や太《ふと》さがあるよ。

アメピン

髪《かみ》の毛《け》をとめるときに使《つか》う定番《ていばん》のピン。

Uピン

おだんごの毛先《けさき》をまとめるときなどに使《つか》うピン。

こんなにあるよ！

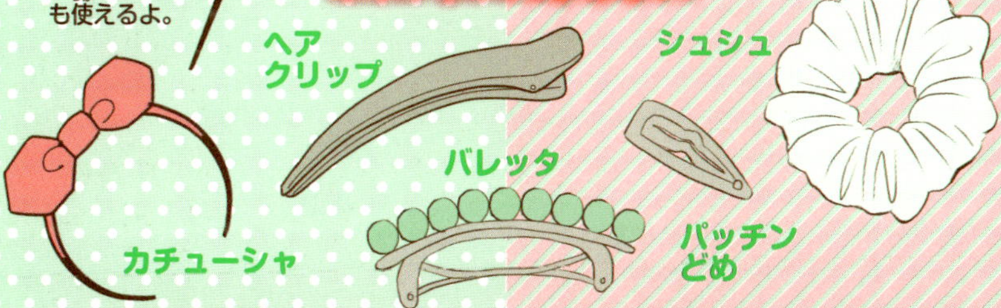
ヘアクリップ
シュシュ
バレッタ
パッチンどめ
カチューシャ

ブラッシング

ヘアアレンジをする前《まえ》にはブラシで髪《かみ》をとかそう！
ブラッシングをすると、アレンジもしやすくなるの♪

1 毛先《けさき》からとかしていこう。髪《かみ》を無理《むり》に引《ひ》っぱらないように、毛束《けたば》の中間《ちゅうかん》をにぎりながらていねいにとかしてね。

2 毛先《けさき》のからまりがとれたら、根元《ねもと》から毛先《けさき》へ向《む》かって全体《ぜんたい》をとかして整《ととの》えよう。

1つ結《むす》びアレンジ

王《おう》道《どう》ポニテは元《げん》気《き》っ子《こ》の証《あかし》!

ポニーテール

1つ結《むす》びといったらこれ! 定番《ていばん》の高《たか》い位置《いち》のスタイルをしょうかいするよ。

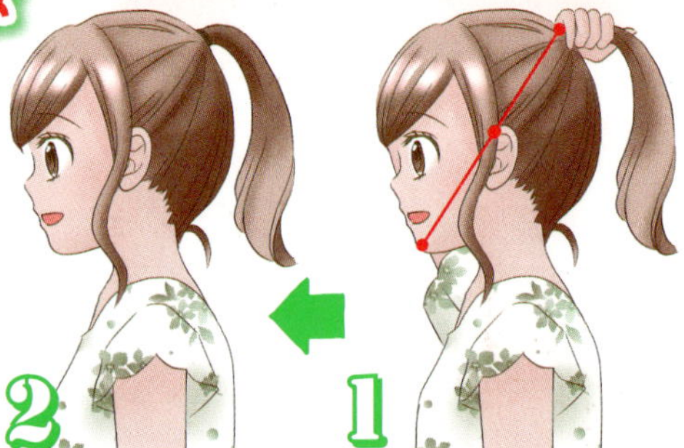

2 ゴムを通《とお》して結《むす》んだら、毛束《けたば》を整《ととの》えて完成《かんせい》!

1 頭《あたま》の後《うし》ろの、アゴと耳《みみ》上《うえ》のラインを結《むす》んだ位置《いち》に髪《かみ》をまとめよう。

ステップアップ!
逆毛《さかげ》でハジけスタイル☆

結《むす》んだ毛束《けたば》を少《すこ》しずつ手《て》に取《と》り、毛先《けさき》から根元《ねもと》に向《む》かってコームをスライドさせよう。ボリュームが出《で》て、はなやかなイメージになるよ!

結《むす》ぶ高《たか》さや位置《いち》、毛束《けたば》の量《りょう》を変《か》えるだけで、印象《いんしょう》もチェンジできるよ!

お嬢様《じょうさま》みたい♪
半分《はんぶん》だけ!

ハーフアップ

下《した》の髪《かみ》を残《のこ》して、耳《みみ》より上《うえ》の髪《かみ》だけを結《むす》ぶとせいそ!

やんちゃでかわいい☆
ヨコに!

サイドポニー

ヨコの位置《いち》で高《たか》さを変《か》えても、フンイキが変《か》わるよ!

グッと大人《おとな》っぽい♥
低《ひく》めに!

ローポニー

耳《みみ》より下《した》の位置《いち》で結《むす》ぶと、落《お》ち着《つ》いて見《み》えるよ!

part 2 ヘア

くるりんぱ

カンタンでおしゃれ！　1つ結《むす》び以外《いがい》でも使《つか》えるアレンジだから覚《おぼ》えておこう♪

一《いっ》気《き》に
おしゃれ見《み》え！

1

1つに結《むす》んだゴムを少《すこ》しだけ下《した》にずらそう。

2

ゴムより上《うえ》の部《ぶ》分《ぶん》の髪《かみ》を、2つに分《わ》けて真《ま》ん中《なか》に穴《あな》を作《つく》ろう。

3

2の穴《あな》の部分《ぶぶん》に、毛《け》束《たば》を上《うえ》から通《とお》そう。

4

最《さい》後《こ》に毛《け》束《たば》を引《ひ》っぱって、整《ととの》えたら完成《かんせい》！

ステップアップ！

後《おく》れ毛《げ》でルーズさアップ♪

後《おく》れ毛《げ》をわざと出《だ》すと、さらにラフでおしゃれな印象《いんしょう》に。

2つ結《むす》び アレンジ

守《まも》ってあげたくなる妹《いもうと》感《かん》♡

ゆるゆるツイン

ふわっとした2つ結《むす》びは、とびきりキュートで
おしゃれ度《ど》もアップしちゃう！

1
顔《かお》まわりに少《すこ》し毛束《けたば》を残《のこ》して、それ以外《いがい》の髪《かみ》を両耳《りょうみみ》にかけよう。

2
1で耳《みみ》にかけた髪《かみ》を、手《て》ぐしでざっくりと2つに分《わ》けよう。

3
それぞれの束《たば》をアゴのラインあたりで結《むす》ぼう。

ニットぼうに合《あ》わせると、ふんわりしてもっとかわいい♡

ステップアップ！
サイドの髪《かみ》で小顔《こがお》見《み》せ♡

顔《かお》まわりの前髪《まえがみ》のヨコに毛束《けたば》を残《のこ》すと、小顔《こがお》に見《み》えてかわいさアップ！　束《たば》が太《ふと》すぎるとかわいく見《み》えないので、量《りょう》を調節《ちょうせつ》してみてね。

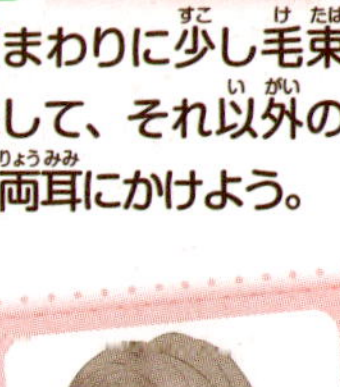

ハーフちょこツイン

うさぎの耳《みみ》みたいなプリティーアレンジ！
女《おんな》の子《こ》らしいスタイルだよ。

1
下《した》の髪《かみ》はおろしたまま、ハチ上《うえ》の髪《かみ》を2つに結《むす》ぼう。

2
逆毛《さかげ》を立《た》てて完成《かんせい》！

気分《きぶん》はアイドル♡

ショートヘアでもかわいい♡

連続《れんぞく》くるりんぱツイン

P71のくるりんぱを応用《おうよう》した、カンタンなのに上級者《じょうきゅうしゃ》っぽく見《み》えるスタイル☆

こって見《み》える
おしゃれ
スタイル！

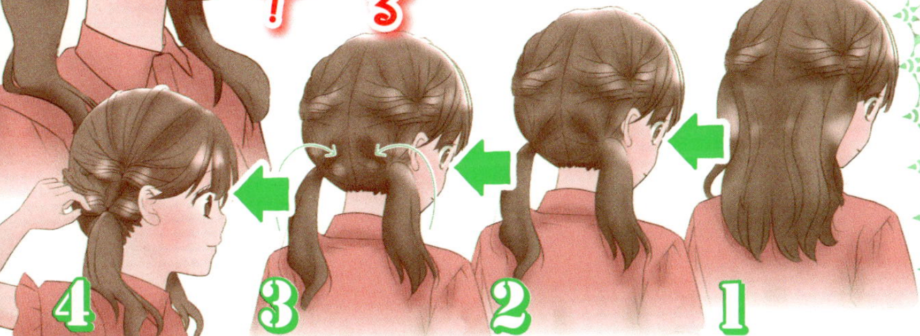

1
ハチの上《うえ》の髪《かみ》を2つ結《むす》びにして、くるりんぱをしよう。

2
下《した》の髪《かみ》を2つに分《わ》けて、1でくるりんぱをした毛束《けたば》といっしょに結《むす》ぼう。

3
1のくるりんぱと2のゴムの間《あいだ》に穴《あな》を開《あ》けて、毛束《けたば》を通《とお》してくるりんぱをしよう。

4
くるりんぱの部《ぶ》分《ぶん》をほぐして全《ぜん》体《たい》を整《ととの》えたら完《かん》成《せい》！

みつあみ アレンジ

レトロかわいいスタイル♪

キホンのみつあみ

毛束《けたば》を3つに分《わ》けてあんでいく結《むす》び方《かた》。
くり返《かえ》し練習《れんしゅう》して身《み》につけよう！

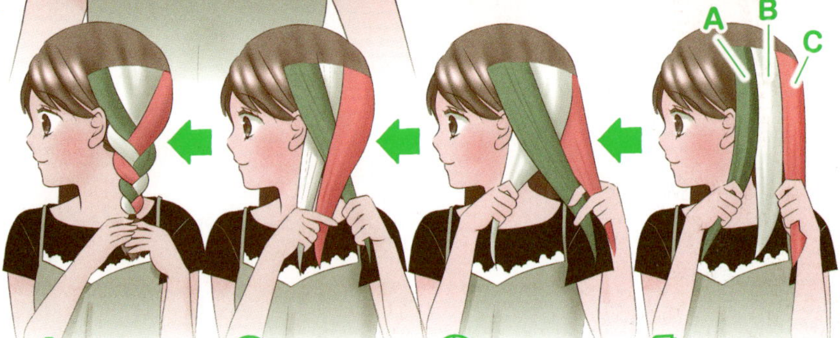

1
2つ結《むす》びをするように真《ま》ん中《なか》で2つに分《わ》けたら、さらに毛束《けたば》を3つになるように分《わ》けよう。

2
真《ま》ん中《なか》のBにAを重《かさ》ねて、根元《ねもと》がキュッとなるようにしめよう。

3
Cを上《うえ》からAとBの間《あいだ》に入《い》れよう。

4
❷と❸をくり返《かえ》して、毛先《けさき》を少《すこ》し残《のこ》してゴムで結《むす》ぼう。

最初《さいしょ》のうちは、ヒモを使《つか》って練習《れんしゅう》しよう。3本《ぼん》のヒモをテープで机《つくえ》にはって、固定《こてい》するとやりやすいよ。

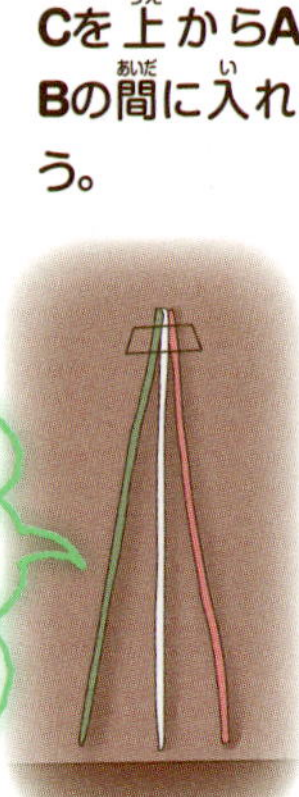

ステップアップ！

ゆるみつあみ♡

根元《ねもと》をキュッと引《ひ》っぱらず、ゆるくあめば、ふんわりしたイメージのみつあみに♪

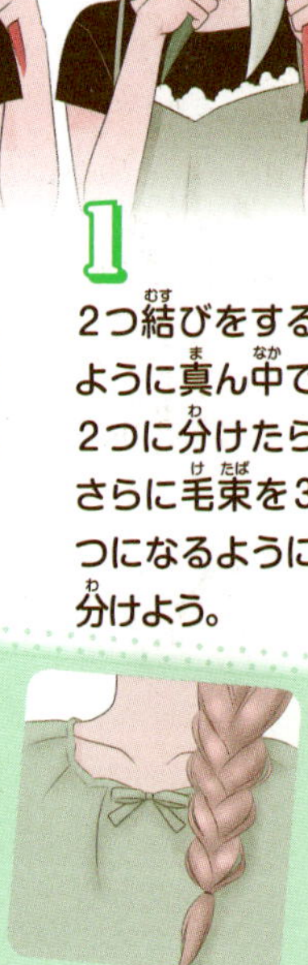

ゆるい感《かん》じがかわいい♡

ふんわりサイドみつあみ

少女《しょうじょ》っぽいみつあみも、サイドで1つ結《むす》びをすればちょっぴり大人《おとな》っぽく♡

1 髪《かみ》をすべてサイドに寄《よ》せよう。

2 ゆるくみつあみをして完成《かんせい》！

リボンでとめたら麦《むぎ》わらぼうしと合《あ》わせてガーリー♪

お嬢《じょう》様《さま》チックなフンイキ♡

みつあみハーフアップ

お出《で》かけにピッタリの、フェミニンで上品《じょうひん》なみつあみアレンジ！

1 ハチ上《うえ》の髪《かみ》をとって、両《りょう》サイドでみつあみにしよう。

2 2つのみつあみを、後《うし》ろで1つに結《むす》んで完成《かんせい》！

バレッタでとめてもかわいい！

ステップアップ！

あみこみにチャレンジ☆

とってもおしゃれで、こっているように
見《み》えるよ。ちょうせんしてみよう！

1 毛束《けたば》を3つに分《わ》ける

あみこみをする部分《ぶぶん》の髪《かみ》を
3つに分《わ》けよう。

完《かん》成《せい》♥

4 同《おな》じように下《した》の毛《け》を足《た》す

Aの毛束《けたば》に髪《かみ》を足《た》して、中《ちゅう》
心《しん》に重《かさ》ねていくよ。

2 一段目《いちだんめ》は みつあみ

Aを Bの上《うえ》に、Cを Aの上《うえ》から重《かさ》ねて Aと Bの間《あいだ》に入《い》れて、一段目《いちだんめ》にするよ。

3 二段目《にだんめ》から 下《した》の毛《け》を足《た》す

Bの毛束《けたば》に、Bと同《おな》じ量《りょう》の下《した》の髪《かみ》をすくって足《た》そう。そのまま中央《ちゅうおう》へ。

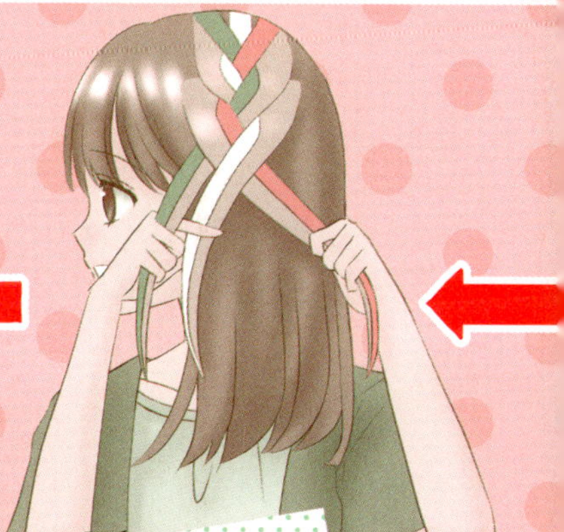

5 毛先《けさき》まで あみこむ

3と4をくり返《かえ》して、髪《かみ》がすくえるところまであんでいこう。

6 最後《さいご》は みつあみ

下《した》の毛《け》がすくえなくなったら、毛《け》先《さき》までみつあみをして結《むす》ぼう。

おだんごアレンジ

大人《おとな》っぽいけどキュート♡

キホンのおだんご

丸《まる》くまとめたおだんごヘアは、注目度高《ちゅうもくどたか》め！
位置《いち》を変《か》えてアレンジしてね♪

1
高《たか》い位置《いち》でP70のポニーテールをするようにゴムを毛束《けたば》に通《とお》そう。

2
ゴムを巻《ま》きつけたら、最後《さいご》は毛《け》束《たば》を毛先《けさき》までぬかずに輪《わ》っかにしてね。

3
毛先《けさき》を輪《わ》っかのまわりにぐるぐる巻《ま》きつけよう。

Uピンがなかったら、アメピンを使《つか》ってもだいじょうぶだよ！

4
巻《ま》きつけた毛先《けさき》をおだんごの中《ちゅう》心《しん》に向《む》かってUピンでとめよう。

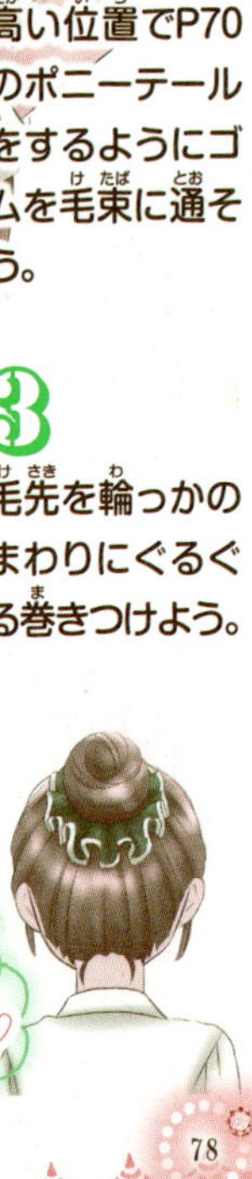

シュシュをつけてもかわいい♡

part 2 ヘア

ツインおだんご

おだんごを上《うえ》の位置《いち》で2つ作《つく》れば、
一気《いっき》にはじけた印象《いんしょう》になるよ。

ポップで元気《げんき》☆
イベントにピッタリ！

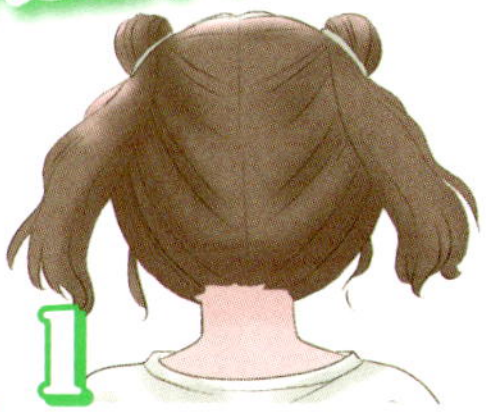

1
髪《かみ》をざっくり2つに分《わ》けたら、両方《りょうほう》とも輪《わ》っかにしよう。毛先《けさき》を多《おお》く残《のこ》すのがポイント。

2
おだんごになる部分《ぶぶん》の毛《け》を引《ひ》っぱってくずしてね。

3
毛先《けさき》をおだんごの根元《ねもと》にぐるぐる巻《ま》きつけて、Uピンでとめて完成《かんせい》。

メッシーバン

メッシーバンとは、くずれかけたおだんごのこと！
ルーズさがおしゃれだよ。

1
後《おく》れ毛《げ》をぬいてから、サイドの低《ひく》い位置《いち》に輪《わ》っかを作《つく》ろう。

2
毛先《けさき》を巻《ま》きつけてUピンでとめたら、おだんごの部分《ぶぶん》がおうぎ状《じょう》になるように引《ひ》っぱってくずそう。

ゆるっとして上級者風《じょうきゅうしゃふう》！

絶《ぜっ》対《たい》モテ♪

前《まえ》髪《がみ》イメチェン法《ほう》

前髪《まえがみ》は顔《かお》のまわりにある、一番大事《いちばんだいじ》な部分《ぶぶん》！　髪《かみ》が短《みじか》くて結《むす》べない子《こ》や、後《うし》ろ髪《がみ》をおろしたい子《こ》も、前髪《まえがみ》だけのアレンジですぐおしゃれ♡

前髪《まえがみ》で印象《いんしょう》はこんなに変《か》わる！

長《なが》さ

長《なが》いと大人《おとな》っぽく、まゆ毛《げ》より上《うえ》だとかわいらしい印象《いんしょう》になるよ。

量《りょう》

量《りょう》が多《おお》いとお人形《にんぎょう》みたいにかわいい印象《いんしょう》、少《すく》ないとやさしげな印象《いんしょう》になるよ。

分《わ》け目《め》

前髪《まえがみ》を分《わ》けると大人《おとな》っぽく、分《わ》けないとかわいらしい印象《いんしょう》になるよ。

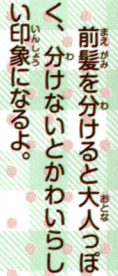

自分《じぶん》で前髪《まえがみ》を切《き》ってみよう！

すぐにのびちゃう前髪《まえがみ》。失敗《しっぱい》しない切《き》り方《かた》のコツを教《おし》えるよ！

用意《ようい》するもの

新聞紙《しんぶんし》
鏡《かがみ》
ピン
コーム
ハサミ

1

前髪《まえがみ》をよくとかしたら、前髪《まえがみ》以外《いがい》のサイドの髪《かみ》はピンでとめよう。

Point!
前髪《まえがみ》は、必《かなら》ずかわいている状態《じょうたい》で切《き》ってね。

2

前髪《まえがみ》の部分《ぶぶん》を、コームで3つに分《わ》けよう。

Point!
切《き》った髪《かみ》が散《ち》らからないように、先《さき》に新聞紙《しんぶんし》をしいておこう。

Point!
前髪《まえがみ》をうかせすぎると、短《みじか》く切《き》ってしまうので注意《ちゅうい》！

3

真《ま》ん中《なか》の束《たば》だけを指《ゆび》ではさんで、ハサミをタテにして少《すこ》しずつ切《き》っていくよ。

4

真《ま》ん中《なか》の束《たば》が終《お》わったら、両《りょう》わきも同《おな》じように切《き》ってね。

5

全体《ぜんたい》のバランスを見《み》て整《ととの》えたら完成《かんせい》！

できた♡

男《おとこ》の子《こ》も見《み》てる！

前髪《まえがみ》でかわいい横顔《よこがお》作《づく》り♡

自分《じぶん》ではなかなか見《み》ることがない横顔《よこがお》だけど、まわりの人《ひと》にはかなり見《み》られてるポイント。その横顔《よこがお》の印象《いんしょう》を決《き》めるのは、前髪《まえがみ》だよ！

横顔《よこがお》はとっても大事《だいじ》！

自分《じぶん》の顔《かお》を鏡《かがみ》で見《み》るときは、正面《しょうめん》からしか見《み》ないよね。でもじつは、まわりの人《ひと》に一番《いちばん》見《み》られるのは横顔《よこがお》！　あなたも遠《とお》くにいるカレを見《み》つめるとき、横《よこ》顔《がお》を見《み》てることって多《おお》くない？　同《おな》じように、まわりの人《ひと》はあなたの横顔《よこがお》を見《み》てるってこと！　チラッと見《み》たときに横顔《よこがお》がかわいいと、注目《ちゅうもく》されちゃうよ♡

前髪《まえがみ》が横顔《よこがお》美人《びじん》のカギ☆

顔《かお》全体《ぜんたい》のイメージを左右《さゆう》する前髪《まえがみ》だけど、それは横顔《よこがお》でも同《おな》じ♪　前髪《まえがみ》を分《わ》けて、サイドの髪《かみ》を耳《みみ》にかけるだけで印象《いんしょう》アップ♡　前髪《まえがみ》アレンジをしたら、さらにかわいい横顔《よこがお》になれちゃう！　次《つぎ》のページからのアレンジにチャレンジしてみて♪

○
×
スッキリ見《み》えてかわいい♡
もっさりして暗《くら》そう……

前髪《まえがみ》スタイルアレンジ

前髪《まえがみ》のスタイルをチェンジできるアレンジだよ。
いつもとちがう印象《いんしょう》にカレもドキッ♡

ぐっと大人《おとな》っぽい！
センターパート

コームを使《つか》って、おでこの真《ま》ん中《なか》で前髪《まえがみ》を分《わ》けよう。前髪《まえがみ》が短《みじか》くて真《ま》ん中《なか》に戻《もど》ってしまう子《こ》は、イラストのようにサイドにピンでとめてね。

かわいい黄金比《おうごんひ》♡
ナナメ分《わ》け

7：3になるようにコームで前髪《まえがみ》を分《わ》けてね。前髪《まえがみ》が短《みじか》い子《こ》はイラストのように、前髪《まえがみ》のヨコの長《なが》い髪《かみ》をいっしょにして分《わ》けよう。

女《おんな》の子《こ》らしい♪
シースルーバング

前髪《まえがみ》を上《うえ》と下《した》で分《わ》けてね。上《うえ》の部分《ぶぶん》だけすくい取《と》ったら、ねじってサイドにピンでとめよう。

モデルさんみたい♡
かきあげ前髪《まえがみ》

前髪《まえがみ》の根元《ねもと》をぬらしたら、分《わ》けたい方向《ほうこう》へかきあげよう。そのままドライヤーの温風《おんぷう》でかわかしたら、最後《さいご》に冷風《れいふう》を当《あ》てて完成《かんせい》。

ピンだけアレンジ

アメピンがあればできちゃう！
さりげないアレンジで、おしゃれな横顔《よこがお》をアピール♪

アメピンのとめ方《がた》

並《なら》びどめ……いっぱい

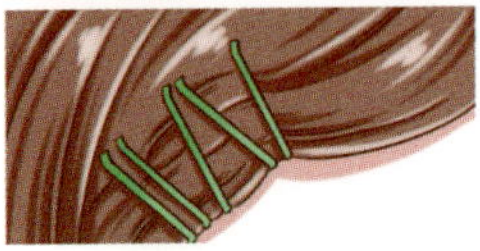

三角《さんかく》どめ…………3本《ぼん》

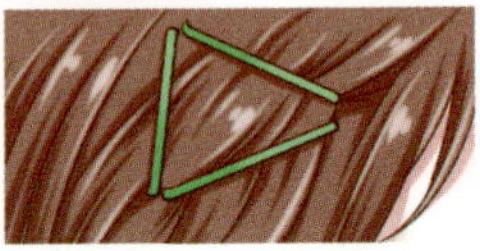

ばってんどめ……2本《ほん》

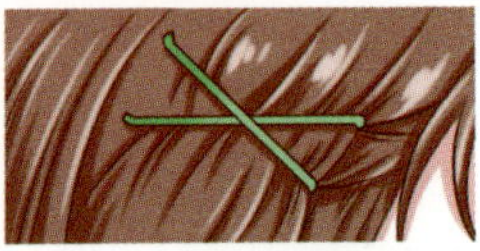

お嬢様《じょうさま》っぽい！

ねじりティアラ

1 真《ま》ん中《なか》で分《わ》けた前髪《まえがみ》をそれぞれ束《たば》にして、ねじって耳《みみ》の上《うえ》あたりにピンでとめよう。

2 左右《さゆう》で同《おな》じ形《かたち》になるように整《ととの》えて完成《かんせい》。

ふくらみがキュート♡

ポンパドール

1 前髪《まえがみ》をまとめて上《うえ》に持《も》ち上《あ》げたら、2回《かい》ほどねじって後《うし》ろに持《も》っていこう。

2 持《も》ち上《あ》げたところがふんわりするように少《すこ》したるませて、ピンでとめて完成《かんせい》。

スッキリした横顔《よこがお》に♪

サイドみつあみ

前髪《まえがみ》を1つにまとめて、みつあみにしよう。短《みじか》い子《こ》は、前髪《まえがみ》のヨコの長《なが》い髪《かみ》をいっしょにみつあみにしてね。ピンでとめて完成《かんせい》。

ダンサーみたい！

サイドねじり上《あ》げ

1 ねじり上《あ》げる側《がわ》の前髪《まえがみ》を少《すこ》し取《と》って、ねじったらトップにピンでとめるよ。

2 同《おな》じものを３本《ぼん》くらい作《つく》って完成《かんせい》。

結《むす》んでアレンジ

ヘアアレンジレシピ集《しゅう》で覚《おぼ》えた結《むす》び方《かた》を使《つか》って、前《まえ》髪《がみ》アレンジ！
もっとかわいいフンイキに♡

ポップでかわいい☆

プチおだんご

1 前髪《まえがみ》をまとめて真《ま》上《うえ》に持《も》っていったら、おだんごを作《つく》ろう。

2 毛《け》先《さき》をおだんごに巻《ま》きつけて、ピンでとめたら完成《かんせい》。

大人《おとな》っぽいフンイキ♪

前《まえ》髪《がみ》くるりんぱ

1 前髪《まえがみ》をヨコに寄《よ》せて１つに結《むす》んだら、P73と同《おな》じやり方《かた》でくるりんぱを連《れん》続《ぞく》させよう。

2 くるりんぱしたところを引《ひ》っぱってくずしたら、毛《け》先《さき》を耳《みみ》の後《うし》ろにピンでとめて完成《かんせい》。

毎《まい》日《にち》変《へん》身《しん》！

ヘアアレンジダイアリー

これまでのページで覚《おぼ》えたヘアアレンジや、さらにアレンジしたスタイルを使《つか》って、1ヵ月《げつ》の日《ひ》がわりヘアを、30連発《れんぱつ》しょうかいするよ♪

Start Day 1

みつあみポニーで 月《つき》の初《はじ》めは気《き》合《あ》いを入《い》れて★

ポニーテールの毛束《けたば》をみつあみにしたスタイル☆　カラーゴムでおしゃれ度《ど》アップ♡

Day 2

友《とも》だちのおうちへ行《い》く日《ひ》はハーフアップくるりんぱ♪

ハーフアップの毛束《けたば》をくるりんぱしたスタイル！　さりげない上品《じょうひん》さがかわいい♡

Day 3

サイドあみこみをした日《ひ》、休《やす》み時間《じかん》にカレと目《め》が合《あ》った！

耳上《みみうえ》の髪《かみ》をサイドであみこんだスタイル。リボンをつけて、もっとキュートさアップ♪

Day 4

ポニーテールポンパで体《たい》育《いく》の授《じゅ》業《ぎょう》もへっちゃら★

ポニーテールとポンパドールを組《く》み合《あ》わせたスタイル☆　動《うご》きやすくてスッキリ！

Day 5

今日《きょう》はプール教室《きょうしつ》だからすっきり高《たか》めおだんごヘア♪

高《たか》い位置《いち》で、きっちりまとめたおだんごスタイル！　くずれにくいから安心《あんしん》！

Day 6

カラフルちょこ結《むす》びで今日《きょう》は友《とも》だちと映画《えいが》♥

サイドの髪《かみ》をゴムで３センチごとに結《むす》んだスタイル♡　カラフルさがかわいい！

Day 7

サイドくるりんぱ＋ベレーぼうでママとショッピング！

１つ結《むす》びのくるりんぱに、ベレーぼうをかぶった大人《おとな》っぽいスタイル☆

Day 8

図書館《としょかん》で勉強《べんきょう》する日《ひ》はきっちりみつあみ★

きつめのみつあみをカラーゴムで結《むす》んだスタイル。まじめかわいい♡

Day 9

今日《きょう》はテストデー！すっきりポンパで集中《しゅうちゅう》♪

定番《ていばん》ポンパドールにリボンクリップでかわいさをプラスしたスタイル♡

Day 10

席《せき》がえでカレととなりに！サイドポニーでハッピー★

サイド高《たか》めのポニーテールスタイル♡　やんちゃにゆれる毛束《けたば》がかわいい！

Day 11

カレがとなりにいるから
ねじりティアラで
かわいく♪

P84のねじりティアラスタイル♡　カレもあなたの横顔《よこがお》にドキッ！

Day 12

サイドねじり上《あ》げで
休《やす》み時間《じかん》は
ドッジボール♪

P85のサイドねじり上《あ》げスタイル。かっこいいフンイキでキメて！

Day 13

くるりんぱネコ耳《みみ》で
友《とも》だちとホームパーティー！

ハチ上《うえ》の左右《さゆう》のくるりんぱを引《ひ》っぱってくずし、ネコ耳風《みみふう》にしたスタイル☆

Day 14

おうちで
ゴロゴロの日《ひ》は
ふんすい前髪《まえがみ》♥

前髪《まえがみ》とトップの髪《かみ》を合《あ》わせて、1つに結《むす》んだスタイル！　ボリュームがかわいい♪

Day 15

今日《きょう》は委員会《いいんかい》だから♪
きっちり
センター分《わ》け前髪《まえがみ》♥

真《ま》ん中《なか》で分《わ》けた前髪《まえがみ》を、たくさんのピンできっちりとめたスタイル！

Day 16

後《おく》れ毛《げ》ツインテールの日《ひ》はカレとトークが盛《も》り上《あ》がった♥

後《おく》れ毛《げ》を残《のこ》した、キュートなツインテールスタイル♪ ゆるさがかわいい！

Day 17

クラブ活動《かつどう》の日《ひ》はかきあげ前髪《まえがみ》でセンパイっぽく♥

前髪《まえがみ》がふんわり立《た》つように分《わ》けたかきあげスタイル☆　ちょいセクシーでおしゃれ！

Day 18

今日《きょう》は遠足《えんそく》！ ツインおだんごでポップに♪

高《たか》い位置《いち》でおだんごを２つ作《つく》ったスタイル☆　リボンでさらにおしゃれ！

Day 19

くるりんぱみつあみで今日《きょう》はピアノのレッスンに♪

くるりんぱをした毛束《けたば》を、みつあみにしたスタイル！ バレッタでお嬢様風《じょうさまふう》☆

Day 20

パパと野球観戦《やきゅうかんせん》に！ キャップに合《あ》う逆毛《さかげ》ツインテール★

ツインテールの毛束《けたば》に逆毛《さかげ》を立《た》てたスタイル！　キャップと合《あ》わせるとかわいい♡

Day 21

おばあちゃん家《ち》に行《い》く日《ひ》はみつあみリングで♪

みつあみの毛先《けさき》を、根元《ねもと》の部分《ぶぶん》にピンでとめてリングにしたおちゃめスタイル☆

Day 22

カレに次《つぎ》の休日《きゅうじつ》遊《あそ》ぼうってさそわれた！ピンアレンジでさりげなキュート♥

前髪《まえがみ》をたくさんのピンでとめたスタイル☆ピンのランダムさがポイントだよ！

Day 23

ねじりどめ前髪《まえがみ》の日《ひ》は友《とも》だちと恋《こい》バナ♥

まとめた前髪《まえがみ》をねじって、サイドでとめたスタイル！アクセでさらにおしゃれ！

Day 24

イヤ～なそうじ当番《とうばん》もハーフおだんごでがんばる！

ハーフアップにした毛束《けたば》をおだんごにしたスタイル♡パッチンどめでポップに♡

Day 25

ねぼうしちゃった日《ひ》はカンタンちょこっと結《むす》び★

片《かた》サイドのハチ上《うえ》の髪《かみ》を結《むす》んだスタイル！　ポップなヘアゴムでかわいさアップ♡

Day 26

今日《きょう》は授業参観《じゅぎょうさんかん》♪
優等生風《ゆうとうせいふう》に
ハーフアップ♥

シンプルに大人《おとな》しめハーフアップ♪　メガネとの相性《あいしょう》もバツグン！

Day 27

明日《あした》はカレとの
約束《やくそく》の日《ひ》！
高《たか》めツインで
おしゃれの準備《じゅんび》！

高《たか》い位置《いち》でツインテールにしたスタイル♡　ヘアピンでキュートさアップしちゃって！

Day 28

カレとのデートは
みつあみ
カチューシャ♥

サイドで作《つく》ったみつあみを、逆《ぎゃく》サイドに持《も》っていってピンでとめた上品《じょうひん》スタイル♪

Day 29

きのうは楽《たの》しかった♪
ハッピーな
ハーフサイドアップ！

ハーフアップにした髪《かみ》を、サイドの高《たか》い位置《いち》で結《むす》んだ元気《げんき》っ子《こ》スタイル！

Day 30

ふんわりみつあみパーマでカレに告白《こくはく》されちゃった♡

前日《ぜんじつ》にみつあみを6本作《ぽんつく》ってねてから、朝手《あさて》ぐしで整《ととの》えただけのふわふわパーマスタイル♪

Fin

ミリヨク的《てき》♥

ツヤサラ髪《がみ》の作《つく》り方《かた》

キレイな髪《かみ》にはあこがれるよね♪　ツヤサラ髪《がみ》のヒケツは、毎日《まいにち》のケア！　まずはケアに重要《じゅうよう》な、シャンプーの選《えら》び方《かた》から教《おし》えるよ。

自分《じぶん》に合《あ》うシャンプーを選《えら》ぼう

髪質《かみしつ》は人《ひと》によってバラバラで、合《あ》うシャンプーもそれぞれちがうの。シャンプーにはたくさんの成分《せいぶん》が入《はい》っていて、髪質《かみしつ》との相性《あいしょう》があるよ。ピッタリのシャンプーなら、あなたの髪《かみ》をツヤサラにしてくれるはず！　髪《かみ》のなやみ別《べつ》に、あなたに合《あ》ったシャンプーを見《み》つけよう♪

あなたはどのなやみタイプ？

うねっちゃう！
クセ毛《げ》タイプ

ぺったんこ！
ネコっ毛《け》タイプ

まとまらない！
広《ひろ》がるタイプ

合《あ》うシャンプーはこれ！

アミノ酸《さん》シャンプー

うねる髪《かみ》には、アミノ酸《さん》という成分《せいぶん》のシャンプーがおすすめ。クセ毛《げ》の原因《げんいん》は乾《かん》燥《そう》であることが多《おお》いの。アミノ酸《さん》シャンプーは、髪《かみ》にやさしく乾燥《かんそう》しにくいので、うねりをおさえてくれるよ。

ノンシリコンシャンプー

ペタンとしてしまう髪《かみ》には、「シリコン」が入《はい》っていないシャンプーがおすすめ。髪《かみ》をふんわりとさせてくれるよ。シリコンは髪《かみ》を落《お》ち着《つ》かせるので、ネコっ毛《け》の人《ひと》には向《む》いていないの。

シリコンインシャンプー

髪《かみ》をまとまりやすくするには、「シリコン」という成分《せいぶん》が入《はい》ったシャンプーがおすすめ。シリコンが髪《かみ》をコーティングしてくれて、指通《ゆびどお》りをよくしてくれるの。なめらかな仕《し》上《あ》がりになるよ。

髪《かみ》の正《ただ》しい洗《あら》い方《かた》

自分《じぶん》に合《あ》うシャンプーがわかったら、正《ただ》しい洗《あら》い方《かた》をマスターしよう♪
まちがった洗《あら》い方《かた》だと、頭皮《とうひ》にトラブルが起《お》きてしまうことも！

1 髪全体《かみぜんたい》をブラッシング

シャンプー前《まえ》に髪《かみ》をとくことで、からまりをふせぐよ。また、ブラッシングをすると髪《かみ》についたほこりやぬけ毛《げ》がうき上《あ》がって、シャンプーで落《お》としやすくなるの。

2 お湯《ゆ》でしっかり洗《あら》う

頭皮《とうひ》をしっかりとお湯《ゆ》で洗《あら》おう！　お湯《ゆ》だけでも、髪《かみ》や頭皮《とうひ》のよごれのほとんどが落《お》とせるの。指《ゆび》のはらで、頭皮全体《とうひぜんたい》をマッサージするようにすすぐよ。

3 シャンプーで洗《あら》う

シャンプーを手《て》のひらでアワだてて、トップにつけよう。指《ゆび》のはらでやさしく円《えん》をえがくように、頭皮全体《とうひぜんたい》を洗《あら》おう。毛先《けさき》は、アワをなじませるように洗《あら》ってね。

4 念入《ねんい》りにすすぐ

アワが残《のこ》らないように、よーくすすごう。シャンプーが残《のこ》ってしまうと、フケの原因《げんいん》になることもあるよ。

5 コンディショナーをつけよう

髪《かみ》をやさしくにぎって、水気《みずけ》をしぼろう。それから、コンディショナーを毛先中心《けさきちゅうしん》につけてね。地肌《じはだ》につけるのはNG！　毛穴《けあな》をつまらせてしまう原因《げんいん》に。

6 コンディショナーをすすごう

2～3分《ぶん》ほど待《ま》って、洗《あら》い流《なが》そう。ぬるっとした手《て》ざわりがなくなるまで、きちんとすすいでね！

スペシャルケア

髪《かみ》のいたみが気《き》になるときには、トリートメントなどのケア剤《ざい》を使《つか》おう。１週間《しゅうかん》に一《いち》度《ど》くらいの回数《かいすう》でOK！　じっくりケアをする日《ひ》を作《つく》ると、さらにツヤサラ髪《がみ》に♡

1 トリートメントをなじませる

シャンプーのあと、髪《かみ》の水気《みずけ》を切《き》ってから、トリートメントを毛先《けさき》から中間《ちゅうかん》あたりまでつけるよ。そのあと手《て》ぐしで髪《かみ》をとかしてなじませよう。

2 温《あたた》かいタオルで包《つつ》んで15分《ふん》！

タオルをお湯《ゆ》にひたしてしぼったもので、髪全体《かみぜんたい》を包《つつ》もう。トリートメントの美容成分《びようせいぶん》が髪《かみ》にしんとうするよ。

3 しっかり洗《あら》い流《なが》す

タオルを取《と》ったら、ぬめりがなくなるまできちんと洗《あら》い流《なが》そう。

豆知識《まめちしき》！

ケア剤《ざい》の種類《しゅるい》

リンス

髪《かみ》の表面《ひょうめん》をコーティングして、サラサラにするよ。

コンディショナー

髪《かみ》の表面《ひょうめん》を整《ととの》えて、いたんだ髪《かみ》をカバーするよ。

トリートメント

いたんだ髪《かみ》の表面《ひょうめん》と内部《ないぶ》をしっかりケアするよ。

ヘアマスク

髪《かみ》に美容成分《びようせいぶん》をあたえて、いたんだ髪《かみ》を治《なお》す効果《こうか》も。

朝《あさ》は頭皮《とうひ》マッサージ♪

指《ゆび》のはらで、気持《きも》ちいいと感《かん》じるくらいの強《つよ》さで頭皮《とうひ》をもんでみよう。血行《けっこう》がよくなり、しなやかな髪《かみ》が生《は》えやすくなるよ！

かわかし方《かた》

ぬれたままねるのは、髪《かみ》にとって一番《いちばん》のNGポイント！　髪《かみ》がいたむ原因《げんいん》になるし、フケや頭皮《とうひ》のにおいが出《で》てしまうこともあるよ！　しっかりかわかしてケアすれば、ツヤ髪《がみ》に♪

1 タオルで水気《みずけ》を取《と》る

かわいたタオルで髪《かみ》をはさんで、ポンポンとたたくようにふき取《と》ろう。ゴシゴシふくのは、髪《かみ》がいたんでしまうからNGだよ。

2 ドライヤーの温風《おんぷう》でかわかす

①前髪《まえがみ》の根元《ねもと》②全体《ぜんたい》の根元《ねもと》③毛先《けさき》の順番《じゅんばん》でかわかしていくよ。かわきにくく、クセが出《で》やすい根元《ねもと》からかわかすことが大事《だいじ》。

3 ドライヤーの冷風《れいふう》で仕上《しあ》げ

全体《ぜんたい》がかわいてきたら、最後《さいご》にドライヤーを冷風《れいふう》に切《き》りかえよう。こうすることで、髪《かみ》にツヤが出《で》るよ。

Point! 頭《あたま》からドライヤーを20センチほどはなしてね。近《ちか》すぎると、ダメージの原因《げんいん》に。

ねぐせ直《なお》し

朝《あさ》からテンションが下《さ》がっちゃうねぐせ。しっかり直《なお》してバッチリきめよう！

1

スプレー容器《ようき》に入《い》れた水《みず》を、ねぐせのついた髪《かみ》の根元《ねもと》にかけよう。もちろん、ドラッグストアなどで売《う》っている、ねぐせ直《なお》し用《よう》ウォーターでもOK！

2

ドライヤーの温風《おんぷう》で髪《かみ》をかわかしながら、ブラシでねぐせをのばそう。クセがのびてから、最後《さいご》に冷風《れいふう》を当《あ》てるとくずれにくくなるよ。

ねぐせの原因《げんいん》

ねているときに、髪《かみ》がまくらとこすれてしまうことがねぐせの主《おも》な原因《げんいん》。髪《かみ》を結《むす》んでねるのもねぐせの対《たい》さくになるよ。また、髪《かみ》がかわいていない状態《じょうたい》でねてしまうと、ねぐせがつきやすいのでしっかりかわかしてね。

おたすけ！

ヘアのおなやみ解《かい》決《けつ》

ヘアに関《かん》する
みんなのおなやみに答《こた》えるよ！

枝毛《えだげ》が気《き》になる！

枝毛《えだげ》は髪《かみ》のいたみが原因《げんいん》。一《いち》度《ど》枝毛《えだげ》になってしまったら戻《もど》らないので、ハサミで切《き》ろう。髪《かみ》全《ぜん》体《たい》もいたんでいる可《か》能《のう》性《せい》があるから、トリートメントをするのがおすすめ。

前髪《まえがみ》を切《き》りすぎちゃった！

P83からを読《よ》んで、前髪《まえがみ》をサイドに分《わ》けるヘアアレンジをしてみよう。また髪《かみ》を早《はや》くのばすためには、きちんとすいみんをとって、規《き》則《そく》正《ただ》しい生《せい》活《かつ》を送《おく》ることを心《こころ》がけてね。

髪《かみ》が広《ひろ》がっちゃう！

広《ひろ》がりの原因《げんいん》は髪《かみ》の乾燥《かんそう》。髪《かみ》にうるおいをあたえてくれる、ヘアオイルを使《つか》ってみて。オイルがない場合《ばあい》は、ハンドクリームをつけた手《て》を少《すこ》しぬらして、髪《かみ》につけるのも◎。

クセ毛《げ》がなやみ！

ゴムやピンで、クセの部分《ぶぶん》をおさえるアレンジをしてみて。うねったりハネたりしてしまうなら、みつあみなどできっちり結《むす》んでみよう。美容師《びようし》さんに相談《そうだん》するのもおすすめ！

髪《かみ》を洗《あら》ってるのにフケが出《で》る！

1日《にち》1回《かい》、P93の正《ただ》しいやり方《かた》で洗《あら》うようにしてね。ごしごしツメを立《た》てて洗《あら》うのはNGだよ。シャンプーやリンスはよく洗《あら》い流《なが》して、きちんと髪《かみ》をかわかすことも大事《だいじ》。

part 3

スペシャルな1日《にち》に♡

メイクの魔《ま》法《ほう》♪

女《おんな》の子《こ》は、メイクでもっとかわいくなれるんだよ！　あこがれのパッチリしたミリョク的《てき》な目《め》元《もと》も、キュートなピンクのほほも、ツヤツヤなリップも、メイクのポイントがわかればあなたのもの！　メイクの魔《ま》法《ほう》で、もっともっとかわいくなろう♡

おしゃカワになる

メイクで変身《へんしん》

もっともっとかわいくなりたい！　女《おんな》の子《こ》ならだれでもそう思《おも》うよね？　そんな女《おんな》の子《こ》の気《き》持《も》ちをかなえるのが、メイクの魔法《まほう》♡
変身《へんしん》できるのは、見《み》た目《め》だけじゃないの！

Magic of Make up

かわいくなれる

まつげがクルン♪　くちびるはプルン♪　メイクをすると、女《おんな》の子《こ》は今《いま》よりもっとかわいくなれるよ！　チャームポイントはメイクでさらにかわいくなるし、自信《じしん》のない部分《ぶぶん》はメイクでこっそりかくせちゃうんだもん♪

自信《じしん》が持《も》てる

メイクでかわいくなると、自信《じしん》が持《も》てる！　好《す》きな人《ひと》の目《め》を見《み》て話《はな》したり、いつもとちがうかわいいしぐさがしたくなったり……。今《いま》まであこがれていたことに、チャレンジしたくなるんだよ♪

おしゃれになる

メイクでかわいくなって自分《じぶん》に自信《じしん》が持《も》てると、おしゃれするのが楽《たの》しくなる！　ヘアスタイルを変《か》えるのも、洋服《ようふく》やアクセを選《えら》ぶのも、ダイエットまでもが楽《たの》しくなっちゃうよ♪

メイクの前《まえ》に約束《やくそく》！

メイクを始《はじ》める前《まえ》に、
とっても大事《だいじ》な3つの約束《やくそく》をしよう！

おうちの人《ひと》に相談《そうだん》する

メイクをする前《まえ》に、必《かなら》ずおうちの人《ひと》に相談《そうだん》をしてね！　それぞれのおうちのルールがあるはずだから、きちんと話《はな》し合《あ》ってからメイクを楽《たの》しんで☆

しっかり洗《あら》い流《なが》す

メイクをしたら、その日《ひ》のうちにメイク落《お》とし(クレンジング料《りょう》)でしっかり洗《あら》い流《なが》そう。メイクが落《お》ちていないと、肌《はだ》があれてしまうよ！　これからもメイクを楽《たの》しむために、ていねいな洗顔《せんがん》をしよう！

スキンケアをする

メイク前《まえ》も、メイクを落《お》としたあとも、化粧水《けしょうすい》と乳液《にゅうえき》でたっぷりスキンケアをしよう。メイクをすると、肌《はだ》にはいつもより少《すこ》しストレスがかかるんだよ。だから、いつも以上《いじょう》に肌《はだ》を大切《たいせつ》にしようね♡

これがあればOK!
キホンのメイクアイテム

ベースメイク

日《ひ》焼《や》け止《ど》め

化《け》粧《しょう》下《した》地《じ》としても使《つか》うよ。

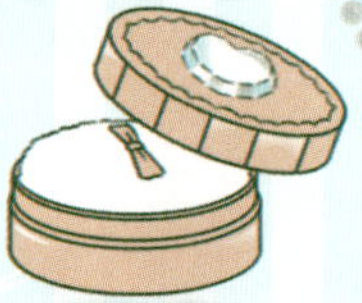

パウダー

クリアタイプのパウダーがおすすめ。

アイブロウ

まゆ毛《げ》をかき足《た》して、美《うつく》しい形《かたち》に見《み》せるアイテム。

マスカラ

まつげをこく、長《なが》く、印象《いんしょう》的《てき》に見《み》せるアイテム。

ビューラー

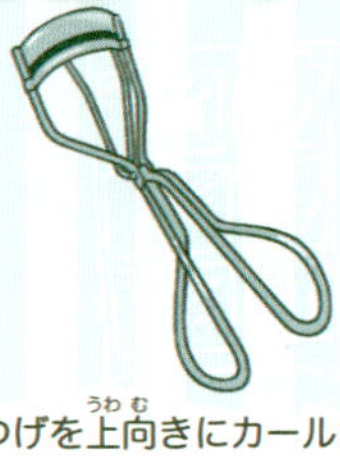

まつげを上《うわ》向《む》きにカールさせるアイテム。

リップ

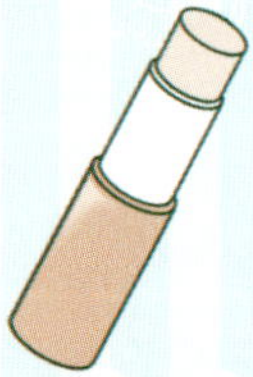

くちびるを守《まも》り、色《いろ》やツヤをあたえるアイテム。

チーク

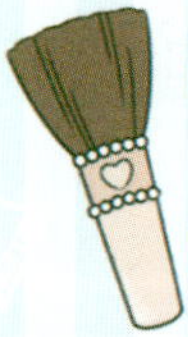

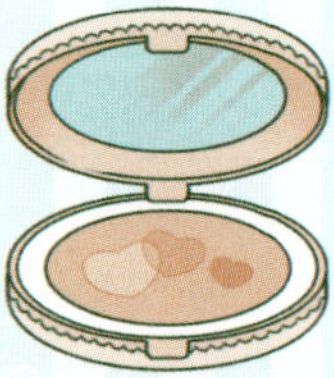

ほほにぬって、顔色《かおいろ》をよく見《み》せるアイテム。

このパーツに使《つか》うよ!

キホンのメイクアイテムを使《つか》って半分《はんぶん》だけメイクをしてみたよ。
メイクの魔法《まほう》がわかるかな?

メイクでこんなに変《か》わる!
アイブロウ
短《みじか》いまゆ毛《げ》がキレイなアーチ型《がた》に変化《へんか》!
マスカラ
まつげの存在感《そんざいかん》がアップする! こく長《なが》くなったまつげがキュート♡
チーク
ピンクに色《いろ》づいたほほが健康的《けんこうてき》でかわいい♡
リップ
プルプルに♪ ボリュームがアップ♡
学校《がっこう》に行《い》くときは?
肌《はだ》には日《ひ》焼《や》け止《ど》めをぬればじゅうぶんだよ!
とうめいなリップクリームでうるおいをあたえて!

キホンのメイク1 BASIC MAKEUP TIPS

ベースメイクのやり方《かた》

ベースメイクをしょうかいするよ♪　ベースメイクを始《はじ》める前《まえ》に、必《かなら》ず化粧水《けしょうすい》と乳液《にゅうえき》で肌《はだ》にうるおいをあたえてね！

使用《しよう》するメイクアイテム　日《ひ》焼《や》け止《ど》め、パウダー

1 日《ひ》焼《や》け止《ど》め（下地《したじ》）をぬる

500円玉《えんだま》くらいの量《りょう》を手《て》に出《だ》して。おでこ、鼻《はな》、両《りょう》ほほ、あごにのせたら、顔《かお》の内側《うちがわ》から外側《そとがわ》に向《む》かってのばして、顔全《かおぜん》体《たい》に広《ひろ》げてね。

ポイント

☆ 日《ひ》焼《や》け止《ど》め（下地《したじ》）をぬってからパウダーをぬると、肌《はだ》にみっちゃくしてメイクがくずれにくいんだよ☆

☆ 目《め》元《もと》や口《くち》元《もと》など、よく動《うご》かす部《ぶ》分《ぶん》はうすめにぬると、メイクが長《なが》持《も》ちするよ。

2 パウダーをぬる

パフにパウダーを取《と》ったら、まずは手《て》のこうにつけて量《りょう》を調整《ちょうせい》しつつ、パウダーをパフになじませてね。パフで肌《はだ》をおさえるようにぬったほうがキレイにぬれるよ。

ポイント

☆ 皮脂《ひし》の多《おお》いおでこと鼻《はな》（Tゾーン）からぬり、パフに余《あま》ったパウダーで他《ほか》の部分《ぶぶん》をぬってね！

☆ 日《ひ》焼《や》け止《ど》めと同《おな》じく、目《め》元《もと》や口《くち》元《もと》などのよく動《うご》かす部分《ぶぶん》はうすめにぬると、メイクが長《なが》持《も》ちするよ☆

肌《はだ》をもっとキレイに見《み》せる！

コントロールカラー

顔色《かおいろ》のことでなやんだら、コントロールカラーを使《つか》ってみて！
日《ひ》焼《や》け止《ど》めと化《け》粧《しょう》下《した》地《じ》がいっしょになったコントロールカラーがおすすめだよ。

コントロールカラーとは

コントロールカラーは、肌《はだ》の色《いろ》を調整《ちょうせい》するメイクアイテムだよ。目的《もくてき》によって選《えら》ぶカラーがちがうの！　素《す》肌《はだ》からキレイに変《か》わったように見《み》える、ゆうしゅうなメイクアイテムなんだよ♪

- 肌《はだ》が赤《あか》い
- ニキビあと

グリーン

グリーンは、赤《あか》みが気《き》になる部《ぶ》分《ぶん》だけにぬってね！

- 肌《はだ》の色《いろ》にムラがある

イエロー

肌《はだ》の色《いろ》を均一《きんいつ》に整《ととの》えて、健康的《けんこうてき》に見《み》せるよ！

- 顔《かお》が青《あお》白《じろ》い
- 色《いろ》が白《しろ》い

ピンク

血色《けっしょく》がよく、イキイキとした印象《いんしょう》の肌《はだ》に♡

キホンのメイク2 BASIC MAKEUP TIPS

まゆ毛《げ》を整《ととの》えよう

まゆ毛《げ》の整《ととの》え方《かた》をしょうかいするよ！
まゆ毛《げ》がスッキリ整《ととの》うと、印象《いんしょう》もさわやかに！

使用《しよう》するメイクアイテム

まゆ毛用《げよう》ハサミ、ブラシつきアイブロウ、カミソリ

まゆ毛《げ》をカットしやすい形《かたち》だよ！

ブラシの部分《ぶぶん》でとかすよ！

女性《じょせい》のフェイス用《よう》を使《つか》ってね！

1 まゆ毛《げ》をとかす

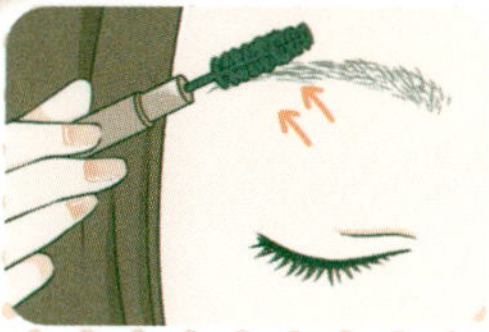

ブラシでまゆ毛《げ》をとかして、毛流《けなが》れをキレイに整《ととの》えてね。

理想《りそう》のまゆ毛《げ》

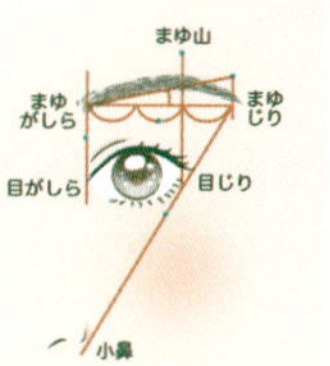
まゆ山
まゆがしら
まゆじり
目がしら
目じり
小鼻

理想《りそう》のまゆ毛《げ》とは、まゆがしらは目《め》がしらのライン、まゆ山《やま》は目《め》じりのライン、まゆじりは小鼻《こばな》と目《め》じりをつなぐラインの先《さき》になっているんだよ。

3 まゆ毛《げ》をカット

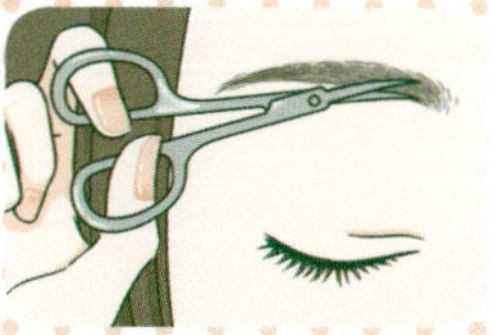

理想《りそう》のまゆ毛《げ》から大《おお》きく出《で》ている毛《け》を、まゆ毛用《げよう》ハサミでカットして。まゆ毛《げ》とまゆ毛《げ》の間《あいだ》や、まゆ下《した》のうぶ毛《げ》はカミソリでそっとしょりしてね。

2 形《かたち》を決《き》める

理想《りそう》のまゆ毛《げ》の図《ず》を参考《さんこう》にして、まゆ毛《げ》をかいてみてね。

顔《かお》がハッキリして見《み》える！

まゆ毛《げ》をかいてみよう

使用《しよう》するメイクアイテム

アイブロウペンシル

1本《ぽん》1本《ぽん》足《た》すようにまゆ毛《げ》をかけるよ。

アイブロウパウダー

ふんわりとした、自然《しぜん》で立体的《りったいてき》なまゆ毛《げ》がかけるよ。

1 まゆじりとまゆ山《やま》をかく

理想《りそう》のまゆ毛《げ》の図《ず》を参考《さんこう》に、アイブロウペンシルでまゆじりとまゆ山《やま》をかいてね。

2 まゆの下《した》のラインをかく

まゆの下《した》のラインがきちんとかかれていると、キレイに見《み》えるんだよ♪

3 足《た》りない部分《ぶぶん》をうめる

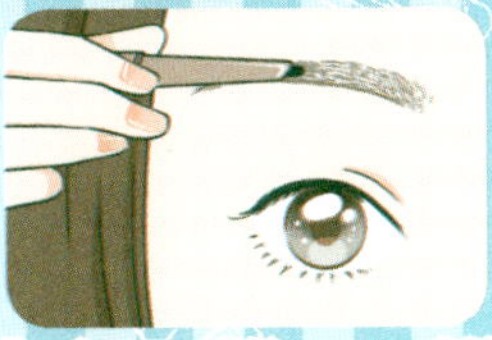

まゆ毛《げ》が足《た》りない部分《ぶぶん》、うすい部分《ぶぶん》を、アイブロウペンシルでかき足《た》してね！ これだけでもOKだよ。

4 アイブロウパウダーで全体《ぜんたい》をかく

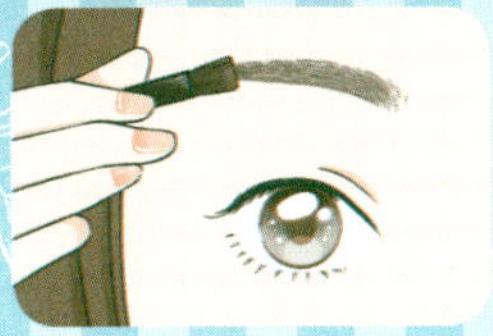

最後《さいご》に、アイブロウパウダーでまゆ毛全《げぜん》体《たい》をぬるよ！　こうすると、ふんわりとナチュラルな仕上《しあ》がりに♪

キホンのメイク3 BASIC MAKEUP TIPS

マスカラのぬり方《かた》

ビューラーとマスカラについてしょうかいするよ。
長《なが》いまつげでまばたきされたら、ドキドキしちゃうかも！

使用《しよう》するメイクアイテム　ビューラー、マスカラ

1

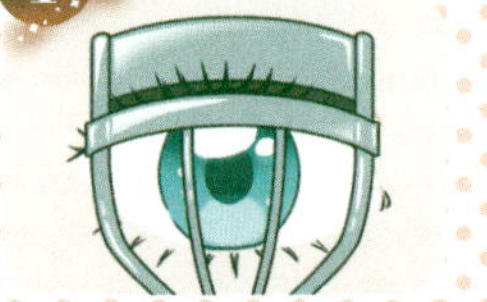

ビューラーでまつげの根元《ねもと》をはさんで、軽《かる》くにぎって。始《はじ》めは、これだけでもOK！

2

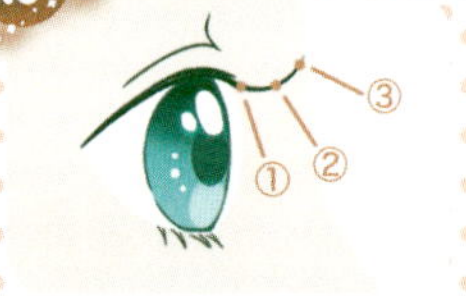

慣《な》れてきたら、根元《ねもと》、中間《ちゅうかん》、毛《け》先《さき》と、3回《かい》ビューラーではさむとキレイなカールが長持《ながも》ち♪

3

マスカラを出《だ》したら、ブラシの先《さき》のよぶんなマスカラ液《えき》をティッシュでふくよ。

4

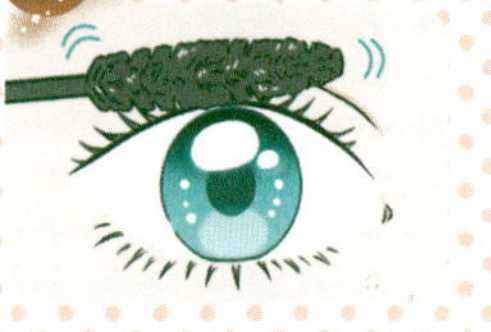

マスカラブラシをまつげ中央《ちゅうおう》の根元《ねもと》にあて、左右《さゆう》に小《こ》きざみにゆらしながら持《も》ち上《あ》げて。

5

目《め》がしらと目《め》じりのまつげも根《ね》元《もと》からぬってね。目《め》がしらは、ブラシをタテに使《つか》うとぬりやすいよ。

6

下《した》まつげは、マスカラブラシをタテにしてぬってね。

ポイント

☆ ブラシの先《さき》をふけば、肌《はだ》にマスカラ液《えき》がつかなくなるよ！
ブラシを左右《さゆう》にゆらしてぬると、マスカラがたっぷりまつげにつくし、まつげ同士《どうし》がくっつきにくくなるよ♡

どんなまつげが好《す》き?

マスカラの種類《しゅるい》♥

1. とうめいマスカラ

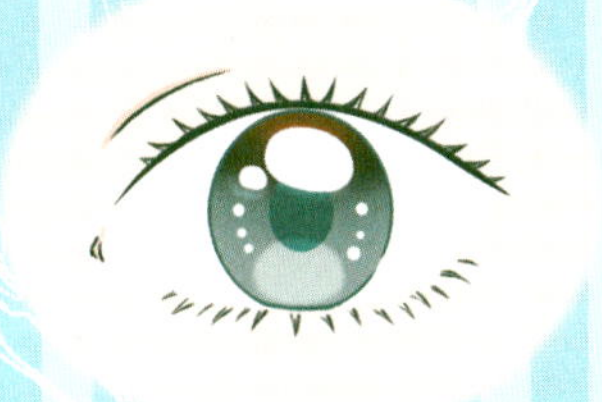

とうめいなマスカラだから、一《いち》番《ばん》ナチュラルな仕上《しあ》がり。カールの持続力《じぞくりょく》があるから、ナチュラルだけどパッチリした目元《めもと》になれるよ♡

2. ロングタイプ

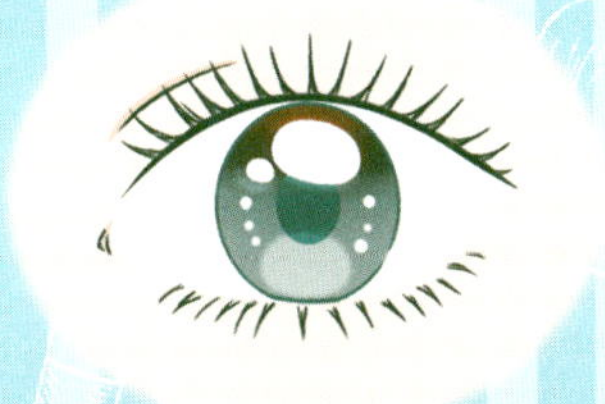

まつげを長《なが》く見《み》せるマスカラ。重《かさ》ねぬりをするほどまつげが細《ほそ》く長《なが》くなるから、自然《しぜん》だけれど印象的《いんしょうてき》な目元《めもと》になるよ♡

3. ボリュームタイプ

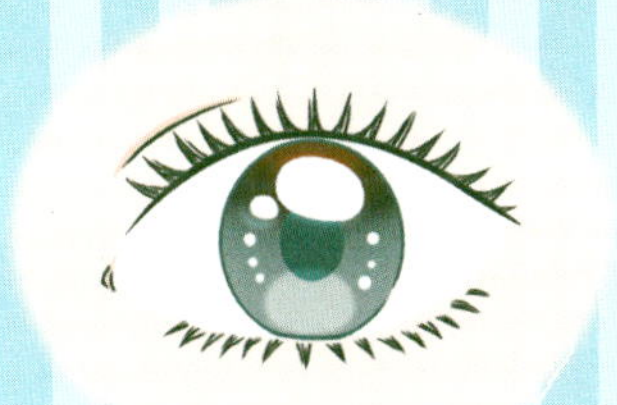

フサフサで太《ふと》いまつげに見《み》せるマスカラ。はなやかでゴージャスな印象《いんしょう》になるよ。

まとめ

☆ 人《ひと》は、まつげの先《さき》までを目《め》と認識《にんしき》するの！　だから、メイクをしたときはカールしたまつげの先《さき》まであなたの目《め》♡ これもメイクの魔法《まほう》だね！

キホンのメイク4 BASIC MAKEUP TIPS

チークのぬり方《かた》

チークは顔《かお》の印象《いんしょう》を明《あか》るく、健康的《けんこうてき》に、かわいらしくしてくれるよ！
女《おんな》の子《こ》らしさは、チークとリップでプラスされるの♡

使用《しよう》するメイクアイテム　チーク、チークブラシ（セットのブラシでOK）

1 チークをとる

チークブラシに、たっぷりチークを取《と》ってね。

2 量《りょう》を調節《ちょうせつ》する

手《て》のこうでチークとブラシをなじませつつ、量《りょう》を調整《ちょうせい》してね。

3 ニッコリ笑《わら》う

鏡《かがみ》を見《み》ながらニッコリ笑《わら》い、ほほの一番高《いちばんたか》く出《で》るところを中心《ちゅうしん》にくるくるとブラシを動《うご》かして。

4 こさをチェック

チークがつきすぎていないか、最後《さいご》に鏡《かがみ》でチェック！

どのチークが好《す》き?

チークの種《しゅ》類《るい》♥

ふんわり

1 パウダーチーク

メイク初心者《しょしんしゃ》さんにも使《つか》いやすいパウダーチーク。ブラシでカンタンにふんわりとぬることができて、こさの調節《ちょうせつ》もしやすいよ。

ナチュラル

2 クリームチーク

指《ゆび》でポンポンとぬっていくクリームタイプ。内側《うちがわ》からほほが赤《あか》くなっているような、自《し》然《ぜん》な仕《し》上《あ》がりだよ。まるでおフロ上《あ》がりのほほみたい♡

ツヤッと

3 リキッドチーク

液体《えきたい》なので、マニキュアのようにボトルタイプが主流《しゅりゅう》だよ。筆《ふで》でほほにチョンとのせたら、指《ゆび》でなじませて。ツヤのある、みずみずしい仕《し》上《あ》がりだよ♡

キホンのメイク5 BASIC MAKEUP TIPS

リップのぬり方《かた》

リップをつけたうるおいのあるくちびるは、女《おんな》の子《こ》らしさバツグン！
チークもするなら、リップと色《いろ》を合《あ》わせてね♪

使用《しよう》するメイクアイテム　薬用《やくよう》リップ、色《いろ》つきリップ、とうめいグロス

1 薬用《やくよう》リップをぬる

まずは薬用《やくよう》リップをぬって、くちびるにうるおいをあたえてね。

2 色《いろ》つきリップをぬる

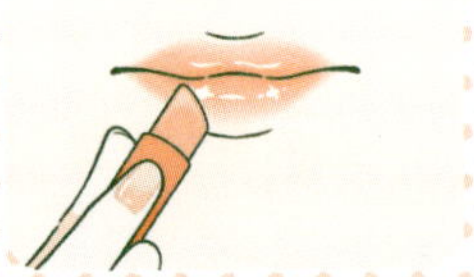

色《いろ》つきリップをぬったあと、くちびるの上下《じょうげ》をこすり合《あ》わせてなじませてね。

3 鏡《かがみ》を見《み》る

色《いろ》つきリップがくちびるから大《おお》きくはみ出《だ》していないか、鏡《かがみ》でチェックしてね！

4 とうめいグロスを重《かさ》ねる

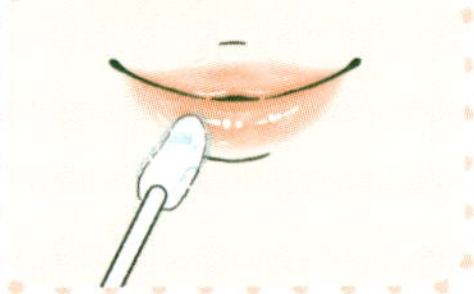

もっとふっくらさせたいときは、とうめいグロスを重《かさ》ねて♡

まとめ

☆ 色《いろ》つきリップやグロスをつけすぎてしまったら、ティッシュをくちびるにくわえてパッとはなしてね。ちょうどよくなじんで、色《いろ》も落《お》ちにくくなるよ♡

どのリップが好《この》み？

リップの種《しゅ》類《るい》♥

ナチュラル

1 薬用《やくよう》リップ（とうめい）

くちびるにうるおいをあたえて、守《まも》ってくれるよ。学校《がっこう》に行《い》くときは、これでじゅうぶん！

ほんのり

2 色《いろ》つきリップ

いろんなカラーや、質感《しつかん》の色《いろ》つきリップがあるから、お気《き》に入《い》りが必《かなら》ずあるはず♡

うるうる

3 グロス

くちびるにツヤと光《ひかり》をあたえる、はなやかなメイクアイテム。ラメが入《はい》っているグロスもあるよ♡

特別《とくべつ》な日《ひ》のために

ステップアップメイクアイテム♥

デートや季節《きせつ》のイベントは、いつもとちがうフンイキのメイクを楽《たの》しみたいよね♪　ここからは、メイクアイテムもステップアップしちゃうよ♡

アイライナー

まつげの生《は》え際《ぎわ》に線《せん》を引《ひ》いて、目《め》の印象《いんしょう》を強《つよ》くするメイクアイテム。筆《ふで》タイプのリキッドアイライナーや、ペンシルアイライナーがあるよ！

ラメ・ホログラム

かがやきをあたえるキラキラアイテム。イベントのときは、大《おお》きいラメをメイクに使《つか》うとキュートだよ！

アイシャドウ

まぶたにカゲをつけたり、明《あか》るさを出《だ》したり、立体感《りったいかん》を出《だ》したりするメイクアイテム。たくさんのカラーがあるよ♡

コンシーラー

ニキビあとなど、どうしてもかくしたい部分《ぶぶん》をカバーするメイクアイテム。

口《くち》べに

くちびるに色《いろ》をぬるメイクアイテム。ツヤ感《かん》を出《だ》すタイプや、ツヤを消《け》すマットタイプ、上品《じょうひん》なラメが光《ひか》るパールタイプなどがあるよ♡

Beauty make up　Lovely make up

美《び》人《じん》メイク or ラブリーメイク

どっちにあこがれる？　じつは、メイクでどっちもかなっちゃうかも♪

ラブリーメイク　ポイント

はなれ目《め》に見《み》えるメイクをして、ふんわりラブリーなイメージにしよう♪　目《め》がしら側《がわ》には、ほとんどメイクをしないことが一番《いちばん》のポイント。目《め》じり側《がわ》にポイントをおいてメイクをしよう！

あなたはどっちにする？

キリッとした美人《びじん》と、ふんわりしたキュートな女《おんな》の子《こ》、

かっこいい！
意志《いし》が強《つよ》そう！
キレイ！
大人《おとな》っぽい！
たよりになりそう！

美人《びじん》メイク　ポイント

顔《かお》のパーツを中心《ちゅうしん》に集《あつ》めるイメージでメイクしよう♡　目《め》がしら側《がわ》をこく、目《め》じり側《がわ》に向《む》かってうすくなるようにアイメイクをするのがポイント。まゆ毛《げ》のかき方《かた》や、チークをぬる位置《いち》、リップのぬり方《かた》なども、顔《かお》の中心《ちゅうしん》にポイントをおくよ！

ラブリーメイクをしよう

使用《しよう》するメイクアイテム

マスカラ、アイライナー、アイシャドウ（ブラウン）、
アイブロウ、チーク、リップ

アイメイク

① 目《め》じり側《がわ》３分《ぶん》の１にアイラインを引《ひ》く

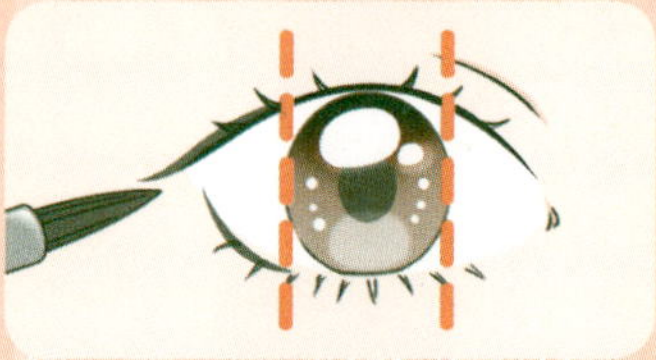

アイライナーで、目《め》じり側《がわ》３分《ぶん》の１にアイラインを引《ひ》くよ。上《うわ》まぶたのアイラインは、目《め》じりから少《すこ》しだけオーバーさせてね！

② アイシャドウを目《め》じりに

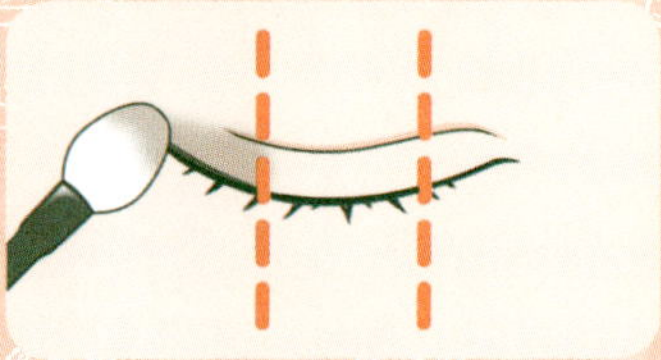

アイシャドウも、イラストの位置《いち》にだけぬってなじませてね☆

③ マスカラをぬる

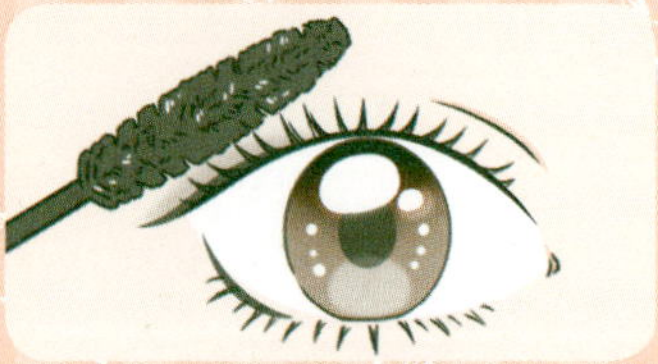

マスカラブラシを少《すこ》しナナメにして、まつげが外側《そとがわ》に向《む》かって広《ひろ》がるようにぬって。

④ 目《め》じりだけ重《かさ》ねぬり

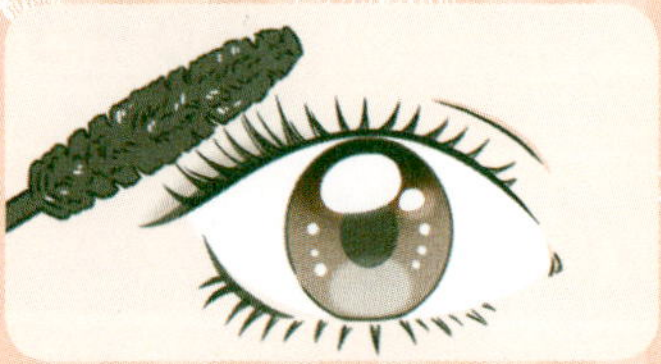

上《うわ》まつげも下《した》まつげも、目《め》じり側《がわ》３分《ぶん》の１にだけ重《かさ》ねぬりをしてね！

アイブロウ

1 まゆじりをしっかりかく

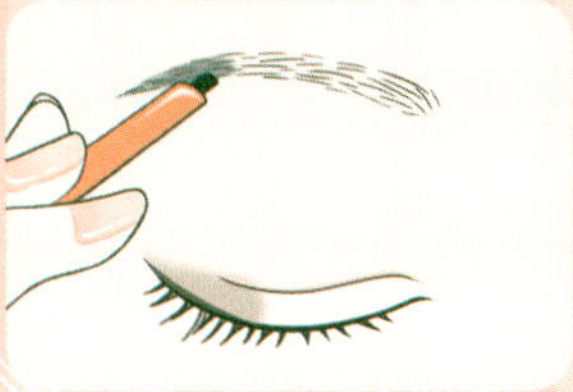

アイブロウペンシルで、まゆじりだけかいて。

2 まゆがしらはふんわり

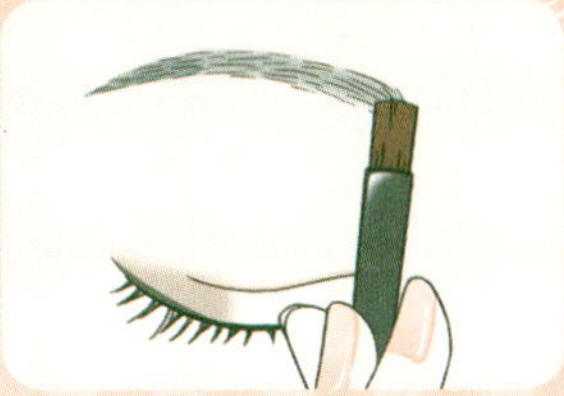

まゆがしらは、まゆ毛《げ》より明《あか》るいカラーのアイブロウパウダーでふんわりぬってね。

チーク

黒目《くろめ》より外側《そとがわ》に入れる

チークは黒目《くろめ》より外側《そとがわ》に、だえん形《けい》に入《い》れてね！

リップ

とうめいグロスをぬる

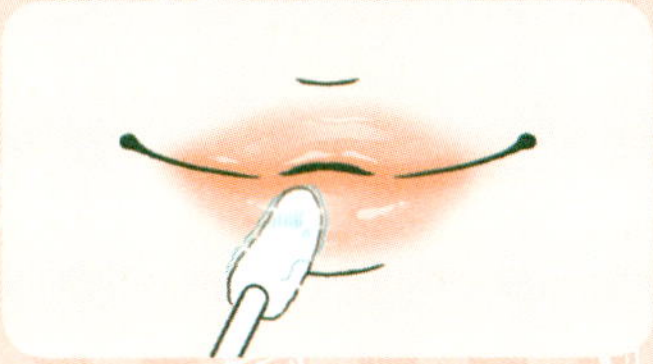

くちびる全体《ぜんたい》にとうめいグロスをぬって、ピュアなフンイキを引《ひ》き立《た》たせて♡

アドバイス

☆ ヘアもふんわりさせると、よりキュートだよ♡

Beauty make up

美《び》人《じん》メイクをしよう

使《し》用《よう》するメイクアイテム

マスカラ、アイライナー、アイシャドウ（ブラウン）、アイブロウ、チーク、リップ

アイメイク

1 目《め》がしらから３分《ぶん》の２までにアイラインを引《ひ》く

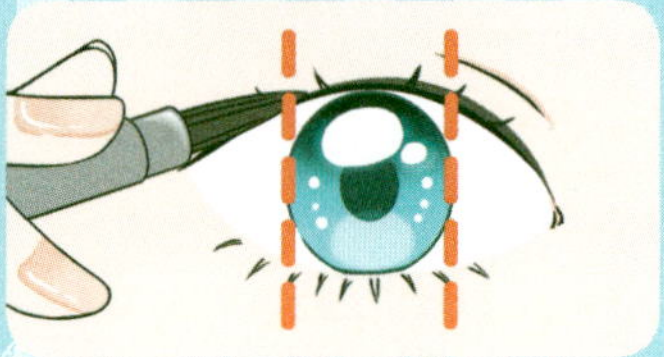

アイライナーで、目《め》がしらから３分《ぶん》の２にアイラインを引《ひ》くよ。

2 アイシャドウを目《め》がしらから３分《ぶん》の２に

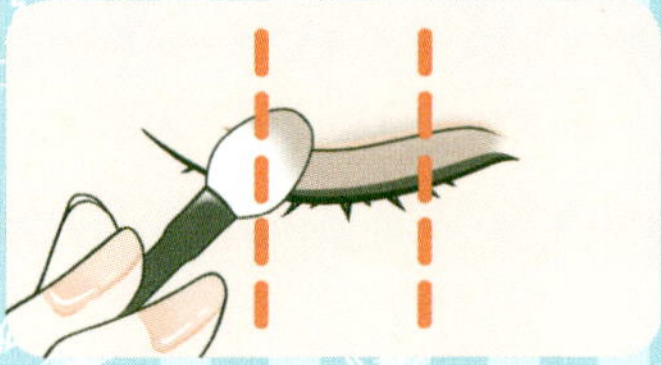

アイシャドウも、イラストの位《い》置《ち》にだけぬってなじませてね☆

3 マスカラをぬる

まずは、まつげ全体《ぜんたい》をサッとぬってね。

4 マスカラを重《かさ》ねぬりする

目《め》がしらから黒目《くろめ》の上《うえ》までのみ、上《うわ》まつげも下《した》まつげも重《かさ》ねぬりしてね。

アイブロウ

1 まゆがしらをしっかりかく

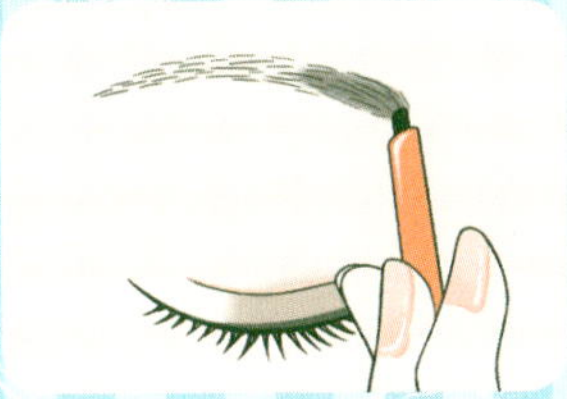

アイブロウペンシルで、左右《さゆう》のまゆがしらが近《ちか》づくようにかき足《た》してね。

2 まゆじりはふんわり

まゆじりは、まゆ毛《げ》より明《あか》るいカラーのアイブロウパウダーでふんわりぬってね。

リップ

ハートリップにする

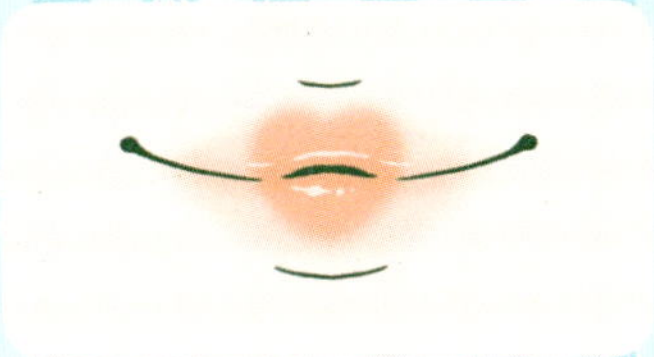

くちびるの真《ま》ん中《なか》にだけ、色《いろ》つきリップをぬってね♡

チーク

目《め》じりより内側《うちがわ》に入《い》れる

ヨコに広《ひろ》げすぎないよう注意《ちゅうい》してまぁるく入《い》れて！

アドバイス

☆ サラサラのストレートヘアで知的《ちてき》にキメてね！

友《とも》だちとのお出《で》かけは
キャットアイメイクがカギ！

仲良《なかよ》しの友《とも》だちとお出《で》かけするなら、
ちょっと個性的《こせいてき》なキャットアイメイクで差《さ》をつけて！

使用《しよう》するメイクアイテム

リキッドアイライナー、マスカラ

HOW TO MAKE CAT EYES

キャットアイの作《つく》り方《かた》

1

リキッドアイライナーで、まつげのすき間《ま》をうめるようにアイラインを引《ひ》くよ。

2

目《め》じりから５ミリほどオーバーして、アイラインをはね上《あ》げてね。

3

黒目《くろめ》の上《うえ》あたりから、②でかいたはね上《あ》げラインの終《お》わりまでをつなぐラインをかき、中《なか》をぬってね。

4

アイライナーで、ガタガタしているラインがなめらかに見《み》えるようかき足《た》してね。

5

ふつうにマスカラをぬったら完成《かんせい》！　リップはレッド系《けい》がおすすめだよ♡

うるうる

カレとのデートは ナミダぶくろメイクがカギ♥

デートでは、カレのことをうるうるした目《め》で見《み》つめてね！
ナミダぶくろメイクを紹介《しょうかい》するよ♡

使用《しよう》するメイクアイテム

ベージュ or ピンクのアイシャドウ、ブラウンのアイシャドウ、ラメ

HOW TO MAKE TEARS BAG

ナミダぶくろの作《つく》り方

1

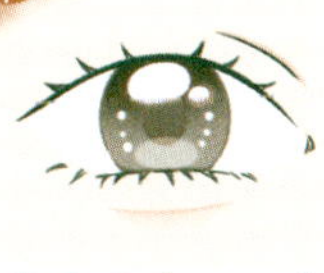

ナミダぶくろの位置《いち》を確認《かくにん》しよう。鏡《かがみ》を見《み》てニコッと笑《わら》うと、ナミダぶくろがふくらむよ♪

2

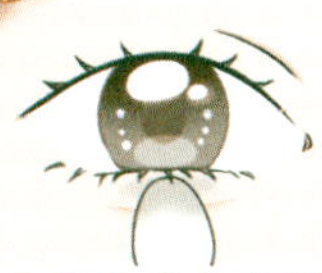

ナミダぶくろに、ベージュのアイシャドウをのせて強《きょう》調《ちょう》するよ。

3

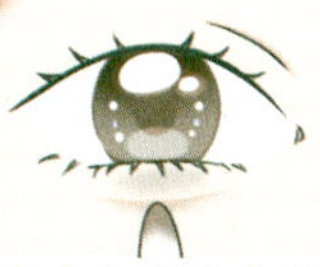

ブラウンのアイシャドウで、ナミダぶくろの下《した》にカゲをかいてね。

4

カゲは綿《めん》ぼうで軽《かる》くぼかしてね。指先《ゆびさき》で黒目《くろめ》の下部分《したぶぶん》に、ラメを重《かさ》ねて。

5

上《うわ》まつげにだけマスカラをぬって。うるうる目《め》がきわ立《だ》つポイントだよ♡

イベントにぴったり！

キラキラメイク♥

イベントは、はじけたメイクでめだっちゃおう☆　友《とも》だちとおそろいでキラキラメイクをするのもキュート♡　大《おお》きいラメやホログラムは、100円《えん》ショップにも売《う》っているよ♪

使用《しよう》するメイクアイテム

ラメ、ホログラム、ワセリン、チーク、綿《めん》ぼう

1 チークをこくぬる

いつもよりこくチークをぬったほうが、ラメをつけたときにかわいいよ♡

2 ワセリンをぬる

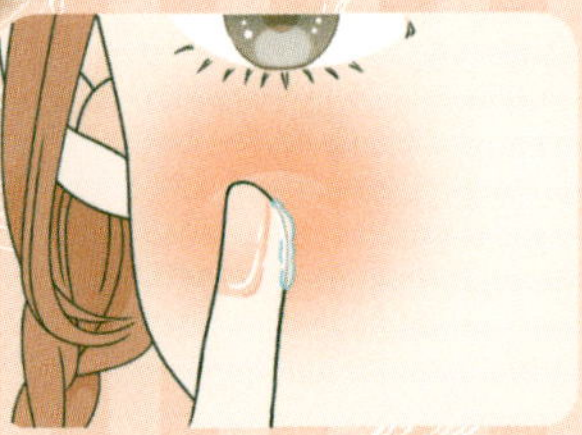

ラメをつけるために、ほほにワセリンをぬってね。チークが落《お》ちないよう、ポンポンとのせるようにぬって♡

3 ほほにラメやホログラムをつける

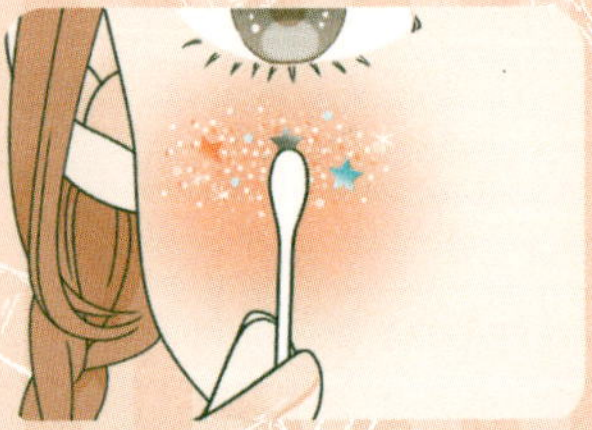

チークとワセリンをぬった上《うえ》に、ラメやホログラムをのせるよ。綿《めん》ぼうでつけてね！

4 他《ほか》の部《ぶ》分《ぶん》のメイクをする

キラキラのほほに負《ま》けないアイメイクをしたら完成《かんせい》！　グロスもあるよ♡

ここに注《ちゅう》意《い》!

NGメイク!

みんながギョッとしちゃうNGメイクをしょうかいするよ！
こうならないためのアドバイスもチェックしてね♡

まゆ毛《げ》が2つ!?

実際《じっさい》のまゆ毛《げ》より下《した》にまゆ毛《げ》があったり、とちゅうから2つに分《わ》かれたりしてる！

オカメインコ!?

チークのぬりすぎに気《き》をつけて！ 明《あか》るい場所《ばしょ》でメイクすると◎！

ギトギトリップ!?

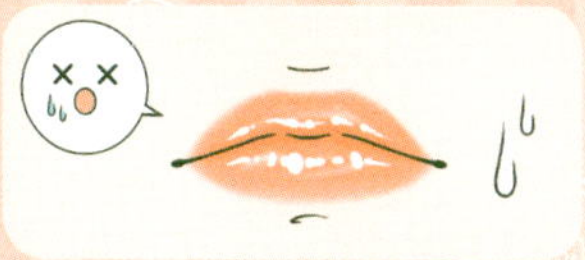

グロスをぬりすぎると、あげものを食《た》べたあとみたいになっちゃう！

ひじき!?

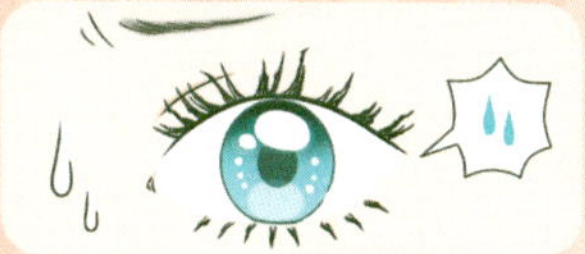

マスカラをぬりすぎると、まつげ同士《どうし》がくっついちゃうの！

顔《かお》だけ白《しろ》い!?

パウダーを選《えら》ぶときは、顔《かお》ではなく、首《くび》の色《いろ》で選《えら》んで！

アドバイス

☆ メイクは大《おお》きな鏡《かがみ》でしてね。
☆ メイクは明《あか》るい場所《ばしょ》でしてね。
☆ いろんな角度《かくど》で顔《かお》をよく見《み》てね。

メイクをキレイに保《たも》ちたい！

メイク直《なお》しの方《ほう》法《ほう》

メイクがくずれちゃった！　そんなときも、だいじょうぶ。かわいい女《おんな》の子《こ》でいられるように、メイク直《なお》しの方法《ほうほう》をしょうかいするよ♡

ベースメイクのお直《なお》し

1 ティッシュでおさえる

ティッシュでテカリをおさえるのが大切《たいせつ》！　こすらないように気《き》をつけてね！　これだけでもキレイな印象《いんしょう》になるよ。

2 フェイスパウダーをぬり直《なお》す

気《き》になる部分《ぶぶん》にだけ、パウダーをつけてね。キレイな部分《ぶぶん》にまで重《かさ》ねると、メイクがこくなってしまうの！

チークのお直《なお》し

1 フェイスパウダーでおさえる

消《き》えかけてしまったチークの上《うえ》にフェイスパウダーを重《かさ》ねて、残《のこ》ったチークをちゃんと消《け》してね。

2 チークをぬる

いつもどおりにチークをぬればOK！

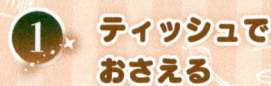

アイメイクのお直《なお》し

1 綿《めん》ぼうを使《つか》う

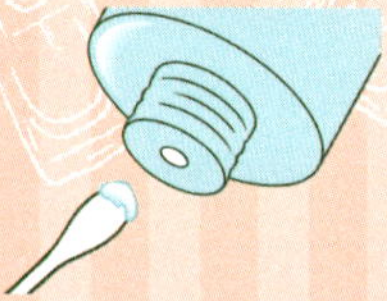

綿《めん》ぼうに乳液《にゅうえき》をつけて、なじませてね。

2 軽《かる》くなぞる

気《き》になる部分《ぶぶん》を、❶の綿《めん》ぼうで軽《かる》くなぞるだけで、カンタンにキレイになるよ！

3 パウダーでおさえる

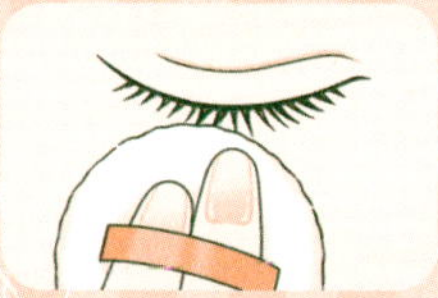

アイメイクを直《なお》すのであれば、パウダーで目元《めもと》をおさえて、乳液《にゅうえき》の油分《ゆぶん》をオフして。キレイにメイクができるよ♡

4 メイクをする

アイメイクをしたら完成《かんせい》！

リップのお直《なお》し

1 薬用《やくよう》リップクリームをぬる

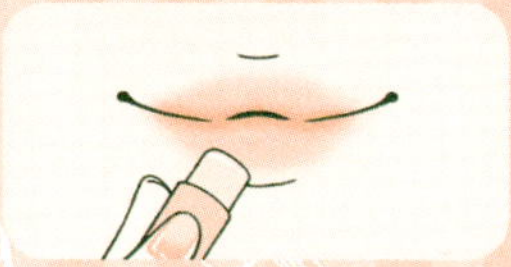

まずは薬用《やくよう》リップクリームをぬって、くちびるにうるおいをあたえてね。

2 好《す》きなリップをぬる

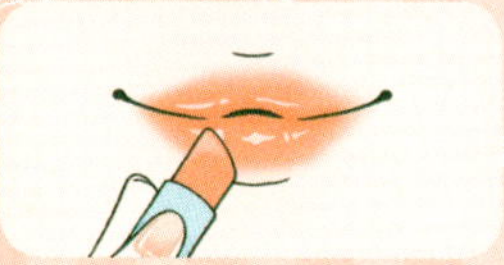

くちびるの皮《かわ》がむけていないか確《かく》にんしたら、好《す》きなリップをぬってね！

クレンジングは絶《ぜっ》対《たい》！

すっぴん美《び》人《じん》になろう

メイクをしたら、何《なに》よりも大切《たいせつ》なのが、キレイにメイクを落《お》とすことだよ！　メイクを楽《たの》しむためのキホン♡

クレンジング3つのルール

1　その日《ひ》に落《お》とす

メイクをしたままねちゃった、なんて絶対《ぜったい》にダメ！　必《かなら》ず、メイクをしたらその日《ひ》に洗《あら》い流《なが》そうね。

2　クレンジング料《りょう》を使《つか》う

メイクは、ふつうの洗顔料《せんがんりょう》ではキレイに落《お》ちないよ。クレンジング料《りょう》を使《つか》って洗《あら》おうね！

3　ダブル洗《せん》顔《がん》をする

メイクをした日《ひ》はクレンジングとふつうの洗顔《せんがん》で、2回顔《かいかお》を洗《あら》ってね！

1　手《て》を洗《あら》う

手《て》にはバイキンがいっぱいだよ！　先《さき》に手《て》を洗《あら》って清潔《せいけつ》にしてね。

2　ポイントメイクは先《さき》に落《お》とす

落《お》ちにくいマスカラやリップをした日《ひ》は、ポイントメイク用《よう》のメイク落《お》としで先《さき》に落《お》とすと、肌《はだ》やまつ毛《げ》へのストレスが少《すく》ないよ！

3 かわいた手《て》にクレンジング料《りょう》を出《だ》す

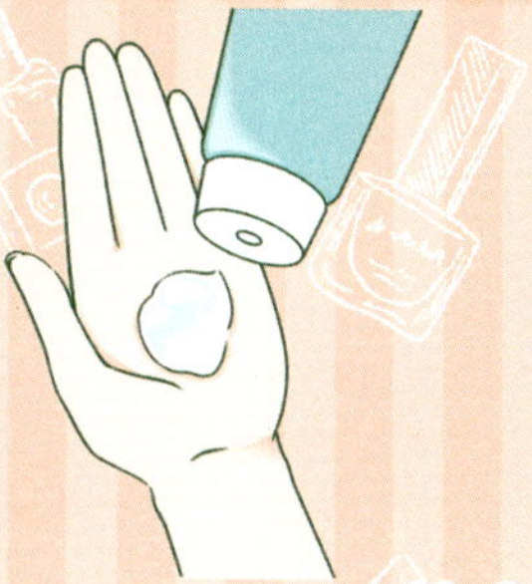

パッケージにかいてあるとおりの量《りょう》を手《て》にとってね！　少《すく》ないと、メイクが落《お》ちにくくて肌《はだ》をこすっちゃう！

4 指《ゆび》のはらで洗《あら》う

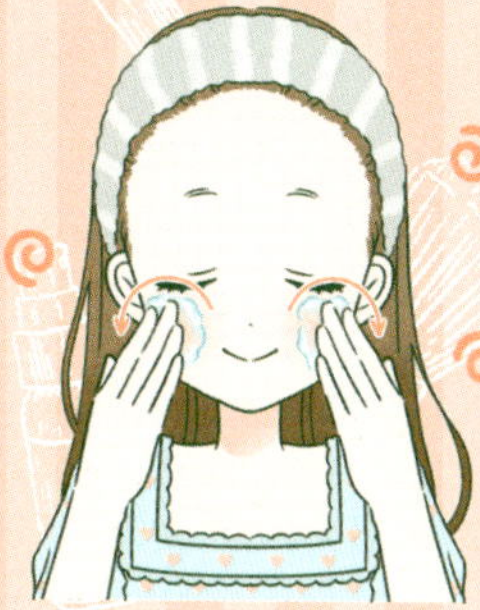

指《ゆび》のはらを使《つか》って、くるくるとクレンジング料《りょう》をメイクとなじませて。時間《じかん》をかけると肌《はだ》が乾燥《かんそう》しちゃうから手早《てばや》くね！

5 ぬるま湯《ゆ》でよくすすぐ

ぬるま湯《ゆ》でよくすすいでね。髪《かみ》の毛《け》の生《は》え際《ぎわ》や、アゴのラインはすすぎ残《のこ》しやすいので、気《き》をつけて！

6 洗顔《せんがん》をする

クレンジングが終《お》わったら、洗顔料《せんがんりょう》で顔《かお》を洗《あら》ってね！　クレンジングで落《お》ちるのは、メイクだけなの。ふつうのよごれは、ふつうの洗顔《せんがん》でキレイにしようね☆

アドバイス

☆ クレンジングと洗顔《せんがん》をおこなうことを、ダブル洗顔《せんがん》っていうよ！

☆ 洗顔後《せんがんご》は、すぐに化粧水《けしょうすい》と乳液《にゅうえき》で肌《はだ》にうるおいをあたえてね！

メイク用語集《ようごしゅう》

アイシャドウ（アイシャドー）

まぶたにつけるカラー。カゲをつけてホリの深《ふか》い目元《めもと》を作《つく》ったり、色《いろ》で個性的《こせいてき》に見《み》せたりするもの。

アイブロウ（アイブロー）

まゆ毛《げ》のこと。またはまゆ毛《げ》をかくメイクアイテムを指《さ》す。ペンシルタイプやチップにつけて使《つか》うパウダーなど、種類《しゅるい》はさまざま。

アイライナー

目《め》をハッキリ強調《きょうちょう》するために、りんかくにそって入《い》れる線《せん》のこと。強《つよ》く見《み》せる黒《くろ》、ソフトにめだたせるブラウンなど色《いろ》はいろいろ。ペンシルタイプや、筆《ふで》タイプのリキッドライナーなどさまざま。くり出《だ》して使《つか》うペンシルタイプが初心《しょしん》者向《しゃむ》き。アイラインはまつげのキワのこと。

クレンジング

メイクを落《お》とすこと。クレンジング料《りょう》は、そのための洗《せん》顔料《がんりょう》のことを指《さ》す。

化粧下地《けしょうしたじ》

パウダーを肌《はだ》にみっちゃくさせる目的《もくてき》でつけるもの。UV効果《こうか》のあるものが便利《べんり》。

コンシーラー

ニキビあとなどのかくしたい肌《はだ》のなやみをカバーするアイテム。スティックタイプやリキッドタイプなど。種類《しゅるい》はさまざま。

コントロールカラー

肌《はだ》の色《いろ》を調整《ちょうせい》するために、ファンデーションの前《まえ》に使《つか》うアイテム。肌《はだ》のなやみ、なりたい質感《しつかん》などによって選《えら》ぶカラーも違《ちが》う。ピンクやオレンジ、グリーン、ブルーなど種《しゅ》類《るい》が多《おお》い。

チーク

ほほにつけるほおべにのこと。自然《しぜん》な赤《あか》みをつけて顔《かお》をはなやかに、健康的《けんこうてき》に見《み》せるアイテム。種類《しゅるい》はパウダー、クリーム、リキッドなどさまざま。ピンク、オレンジ、レッド、ベージュなどがある。

チップ

プラスチックのスティックの先《さき》にスポンジがついたメイクアイテム。細《こま》かいところに色《いろ》をのせたりぼかしたりするのに便利《べんり》。アイシャドウやアイブロウに使《つか》う。

パウダー

肌《はだ》のトーンを、均一《きんいつ》に美《うつく》しく見《み》せるパウダー。ファンデーションよりも軽《かる》いつけ心地《ここち》で、化粧直《けしょうなお》しにも使《つか》いやすい。

ビューラー

まつげをカールさせる器具《きぐ》。上《うわ》まつげ全体《ぜんたい》をはさんで上《あ》げるものや、目《め》じりだけ上《あ》げる部分用《ぶぶんよう》のものまである。

ホログラム

ネイルにのせるキラキラかがやく素材《そざい》。キラキラメイクでは顔《かお》に使用《しよう》。

マスカラ

まつげをこく長《なが》く見《み》せるために、まつげにぬるもの。黒《くろ》や茶《ちゃ》、青《あお》、赤《あか》、ピンク、白《しろ》などカラフル。黒《くろ》が一番《いちばん》ナチュラルで使《つか》いやすい。

目《め》がしら

鼻《はな》に近《ちか》い目《め》のキワのこと。

目《め》じり

目《め》がしらの反対側《はんたいがわ》。耳《みみ》に近《ちか》い目《め》のキワのこと。

綿《めん》ぼう

両《りょう》はしにコットンが巻《ま》きつけてあるもの。通常《つうじょう》は耳《みみ》そうじに使《つか》う。

ラメ

肌《はだ》にかがやきをあたえるアイテム。ラメ単品《たんぴん》だけでなく、ラメ入《い》りのメイクアイテムが多数《たすう》ある。

リップクリーム

くちびるのあれを防《ふせ》ぐクリーム。

リップグロス

くちびるにぬれたようなツヤをあたえるアイテム。

ワセリン

赤《あか》ちゃんから使用《しよう》できる、肌《はだ》を保護《ほご》するクリーム。肌《はだ》の保《ほ》湿《しつ》に使用《しよう》。

part 4

おしゃれは指先《ゆびさき》から！

ネイルマジック

おしゃれに気《き》をつけている子《こ》でも、ツメは見落《みお》としがち！　だからツメをキレイにすれば、みんなと差《さ》がつけられちゃうの♡指先《ゆびさき》は意外《いがい》とみんなに見《み》られている、大事《だいじ》なポイントだよ！特別《とくべつ》な日《ひ》には、ネイルアートをしてテンション上《あ》げてこっ♪

STEP 1

カラーなしでもキレイな指先《ゆびさき》に♡

ケアでステキネイルになろう！

ツヤピカのツメだと、自分《じぶん》で見《み》てもウキウキしちゃう！　指先《ゆびさき》からキレイなおしゃれっ子《こ》になろう♪

ツメ切《き》りよりもツメやすり！

ツメがのびてきたら、ツメ切《き》りを使《つか》って切《き》る子《こ》が多《おお》いよね。でも、ツメはとってもデリケート。ツメ切《き》りはツメにシゲキをあたえてしまい、2枚《まい》ヅメの原因《げんいん》になることも……。そこでおすすめなのが、「ツメやすり」！　ツメやすりでツメの長《なが》さを整《ととの》えることを、「ファイリング」というよ。

ツメは1日《にち》で約《やく》0.1ミリ、1ヵ月《げつ》で約《やく》3ミリのびるよ。指《ゆび》のはら側《がわ》から見《み》て、白《しろ》い部分《ぶぶん》が出《で》すぎていたら、長《なが》さを整《ととの》えてね。1週間《しゅうかん》に一度《いちど》はチェックしよう。

ツメのお手入《てい》れって大事《だいじ》なの？

おしゃれなデザインのネイルにはあこがれちゃうよね♡　でもその前《まえ》に、元《もと》のツメが整《ととの》ってないと、マニキュアをぬってもキレイに見《み》えないの。それに学校《がっこう》でネイルができなくても、ツメがキレイなだけで女子力《じょしりょく》をアピールできるよ♪

さっそくチェック！

- □ 長《なが》さが整《ととの》っている
- □ キレイなツヤがある
- □ 健康的《けんこうてき》なピンク色《いろ》

ケア 1

プロと同《おな》じ
整《ととの》え方《かた》で一歩《いっぽ》リード♡

ネイル ファイリング

ツメやすりは「エメリーボード」とも言《い》われていて、プロのネイリストさんも使《つか》っているの。ダメージも少《すく》なく、ツメ切《き》りを使《つか》うよりもなめらかでキレイな形《かたち》になるよ。おフロ上《あ》がりなど、ツメがやわらかくなっているときにやるのがおすすめ！

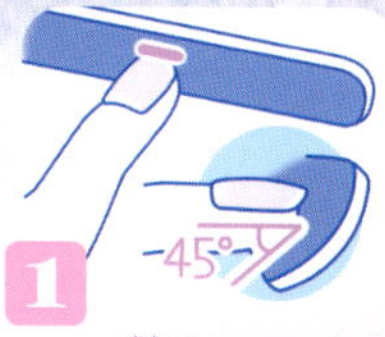

1

ツメの先《さき》からけずるよ。ツメに対《たい》して45度《ど》の角度《かくど》でエメリーボードを当《あ》ててね。

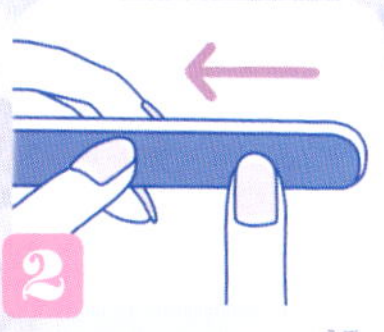

2

エメリーボードを動《うご》かしてけずっていくよ。往復《おうふく》せずに、一定方向《いっていほうこう》に動《うご》かそう。

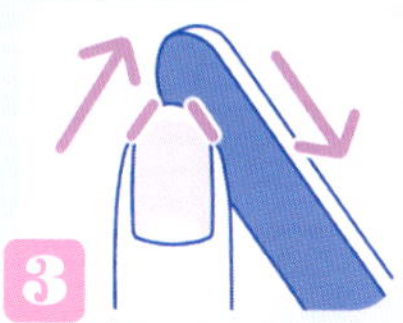

3

ツメの両《りょう》サイドを整《ととの》えるよ。2と同《おな》じやり方《かた》で、とがりすぎないようにけずろう。

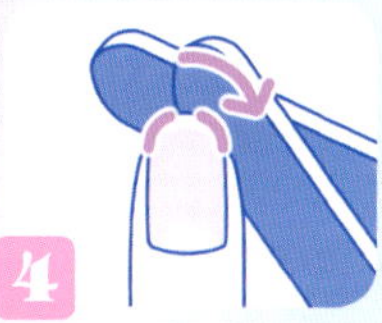

4

とがった左右《さゆう》の角《かど》の部《ぶ》分《ぶん》を整《ととの》えよう。少《すこ》し丸《まる》くなるようにけずるのがおすすめ。

ケア 2

ツメみがきで
ピッカピカ！

バッフィング

長《なが》さをキレイに整《ととの》えられたら、次《つぎ》はツメの表面《ひょうめん》をみがこう。ツメのデコボコをけずって平《たい》らにして、光《こう》たくを出《だ》すことを「バッフィング」というよ。そして、バッフィングに使《つか》うアイテムを､「バッファー」というの。表面《ひょうめん》がなめらかになると、マニキュアをしたときも落《お》ちにくくなるよ。

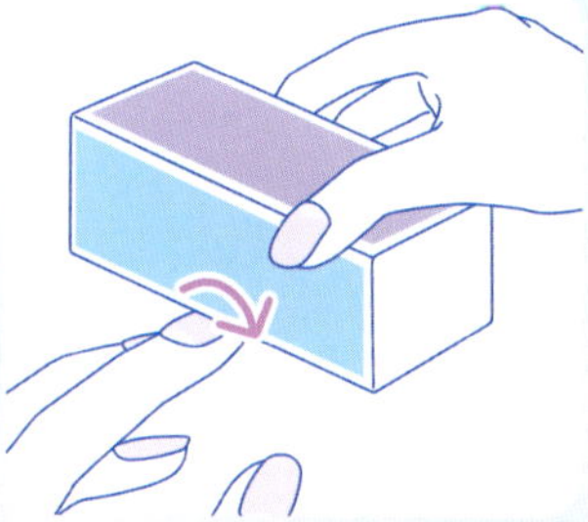

ツメのカーブにそって、一定方向《いっていほうこう》に動《うご》かすよ。やりすぎると、ツメがうすくなるので注意《ちゅうい》！

＋ケア

ファイリングやバッフィングをしたあとのツメは、油分《ゆぶん》を失《うしな》って乾燥《かんそう》している状態《じょうたい》。ハンドクリームをツメにぬって、保湿《ほしつ》しよう。

※エメリーボードやバッファーは、100円《えん》ショップにも売《う》っているよ。見《み》てみてね！

STEP 2

お休《やす》みの日《ひ》はとびきりおしゃれ☆

マニキュアの使《つか》い方《かた》を覚《おぼ》えよう♪

お休《やす》みの日《ひ》や、特別《とくべつ》なお出《で》かけの日《ひ》には、マニキュアを使《つか》ってみて！　週末《しゅうまつ》おしゃれを楽《たの》しんじゃおう♪

用意《ようい》するもの

マニキュア
ツメに色《いろ》をつけるための液体《えきたい》。好《す》きな色《いろ》やお気《き》に入《い》りを見《み》つけてみよう！

ベースコート
マニキュアの下地《したじ》。ツメに色《いろ》が移《うつ》るのを防《ふせ》ぐもの。ネイルの持《も》ちもよくなるよ。

リムーバー
ネイルを落《お》とすときに使《つか》う液体《えきたい》。除光液《じょこうえき》とも言《い》うよ。コットンもいっしょに準《じゅん》備《び》しよう。

トップコート
仕上《しあ》げにぬるとうめいのマニキュア。ツヤが出《で》てネイルがはがれにくくなるよ。

マニキュアのぬり方《かた》

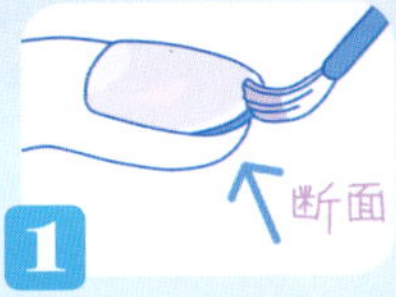

1
ベースコートを、ツメの先側《さきがわ》の断面部分《だんめんぶぶん》に筆《ふで》を立《た》ててぬろう。

2
ベースコートを、ツメの表面《ひょうめん》に中心《ちゅうしん》→両《りょう》わきの順番《じゅんばん》でぬって、3分《ぷん》ほどかわかそう。

3
ベースコートがかわいたら、マニキュアをツメの断面部分《だんめんぶぶん》にぬろう。

4
マニキュアを、ツメの表面《ひょうめん》に中心《ちゅうしん》→両《りょう》わきの順番《じゅんばん》でぬって、3分《ぷん》ほどかわかそう。

5
マニキュアがかわいたら、**3**・**4**と同《おな》じ順番《じゅんばん》で、もう一度《いちど》マニキュアを重《かさ》ねよう。

6
仕上《しあ》げに、トップコートをツメの断面部分《だんめんぶぶん》と表面《ひょうめん》にぬって完成《かんせい》！

ぬるときの姿勢《しせい》

机《つくえ》にひじと手《て》のこうをピッタリつけて、グラグラしないように固定《こてい》しよう。そのまま指先《ゆびさき》を軽《かる》く曲《ま》げた状態《じょうたい》にすると、ぬりやすいよ！　テニスボールなどをにぎった状態《じょうたい》でぬるのも◎。

落《お》とし方《かた》

1

コットンに、たっぷり除《じょ》光液《こうえき》をしみこませよう。

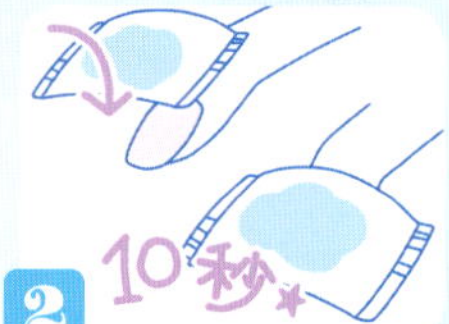

2

ツメの上《うえ》にコットンを置《お》いて、10秒《びょう》ほどなじませよう。

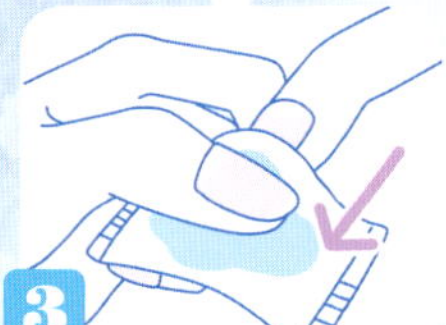

3

親指《おやゆび》でコットンの上《うえ》からおさえて、ツメの先《さき》までやさしくふき取《と》ろう。

こんなときどうする!?

マニキュアを早《はや》くかわかしたい！

ドライヤーで弱《よわ》めの冷風《れいふう》を当《あ》てよう。風《かぜ》が強《つよ》すぎるとよれてしまうので注意《ちゅうい》。せん風機《ふうき》でも◎。ドライヤーがないときは、マニキュアをぬった手《て》を、水《みず》をはったおけにつけよう。これだけでもかわくのがグッと早《はや》くなるよ！

マニキュアがドロドロになっちゃった！

ドラッグストアなどに売《う》っている、マニキュアのうすめ液《えき》を用意《ようい》してね。ドロドロになってしまったマニキュアが復活《ふっかつ》するよ！　マニキュアのビンは、使《つか》うたびに口《くち》のところをふくようにすると、固《かた》まりにくくなるよ。

かわく前《まえ》にさわっちゃった！

しもんがついてしまったりよれてしまったりした場合《ばあい》は、指《ゆび》に除光液《じょこうえき》を少《すこ》しだけつけて、トントンと軽《かる》くたたこう。表面《ひょうめん》をならしてから、マニキュアを重《かさ》ねぬりしてね。除《じょ》光液《こうえき》をさわった指《ゆび》は、ていねいに洗《あら》い流《なが》そう。

マニキュアの種類《しゅるい》

マニキュアには、大《おお》きく分《わ》けて4つの種類《しゅるい》があるよ。

パールカラー

パールが入《はい》っていて、光《こう》たくが出《で》るマニキュア。上級《じょうきゅう》者向《しゃむ》け。

シアーカラー

とうめい感《かん》があり、元《もと》のツメがすけて見《み》えるくらいに色《いろ》づくマニキュア。

ラメカラー

ラメが入《はい》っていて、キラキラになるマニキュア。初心者《しょしんしゃ》にもおすすめ。

マットカラー

ラメやパールなどが入《はい》っていないマニキュア。発色《はっしょく》がよく、初心者向《しょしんしゃむ》け。

STEP 3

カンタンなのにサロンみたい♡

アイテムでアートにチャレンジ

次《つぎ》は、カンタンなアートにちょうせん！　100円《えん》ショップでアイテムをそろえてみてね。

ネイルシールを使《つか》って！

ネイルシールって？

ふつうのシールよりうすい、ネイル用《よう》のシールだよ。ネイルシールには小《ちい》さいポイントタイプと、ツメ全体《ぜんたい》をおおうタイプの2つがあるよ。

好《す》きなマークで♡

ペタペタはるだけ！

ポイントシールネイル

1 ベースコートをぬったあと、ベースになる好《す》きなマニキュアをぬろう。

2 1がしっかりかわいたら、ピンセットでシールを台紙《だいし》からはがして、ツメにのせるよ。

3 仕上《しあ》げにトップコートをぬって完成《かんせい》！

柄《がら》ごとはれる！

1枚《まい》でカンタン！

全体《ぜんたい》シールネイル

1 ネイルシールを自分《じぶん》のツメの大《おお》きさに合《あ》わせて切《き》ってね。

2 ピンセットでシールを台紙《だいし》からはがして、ツメにのせるよ。

3 もう片方《かたほう》の手《て》の親指《おやゆび》で、ツメの根元《ねもと》から先《さき》に向《む》かっておさえよう。

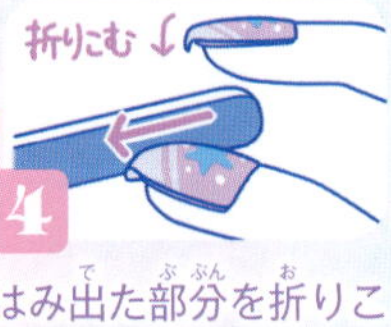

4 はみ出《で》た部分《ぶぶん》を折《お》りこんで、ツメやすりでけずっていこう。

5 仕上《しあ》げにトップコートをぬって完成《かんせい》！

ストーンを使《つか》って！

ストーンって？

キラキラしたネイル用《よう》の石《いし》。マニキュアをぬったツメにのせるだけでゴージャスになるよ。形《かたち》もいろいろ！

大人《おとな》っぽくてかわいい キラキラストーンネイル

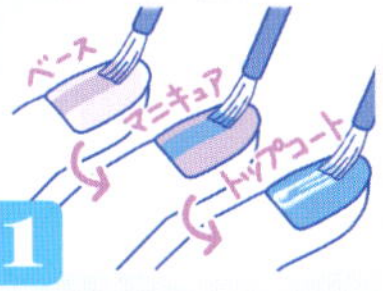
ベース
マニキュア
トップコート

1 キホンのマニキュアのぬり方《かた》で、ベースコート～トップコートまで仕《し》上《あ》げてね。

2 トップコートがかわかないうちに、ピンセットでストーンをつまんでツメにのせよう。

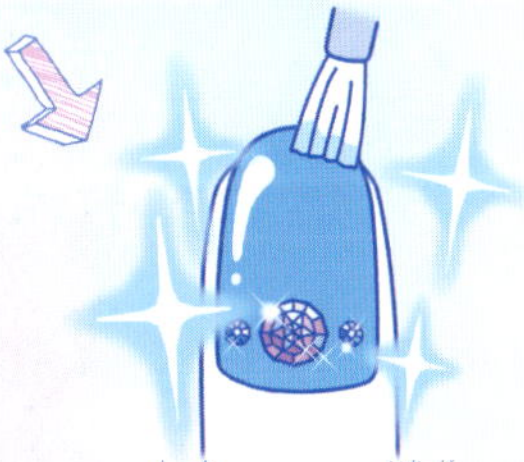

3 仕《し》上《あ》げにもう一度《いちど》トップコートをぬって完成《かんせい》！

ストーンの並《なら》べ方《かた》を工夫《くふう》してもおしゃれだよ！

一直線《いっちょくせん》に並《なら》べて
ライン風《ふう》
根元《ねもと》にしきつめて
エレガント
真《ま》ん中《なか》に集《あつ》めて
ビジュー風《ふう》

こんなアイテムもあるよ！

スタッズ
ゴールドやシルバーなど、金属《きんぞく》のような質感《しつかん》のパーツ。

ブリオン
丸《まる》いつぶのようなパーツ。

ホログラム
光《こう》たくがあるうすいフィルムのようなシート。

ラメ
キラキラとしたつぶのこと。グリッターとも言《い》うよ。

つまようじを使《つか》って！

おうちにある
つまようじを使《つか》って
チャレンジしてみよう！

ちょっぴりセクシー
ドットネイル

1 ベースコートをぬったあと、ベースになる好《す》きなマニキュアをぬろう。

2 つまようじの先《さき》が丸《まる》い部分《ぶぶん》にマニキュアをつけて、ちょん、と点《てん》をつけるよ。

3 バランスを見《み》ながら全体《ぜんたい》に点《てん》をつけよう。

4 ドット柄《がら》になったら、仕上《しあ》げにトップコートをぬって完成《かんせい》！

応用《おうよう》！

カラフルドット

何色《なんしょく》か使《つか》って、ドットをカラフルにするのもポップでかわいい！

ガーリーでキュート
フラワーネイル

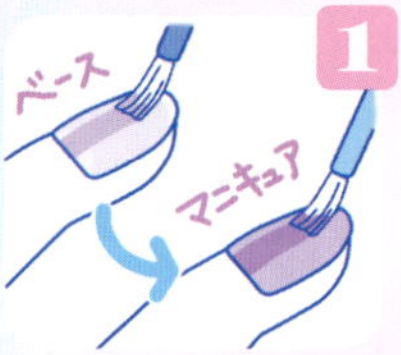

1 ベースコートをぬったあと、ベースになる好《す》きなマニキュアをぬろう。

2 つまようじの先《さき》が丸《まる》い部分《ぶぶん》で、円《えん》になるように点《てん》を５つつけてかわかそう。

3 真《ま》ん中《なか》にちがう色《いろ》で点《てん》をつけてから、仕上《しあ》げにトップコートをぬって完成《かんせい》！

応用《おうよう》！

花柄《はながら》

いくつも花《はな》を作《つく》って、花柄《はながら》にしてもキュートだよ♪

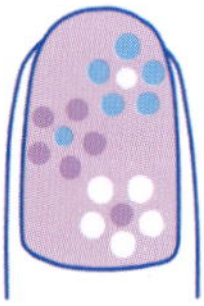

スポンジを使《つか》って！

スポンジは台所用《だいどころよう》でもメイク用《よう》のものでもOKだよ！

センスよすぎ！ グラデーションネイル

1 ベースコートをぬっておいてね。

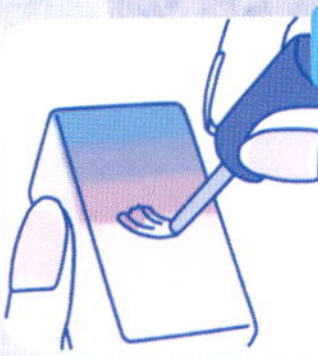

2 グラデーションにしたい色《いろ》を、そのままの順番《じゅんばん》でスポンジにぬろう。

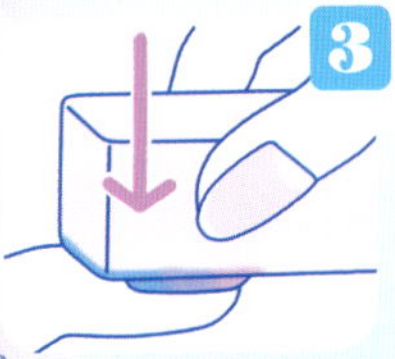

3 スポンジをツメに押《お》し当《あ》てて色《いろ》を移《うつ》すよ。

4 うまく移《うつ》るまでくり返《かえ》して、仕《し》上《あ》げにトップコートをぬって完《かん》成《せい》！

紙《かみ》＋消《しょう》毒《どく》用《よう》エタノールを使《つか》って！

ツメに写《うつ》したいものを紙《かみ》にプリントしてね。新聞紙《しんぶんし》などでも写《うつ》せるよ。

何《なん》でもできちゃう 転写《てんしゃ》ネイル

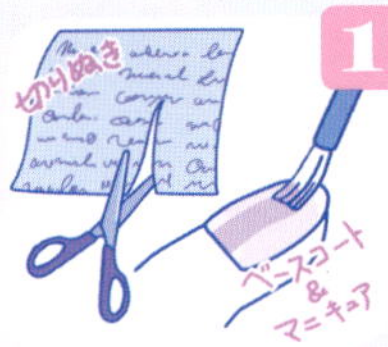

1 先《さき》にベースコートとマニキュアをぬって、写《うつ》したい紙《かみ》をツメの大《おお》きさに切《き》ろう。

2 コットンにエタノールをたっぷりふくませて、その上《うえ》に紙《かみ》をのせよう。

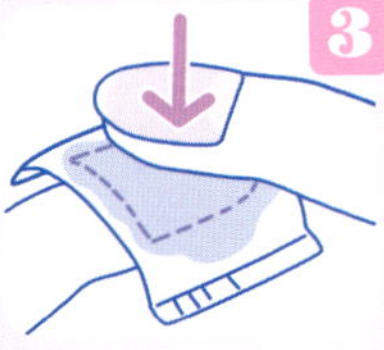

3 そのままコットンごとツメにかぶせて、15秒《びょう》ほど押《お》しつけてね。

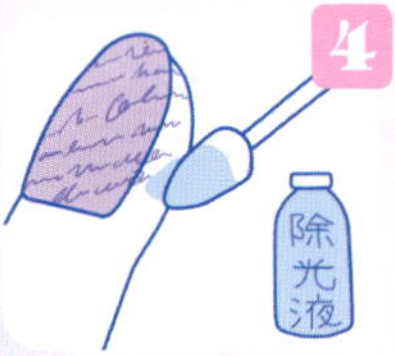

4 ツメのまわりの皮《ひ》フに写《うつ》ってしまったところを綿《めん》ぼうと除光液《じょこうえき》で落《お》とそう。

5 仕《し》上《あ》げにトップコートをぬって完成《かんせい》！

マステを使《つか》って！

マスキングテープがあれば、アレンジ次第《しだい》で
いろんなネイルができるよ！
マステはツメにはる前《まえ》に、皮《ひ》フに何度《なんど》かくっつけて、
ねん着力《ちゃくりょく》を弱《よわ》めてから使《つか》ってね。

組《く》み合《あ》わせがかわいい バイカラーネイル

1 ベースコートをぬったあと、ベースになる好《す》きなマニキュアをぬろう。

2 1がかわいたら、マステを図《ず》のようにはるよ。

3 下《した》の部分《ぶぶん》に重《かさ》ねて2色目《しょくめ》のマニキュアをぬろう。

4 3がかわいてからマステをはがして、仕上《しあ》げにトップコートをぬって完成《かんせい》！

定番《ていばん》で大人《おとな》っぽい！ フレンチネイル

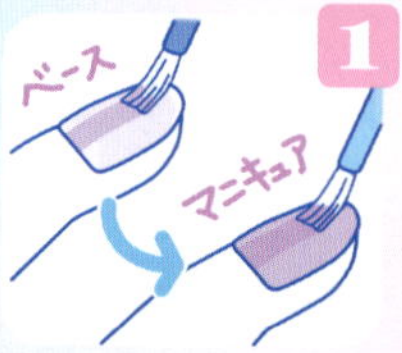

1 ベースコートのあと、ベースになる好《す》きなマニキュアをぬろう。

2 1がかわいたら、マステを図《ず》のように少《すこ》し折《お》ってはり、カーブを作《つく》ろう。

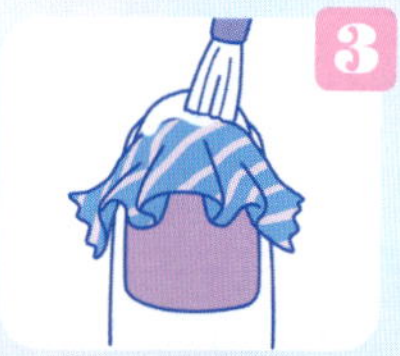

3 ツメの先《さき》の部分《ぶぶん》に2色目《しょくめ》のマニキュアをぬろう。白《しろ》がおすすめ！

4 3がかわいてからマステをはがして、仕上《しあ》げにトップコートをぬって完成《かんせい》！

マステ＋クラフトパンチを使《つか》って！

ハートや星《ほし》など、いろんな形《かたち》の穴《あな》を
開《あ》けられるクラフトパンチ！
好《す》きなマークをネイルにできるよ。

いろんなクラフトパンチを集《あつ》めて試《ため》してみよう！

シンプル×ポップ！ マークネイル

1 ベースコートをぬったあと、ベースになるマニキュアをぬってかわかそう。

2 パンチでマステに穴《あな》を開《あ》けて、くりぬいた部《ぶ》分《ぶん》をツメにはろう。

3 重《かさ》ねて２色《しょく》目《め》のマニキュアをぬろう。

4 **3**がかわいてからマステをはがして、仕《し》上《あ》げにトップコートをぬって完成《かんせい》！

穴《あな》が開《あ》いた側《がわ》のマステを使《つか》って、中《なか》をぬるのもおしゃれ♪

STEP 4

とっておきネイルで人気者《にんきもの》♡

イベントネイルをしよう

パーティーや行事《ぎょうじ》などのスペシャルな日《ひ》には、ネイルもチェンジ！　季節《きせつ》に合《あ》わせたおしゃれネイルで、テンション上《あ》げていこう♪

夏《なつ》 Summer

さわやかキュートなネイルで、夏《なつ》をもっと楽《たの》しもう！

海水浴《かいすいよく》やプールにピッタリ☆ マリンネイル

1 ベースコートをぬり、ベースに白《しろ》マニキュアをぬってかわかそう。

2 細長《ほそなが》いマステを何《なん》本《ぼん》か作《つく》って、図《ず》のようにはるよ。

3 青《あお》いマニキュアをマステの上《うえ》からぬろう。

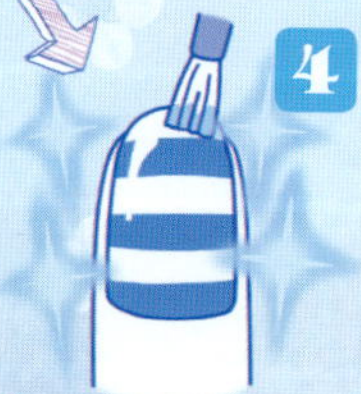

4 かわいたらマステをはがして、仕上《しあ》げにトップコートをぬって完成《かんせい》！

春《はる》 Spring

サクラ満開《まんかい》の春《はる》には、女《おんな》の子《こ》らしいネイルをしよう♡

お花見《はなみ》に合《あ》わせてかわいく♪ サクラネイル

1 ベースコートをぬり、ベースになる好《す》きなマニキュアをぬってかわかそう。

2 ピンクマニキュアでP136のフラワー 2と同《おな》じように5つ点《てん》をつけよう。

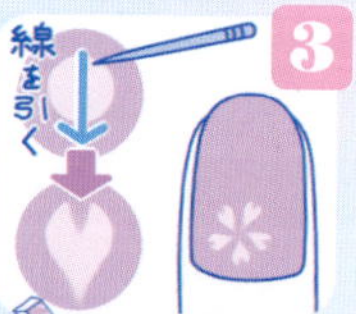

3 ドットがかわく前《まえ》に、つまようじの先《さき》でタテに線《せん》を引《ひ》いてサクラの形《かたち》にするよ。

4 同《おな》じようにいくつか作《つく》ったら、仕上《しあ》げにトップコートをぬって完成《かんせい》！

冬《ふゆ》 Winter

冷《ひ》えた指先《ゆびさき》も、ネイルをキュートにすればワクワク！

クリスマスパーティーに♡ ツリーネイル

1 ベースコートをぬり、ベースになる好《す》きなマニキュアをぬってかわかそう。

2 切《き》ったマステを2枚使《まいつか》って、図《ず》のようにはってね。

3 マステの上《うえ》から緑《みどり》マニキュアをぬって、三角形《さんかくけい》を作《つく》るよ。

4 **3**がかわいたらマステをはがして、つまようじのドットでかざりつけをしよう。

5 星《ほし》のシールやストーンをてっぺんにのせたら、仕上《しあ》げにトップコートをぬって完成《かんせい》！

秋《あき》 Autumn

ハロウィンを楽《たの》しむなら、ネイルにも気合《きあい》を入《い》れて！

仮装《かそう》にプラスしちゃおう！ 血《ち》のりネイル

1 ベースコートをぬり、ベースに白《しろ》いマニキュアをぬってかわかそう。

2 つまようじの先《さき》が丸《まる》い部分《ぶぶん》に赤《あか》マニキュアをつけて、点《てん》を3つつけるよ。

3 点《てん》がかわく前《まえ》に、つまようじの丸《まる》いほうで点《てん》をそれぞれ上方向《うえほうこう》に流《なが》そう。

4 つまようじの丸《まる》い方《ほう》か、赤《あか》マニキュアの筆《ふで》で上《うえ》の部分《ぶぶん》をつなげていこう。

5 ドットをつけ、仕《し》上《あ》げにトップコートをぬって完成《かんせい》！

STEP5

コーデに合《あ》わせてセンスUP♪

おしゃネイル☆カタログ

ネイルもファッションと同《おな》じように、イメージがタイプで分《わ》けられるよ。ネイルとファッションを合《あ》わせれば、さらにおしゃれ！

もっと！イチオシデザイン

女《おんな》の子《こ》らしい あまいネイル♡

スウィートガーリー

つまようじでドットと同《おな》じようにサクランボの実《み》をかいて、緑《みどり》のペンで柄《え》の部分《ぶぶん》をかこう。

P141の血《ち》のりネイルを応用《おうよう》し、白《しろ》で太《ふと》くぬりハートのシールをのせればラブリーに♡

スウィートでカラフルなドットをいくつも重《かさ》ねて、フレンチのようにするとプリティー♡

キリっとキマって センスいい！

クールロック

マステとシールを使《つか》って、シンプルにキメよう！　モノトーンでまとめるとクール☆

もっと！イチオシデザイン

1つずつ四角《しかく》をかいた市松《いちまつ》もようネイル。白《しろ》と黒《くろ》や、赤《あか》と黒《くろ》でもかっこよくキマるよ！

スタッズを並《なら》べた、ロックなネイル。スタッズはクールさをプラスしてくれるアイテム☆

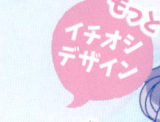

スタイリッシュで大人《おとな》っぽい♪

エレガントセクシー

赤《あか》やピンクと、黒《くろ》にぬりわけて境目《さかいめ》に金《きん》のラインテープをはろう♡ まるで口《くち》べにみたい！

もっと！イチオシデザイン

ベースをこいピンクでぬってから、ボールペンであみタイツみたいにあみをかいてね♡

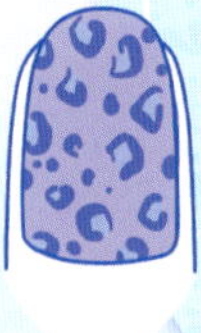

ヒョウ柄《がら》のネイルシールを使《つか》えば、カンタンにセクシーに♡ お姉《ねえ》さん度《ど》アップだよ！

カラフルで元気《げんき》いっぱい☆

ポップキュート

1本《ぽん》ずつマニキュアの色《いろ》を変《か》えて、ニコちゃんマークをかこう♪ 顔《かお》を変《か》えてもキュート。

もっと！イチオシデザイン

マステと星《ほし》のシールで作《つく》るアメリカネイル☆ 赤《あか》と青《あお》と白《しろ》の色合《いろあ》いがポップでかわいい！

つまようじと綿《めん》ぼうを使《つか》って、ドットの大《おお》きさと色《いろ》を変《か》えればとびきりポップに☆

さりげなさがおしゃれ！

シンプルナチュラル

マニキュアを少《すこ》しずつぬるだけで、まるでぬりかけみたいなラフさがかわいいネイルに♡

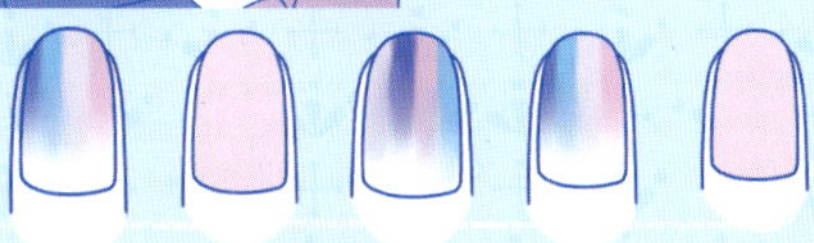

もっと！イチオシデザイン

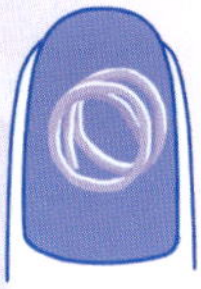

ワイヤー風《ふう》のパーツを使《つか》ったネイル♡ 100円《えん》ショップにも売《う》ってるから、見《み》てみてね！

押花《おしばな》シールを使《つか》えば、ナチュラルなかわいさのネイルに♪ ひかえめだけどキュート♡

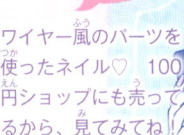

足元《あしもと》のおしゃれで差《さ》がつく！

ペディキュアをしてみよう

STEP6

足《あし》にネイルをすることを、ペディキュアというよ。サンダルをはく夏《なつ》にはとくにおすすめだよ！

手《て》と同《おな》じようにぬろう♪

ぬり方《かた》はキホン的《てき》に今《いま》までのSTEPと同《おな》じ。ただ、足《あし》のツメは指《ゆび》に食《く》いこんでいることもあるので、指《ゆび》のヨコを少《すこ》し押《お》してぬるようにしよう。小指《こゆび》のツメはぬりにくいので、はみ出《だ》さないように注意《ちゅうい》！

体育座《たいいくすわ》りでやってみよう！

体育座《たいいくすわ》りをしながらぬるのがおすすめだよ。またはイスに座《すわ》った状態《じょうたい》で、ぬるほうの足《あし》をイスにのせても◎。

指《ゆび》を広《ひろ》げるのがコツ☆

足《あし》の指《ゆび》は広《ひろ》げにくいから、少《すこ》しぬるのが難《むずか》しいかも。そんなときは、2枚重《まいがさ》ねにしたティッシュをはば1センチになるように折《お》って、足《あし》のウラ側《がわ》から指《ゆび》の間《あいだ》にはさんでみてね。

カラフルな色《いろ》にチャレンジ♡

手《て》のツメよりも、ハデな色《いろ》にちょうせんしやすいペディキュア！　ふだんは目《め》につかないところだからこそ、思《おも》いっきり楽《たの》しんじゃおう♪　アートをするなら、親指《おやゆび》のツメがおすすめだよ。

part 5

さわりたくなる！

スベスベ肌《はだ》のヒケツ♡

肌《はだ》がキレイだと、女《おんな》の子《こ》はかわいさがアップするの！　ていねいにキホンのケアをおこなえば、肌《はだ》はそれにこたえて、どんどんキレイになるよ♡　意外《いがい》と知《し》らないスキンケアの方法《ほうほう》を覚《おぼ》えて、さわりたくなるスベスベ肌《はだ》を手《て》に入《い》れちゃおう♡

キホンのスキンケアで

スベスベ肌《はだ》になろう！

私《わたし》はスベスベ肌《はだ》のよう精《せい》、むきたまごちゃん。キホンのスキンケアを、女《おんな》の子《こ》に教《おし》えるのがシュミなの♪　毛穴《けあな》がめだたずツルンとしていて、さわるとスベスベして気持《きも》ちがいい。そんな、うるおいのあるスベスベ肌《はだ》になりましょう！　みんなの視線《しせん》をひとりじめよ♡

ここで、重要《じゅうよう》なスキンケアランキングを３位《い》まで発表《はっぴょう》するわ！

キホンのスキンケアランキング

スキンケア重要度《じゅうようど》第《だい》1位《い》！　洗顔《せんがん》

一番大切《いちばんたいせつ》なのは、洗顔《せんがん》なのよ！　想像《そうぞう》してみて。たとえば手《て》よ。よごれた手《て》をキレイにしたくてハンドクリームをぬっても、いろいろ混《ま》ざってさらにきたなくなるだけでしょう？　まずは手《て》を洗《あら》ってよごれを落《お》として、それからクリームをぬらなくちゃ。顔《かお》も身体《からだ》も同《おな》じよ！　よごれを洗《あら》い流《なが》して、初《はじ》めて肌《はだ》のお手《て》入《い》れができる状態《じょうたい》になるの。正《ただ》しい洗顔《せんがん》をしないことには、何《なに》も始《はじ》まらないのよ！

スキンケア重要度《じゅうようど》第《だい》2位《い》！ 保湿《ほしつ》

保湿《ほしつ》っていうのは、清潔《せいけつ》な肌《はだ》に化《け》粧水《しょうすい》や乳液《にゅうえき》でうるおいをあたえ、肌《はだ》の乾燥《かんそう》を防《ふせ》ぐこと。乾燥《かんそう》すると肌《はだ》はカサカサするだけじゃなく皮《ひ》脂《し》っていう油《あぶら》を出《だ》すこともあるの。すると、肌《はだ》がテカテカしたり、皮《ひ》脂《し》が毛穴《けあな》につまってニキビができたりしちゃうのよ。だから、保湿《ほしつ》のお手《て》入《い》れは欠《か》かせないの！

じつは、洗顔後《せんがんご》に肌表面《はだひょうめん》の水分《すいぶん》がかわくとき、肌《はだ》の中《なか》のうるおいまでいっしょにかわいてしまうの。だから、洗顔《せんがん》と保湿《ほしつ》はセットでおこなうものだって覚《おぼ》えておいてね♪

スキンケア重要度《じゅうようど》第《だい》3位《い》！ 紫外線《しがいせん》対《たい》さく

紫外線《しがいせん》は、太陽《たいよう》からふりそそぐ成分《せいぶん》の1つよ。太陽《たいよう》の光《ひかり》を浴《あ》びると、日焼《ひや》けして肌《はだ》が黒《くろ》くなったり、赤《あか》くなったりするでしょう？　それは、紫外線《しがいせん》の影響《えいきょう》なの！紫外線《しがいせん》には、いいところも悪《わる》いところもあるの。いいところは、紫外線《しがいせん》を浴《あ》びると、体内《たいない》でビタミンD っていう成分《せいぶん》が増《ふ》えること。ほねが強《つよ》くなったり、カゼをひきにくくなったりするのよ。

悪《わる》いところは、長《なが》い時間《じかん》紫外線《しがいせん》を浴《あ》びていると、肌《はだ》にダメージがあること。それは、今《いま》すぐにじゃないの……10年後《ねんご》のシミやしわの原因《げんいん》になるのよ。イヤだわ！　10年《ねん》後《ご》に後《こう》かいしても、時間《じかん》はもどせない。だから、日焼《ひや》け止《ど》めはちゃんとぬってね！

他《ほか》にもステキなスキンケアの情報《じょうほう》がある？

アセのケアやおフロの入《はい》り方《かた》、ムダ毛《げ》のしょりなんかも気《き》になるわよね！　むきたまごちゃんが全部《ぜんぶ》まとめて教《おし》えてあげるわ♪

カンペキな洗《せん》顔《がん》をしよう！

スベスベ肌《はだ》のために、むきたまごちゃんがカンペキな洗顔《せんがん》方法《ほうほう》を教《おし》えてあげるわ！　洗顔《せんがん》がちゃんとできたら、スベスベ肌《はだ》の準備《じゅんび》ができたってことよ♪

正《ただ》しい洗《せん》顔《がん》方《ほう》法《ほう》

❶ 手《て》を洗《あら》う

手《て》にはバイキンがいっぱいだから、まずは手《て》をよく洗《あら》うのよ！　肌《はだ》のために、清潔《せいけつ》な両手《りょうて》で洗顔《せんがん》をしてね。

❷ ぬるま湯《ゆ》で顔《かお》を洗《あら》う

洗顔料《せんがんりょう》を使《つか》う前《まえ》に、まずはぬるま湯《ゆ》で顔《かお》を洗《あら》ってね！　それだけで、肌《はだ》のよごれが落《お》ちやすくなるのよ！

❸ 洗《せん》顔《がん》料《りょう》をアワだてる

洗顔料《せんがんりょう》を手《て》に取《と》ったら、少《すこ》しずつ水《みず》を足《た》しながら、よくアワだててね！　アワのクッションで洗《あら》えば、肌《はだ》をこすらずにスッキリと洗顔《せんがん》できるのよ。

❹ Tゾーンから洗《あら》う

ポイント

洗顔《せんがん》をする時間《じかん》は、1分以内《ぷんいない》を目安《めやす》にしてね！

皮脂《ひし》の多《おお》いTゾーンから、ほほ、目元《めもと》、口元《くちもと》の順《じゅん》に洗《あら》って。目元《めもと》と口元《くちもと》は皮《ひ》フがうすいから、最後《さいご》に軽《かる》く洗《あら》ってね！

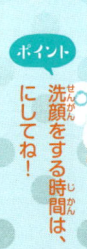

5 ぬるま湯《ゆ》でしっかりと洗《あら》い流《なが》す

ポイント
生《は》え際《ぎわ》やアゴにはアワが残《のこ》りやすいから、よく流《なが》して!

シャワーからぬるま湯《ゆ》を手《て》に取《と》り、顔《かお》に何度《なんど》もぬるま湯《ゆ》をつけるようにしてすすいでね。

6 顔《かお》にタオルを当《あ》てる

洗顔後《せんがんご》は清潔《せいけつ》なタオルを、そっと顔《かお》に当《あ》てましょう。それだけで、タオルがしっかり水分《すいぶん》を吸収《きゅうしゅう》してくれるのよ。

メイクを落《お》とす方法《ほうほう》は、P126、127でしょうかいしてるわよ!

ストップ! NG洗顔《せんがん》

洗顔《せんがん》でやってはいけないことをしょうかいするわ。今日《きょう》から気《き》をつけてね♡

ゴシゴシとこすって洗《あら》う

強《つよ》くこすると肌《はだ》が乾燥《かんそう》しやすいの。一生《いっしょう》けん命《めい》洗顔《せんがん》したのに、肌《はだ》あれの原因《げんいん》に!

アワだてていない

アワのクッションがないと肌《はだ》をこすりすぎるし、洗顔《せんがん》料《りょう》が肌《はだ》のシゲキになるわ。

熱《あつ》いお湯《ゆ》で洗《あら》っている

熱《あつ》いお湯《ゆ》は、肌《はだ》に必要《ひつよう》な皮《ひ》脂《し》まで流《なが》してしまうから、肌《はだ》の乾燥《かんそう》の原因《げんいん》になるのよ。

1日《にち》に3回以上《かいいじょう》洗顔《せんがん》をしている

1日《にち》に何度《なんど》も洗顔《せんかん》をすると、肌《はだ》が乾燥《かんそう》して余計《よけい》な皮脂《ひし》を出《だ》しちゃうのよ。

シャワーを直接《ちょくせつ》顔《かお》に当《あ》てている

シャワーの水圧《すいあつ》はシゲキが強《つよ》すぎるの。肌《はだ》が赤《あか》くなっちゃうわ!

ゆっくりと洗顔《せんがん》をしている

長時間《ちょうじかん》、洗顔《せんがん》をすると、肌《はだ》に必要《ひつよう》な皮脂《ひし》まで洗《あら》い流《なが》してカサカサになっちゃう!

キホンのスキンケア❷

保湿《ほしつ》でスベスベ肌《はだ》になる！

洗顔後《せんがんご》は、肌《はだ》にうるおいをあたえる保湿《ほしつ》のお手入《てい》れが絶対《ぜったい》なの！　基本《きほん》のスキンケアアイテム“化粧水《けしょうすい》と乳液《にゅうえき》”の使《つか》い方《かた》をしょうかいするわ♪

中学から

保湿《ほしつ》のお手入《てい》れ方法《ほうほう》

❶ 化粧水《けしょうすい》を取《と》る

100円玉《えんだま》～500円玉《えんだま》くらいの量《りょう》を手《て》に出《だ》して、軽《かる》く両手《りょうて》になじませてね。

❷ やさしく肌《はだ》になじませる

手《て》のひらで肌《はだ》を押《お》さえて、化粧水《けしょうすい》を顔全体《かおぜんたい》になじませてね。最後《さいご》に手《て》で顔《かお》を包《つつ》んでじっくり肌《はだ》を押《お》すと、手《て》の温度《おんど》で肌《はだ》にしんとうしやすいのよ。

❸ 重《かさ》ねづけをする

とくに乾燥《かんそう》が気《き》になる部分《ぶぶん》があれば、同《おな》じくそっと肌《はだ》を押《お》さえるように化粧水《けしょうすい》を重《かさ》ねづけしてね！

❹ 乳液《にゅうえき》をつける

手《て》のひらに乳液《にゅうえき》を取《と》り、化粧水《けしょうすい》と同《おな》じく、肌《はだ》をやさしく押《お》すようにしてなじませてね。皮脂《ひし》が気《き》になる部分《ぶぶん》は、少《すく》なめにつけて☆

正《ただ》しい保湿《ほしつ》のお手入《てい》れ
アドバイス

化粧水《けしょうすい》と乳液《にゅうえき》についてくわしくアドバイスするわ！
洗顔《せんがん》をしたらすぐ保湿《ほしつ》のお手入《てい》れをしてね♡

その1

洗顔《せんがん》をしたら、すぐに保湿《ほしつ》のお手入《てい》れをしてね！　じつは、おフロ上《あ》がりはほうっておくと1番肌《ばんはだ》が乾燥《かんそう》する時間《じかん》。おフロから上《あ》がったら、20分以内《ぶんいない》に肌《はだ》のお手入《てい》れをするのが理想《りそう》よ。

その2

肌《はだ》をパチパチたたいて化粧水《けしょうすい》をつけると、シゲキをあたえて赤《あか》くなってしまうこともあるのよ。肌《はだ》をやさしく押《お》すようにして化粧水《けしょうすい》をなじませる「ハンドプレス」を心《こころ》がけて！

その3

化粧水《けしょうすい》を必要以上《ひつよういじょう》に重《かさ》ねづけしても、肌《はだ》が吸収《きゅうしゅう》する水分《すいぶん》は限《かぎ》られているから意味《いみ》がないのよ。

その4

化粧水《けしょうすい》と乳液《にゅうえき》で肌《はだ》があれたら、すぐに使《つか》うのをやめて、ひどければ病院《びょういん》へ行《い》ってね。新《あたら》しい化粧品《けしょうひん》は、あなたの肌《はだ》に合《あ》うかテストをしてから使《つか》うといいわ。これを､「パッチテスト」というの。P153で、パッチテストのやり方《かた》をしょうかいするわね！

紫外線対《しがいせんたい》さくをしよう！

紫外線《しがいせん》は、スベスベ肌《はだ》の大敵《たいてき》よ！　10年後《ねんご》に、シミやしわのないスベスベ肌《はだ》でいるために、今《いま》から紫外線対《しがいせんたい》さくをしておきましょう♪

紫外線対《しがいせんたい》さくの方法《ほうほう》

時間帯《じかんたい》に気《き》をつける

1日《にち》の中《なか》で紫外線《しがいせん》が多《おお》い時間《じかん》は、午《ご》前《ぜん》10時《じ》から午後《ごご》2時《じ》なのよ。日差《ひざ》しの強《つよ》い日《ひ》は、その時間帯《じかんたい》に、室内《しつない》や日《ひ》かげで何回《なんかい》か休《きゅう》けいをとってね。

日焼《ひや》け止《ど》めをぬる

紫外線対《しがいせんたい》さくのキホン、日焼《ひや》け止《ど》めはしっかりぬってね！　顔《かお》だけじゃなく、肌《はだ》が出《で》る部分《ぶぶん》はすべてぬるの。アセをかいたら、こまめにぬり直《なお》すことがとっても大切《たいせつ》なのよ！

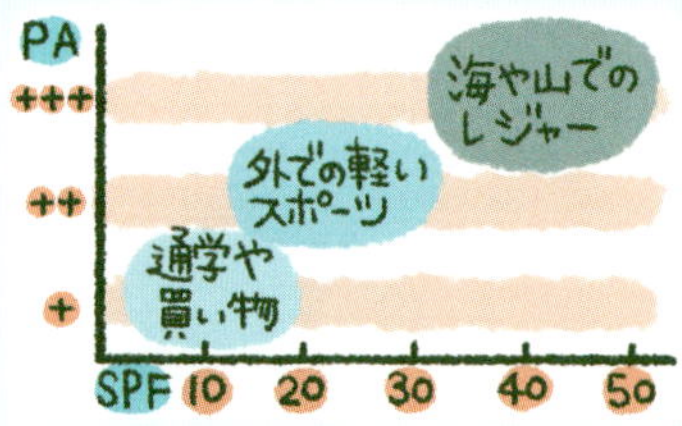
PA
+++
++
+
海や山でのレジャー
外での軽いスポーツ
通学や買い物
SPF
10
20
30
40
50

登校《とうこう》などではSPF20　PA＋＋くらいの日焼《ひや》け止《ど》めでいいけれど、長時間外《ちょうじかんそと》で運動《うんどう》したりレジャーを楽《たの》しんだりするのなら、SPF30　PA＋＋＋など数《すう》字《じ》が大《おお》きい日焼《ひや》け止《ど》めを選《えら》んでね！

服《ふく》そうに気《き》を使《つか》う

長時間《ちょうじかん》、日差《ひざ》しの強《つよ》い場所《ばしょ》で過《す》ごすのなら、ぼうしをかぶったり、そでが長《なが》めの洋服《ようふく》を着《き》たり、日《ひ》ガサをさしたりするのもおすすめよ。

私《わたし》の肌《はだ》に合《あ》うかな？

パッチテストをしてみよう

初《はじ》めて使《つか》う化粧水《けしょうすい》、乳液《にゅうえき》、日焼《ひや》け止《ど》めは、肌《はだ》に合《あ》うか心配《しんぱい》よね？　その確《かく》にんをするのがパッチテストよ。顔以外《かおいがい》の肌《はだ》にぬって、肌《はだ》あれしないか試《ため》すの♪

やり方《かた》

うでの内側《うちがわ》など、めだたない部分《ぶぶん》でおこなってね！
他《ほか》の部分《ぶぶん》でもOKだけど、外《そと》でも気軽《きがる》に肌《はだ》の状態《じょうたい》が見《み》られるから、うででテストするのがおすすめよ☆

1 清潔《せいけつ》にしたうでの内側《うちがわ》に、10円玉大《えんだまだい》の化粧品《けしょうひん》をぬる。

2 そのまま、24時間《じかん》おく。

3 24時間《じかん》たったら、化粧品《けしょうひん》をぬった部分《ぶぶん》に赤《あか》みやかゆみがないか、チェック！

4 日焼《ひや》け止《ど》めなど、洗《あら》い流《なが》すことが前提《ぜんてい》の化粧品《けしょうひん》の場合《ばあい》は、キレイに洗《あら》い流《なが》す。

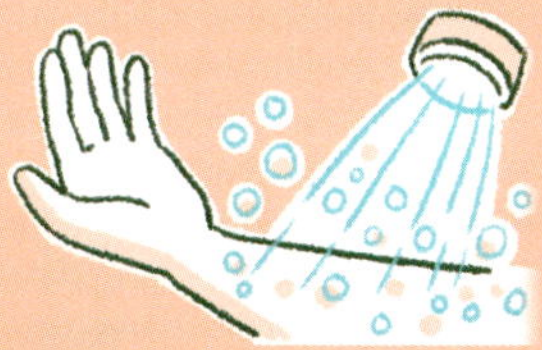

ポイント

- ◆24時間《じかん》おくので、おフロに入《はい》ってからおこなってね。
- ◆起《お》きている間《あいだ》は、こまめに様子《ようす》を見《み》てね。
- ◆とちゅうで赤《あか》みやかゆみが出《で》たら、その時点《じてん》で洗《あら》い流《なが》し、その化粧品《けしょうひん》は使《つか》わないでね。

ベタベタしたくない！

アセをかいてもさわやか肌《はだ》で♡

アセをかいても、スベスベ肌《はだ》のさわやかな女《おんな》の子《こ》でいられる方法《ほうほう》をしょうかいするわ！

こまめにふく

シンプルだけど、アセはこまめにふくことが大切《たいせつ》よ！　じつは、アセ自体《じたい》にニオイはないのよ。時間《じかん》をかけてざっきんがアセを分解《ぶんかい》することで、ベタベタしてくさくなるの。だから、こまめにふいていればニオイはしない♪　ハンカチやタオルを持《も》ち歩《ある》いてね♡

下着《したぎ》を着《き》がえる

アセで下着《したぎ》がびしょびしょになっちゃうことがあるわよね。肌《はだ》にくっついて気持《きも》ち悪《わる》い！　そんなときは、思《おも》い切《き》って下着《したぎ》を着《き》がえてしまうのもおすすめ。小《ちい》さくたたんだ着《き》がえ用《よう》の下着《したぎ》をバッグに入《い》れておいて、お手洗《てあら》いなどで着《き》がえると、さっぱりするわよ☆

デオドラントグッズを使《つか》う

デオドラントグッズは、アセくさくなるのを防《ふせ》ぐグッズよ。スプレータイプや、ロールオンタイプなど、たくさん種類《しゅるい》があるの。ふいた部分《ぶぶん》がサラサラになる、デオドラントシートを使《つか》うのもおすすめ♪　ほんのりいい香《かお》りのデオドラントグッズもあるから、楽《たの》しんでね♡

アセのニオイは、自分《じぶん》が気《き》にするほどまわりは気《き》づかないの！　あまり気《き》にせずに、スポーツや遊《あそ》ぶことを楽《たの》しむのも、大切《たいせつ》なことよ♪

スベスベ肌《はだ》のために！

毎《まい》日《にち》の生《せい》活《かつ》を見《み》直《なお》そう！

さぁ、ここからスベスベ肌《はだ》のためのヒケツもステップアップするわ！　スベスベ肌《はだ》は、身体《からだ》の中《なか》から作《つく》ることも大事《だいじ》！　今《いま》まで教《おし》えたスキンケアだけでなく、日常生活《にちじょうせいかつ》にも気《き》を使《つか》ってね♡

食生活《しょくせいかつ》に気《き》を配《くば》る

バランスのとれた食生活《しょくせいかつ》を心《こころ》がけて！　好《す》きキライをなるべくしないで、ご飯《はん》、おかず、野菜《やさい》をしっかり食《た》べてほしいの。肌《はだ》にいいイメージのフルーツや野菜《やさい》ばかりではなく、肌《はだ》はいろんな栄養《えいよう》からできているからよ。油《あぶら》っぽいものや白《しろ》い砂糖《さとう》を使《つか》ったあまいものは、皮脂《ひし》の量《りょう》が増《ふ》えてニキビの原因《げんいん》にもなるから、食《た》べすぎ注意《ちゅうい》よ！

ウンウン！

すいみんをとる

すいみん中《ちゅう》は、成長《せいちょう》ホルモンが出《で》ているの。成長《せいちょう》ホルモンは、肌《はだ》をキレイにする大切《たいせつ》なホルモン。だから、すいみん不足《ぶそく》が続《つづ》くと肌《はだ》あれしちゃうのよ。ねむってから約《やく》３時間《じかん》～４時間《じかん》は「肌《はだ》のゴールデンタイム」と呼《よ》ばれる、成長《せいちょう》ホルモンの量《りょう》が増《ふ》える時間《じかん》。いいねむりにつけるよう、テレビやスマートフォンを見《み》ながらねないでね。液《えき》しょう画面《がめん》の光《ひかり》は、神経《しんけい》をシゲキして目《め》が覚《さ》めちゃうのよ。

へー！

ストレスを発散《はっさん》する

ストレスを感《かん》じると、皮脂《ひし》の量《りょう》が多《おお》くなるの。皮脂量《ひしりょう》が増《ふ》えると、ニキビもできやすくなっちゃうわ。お友《とも》だちや勉強《べんきょう》のことでなやんだら、好《す》きな音楽《おんがく》を聴《き》いて、大《おお》きな声《こえ》で歌《うた》ったり、お笑《わら》い番組《ばんぐみ》を見《み》てたくさん笑《わら》ったり、だれかに相談《そうだん》したりしてね！　肌《はだ》のためにストレスをためこまないようにして！

ありがとう！

運動《うんどう》をする

ウォーキングやサイクリングをしてみてね！　運動《うんどう》をするとアセをかくわよね？　それは、おフロに入《はい》ったあとのように、血行《けっこう》がよくなっているということ。血行《けっこう》がよくなると、肌《はだ》がキレイになるし、夜《よる》もぐっすりねむれるわよ。

わかった！

キレイになるバスタイム

湯《ゆ》船《ぶね》につかってスベスベ肌《はだ》に♡

毎日《まいにち》シャワーだけですませていない？　キレイな肌《はだ》を目《め》指《ざ》すなら、湯船《ゆぶね》につかってね！　むきたまごちゃんも、お湯《ゆ》につかるのが大好《だいす》きなのよ♪

湯船《ゆふね》につかると、どんないいことがあるのかな？

アセをかいてむくみがとれる

代謝《たいしゃ》がよくなって肌《はだ》が生《う》まれ変《か》わる

リラックスしてホルモンバランスが整《ととの》う

身体《からだ》が温《あたた》まって代謝《たいしゃ》がよくなる

❶ お水《みず》をたっぷり飲《の》む

おフロにつかる前《まえ》に、お水《みず》をたっぷり飲《の》むと、アセをかきやすくなるの。肌《はだ》や体内《たいない》にたまったよごれがアセといっしょに流《なが》されるわ！

❷ お湯《ゆ》につかる

シャワーで身体《からだ》のよごれをザッと流《なが》したら、まずは湯船《ゆぶね》につかってね。温《あたた》まると肌《はだ》がやわらかくなって、よごれが落《お》ちやすくなるのよ。

❸ 頭《あたま》→顔《かお》→身体《からだ》の順番《じゅんばん》に洗《あら》う

この順番《じゅんばん》で洗《あら》えば、身体《からだ》に洗《せん》じょう料《りょう》が残《のこ》らないので、肌《はだ》あれを防《ふせ》ぐことができるわよ。

❹ 湯《ゆ》船《ぶね》で温《あたた》まる

最後《さいご》に、もう一度《いちど》湯船《ゆぶね》につかってね。しっかり温《あたた》まるのよ♡

おフロの入《はい》り方《かた》アドバイス♡

これもチェックしたら、スベスベ肌《はだ》はほとんど手《て》に入《はい》ってるわよー♡

身体《からだ》はやさしい力《ちから》加《か》減《げん》で洗《あら》う

手《て》と綿《めん》タオルでやさしく洗《あら》えば、身体《からだ》はじゅうぶんキレイになるの！　基本的《きほんてき》に手《て》で洗《あら》い、週《しゅう》に１回《かい》ほど、綿《めん》タオルで洗《あら》えば、アカがたまったりはしないわ。かたいナイロンタオルでゴシゴシこすると肌《はだ》が乾燥《かんそう》してしまうから注意《ちゅうい》！

全《ぜん》身《しん》を保《ほ》湿《しつ》する

おフロ上《あ》がりは、肌《はだ》が一番乾燥《ばんかんそう》しやすい時間《じかん》なのよ。だつ衣所《いじょ》にボディクリームを持《も》ちこんで、服《ふく》を着《き》る前《まえ》にぬってね。水分《すいぶん》があると、ボディクリームがよくのびるので、身体《からだ》は軽《かる》めにふいてボディクリームをぬるのがおすすめよ！

入浴料《にゅうよくりょう》を入《い》れる

お湯《ゆ》の色《いろ》、お湯《ゆ》の香《かお》りを好《す》きなものにすると、よりリラックス効果《こうか》が期待《きたい》できるわよ！　肌《はだ》の保湿《ほしつ》や、血行《けっこう》そく進《しん》を目的《もくてき》とした入浴料《にゅうよくりょう》がおすすめ。

みんなどうしてるの？

ムダ毛《げ》しょりの方《ほう》法《ほう》

おしゃれを楽《たの》しむためにも、ムダ毛《げ》しょりの方法《ほうほう》をしょうかいするわ！　ただ、あなたがそんなにムダ毛《げ》が気《き》にならないなら、そのままでいいのよ♡

用意《ようい》するもの

ボディクリーム

シェービングジェル（なければボディソープ）

女性用《じょせいよう》カミソリ

ムダ毛《げ》しょりのポイント

その1　湯船《ゆぶね》につかったあとにそる

湯船《ゆぶね》につかって温《あたた》まると、肌《はだ》がやわらかくなるので、カミソリの肌《はだ》への負《ふ》たんが少《すく》ないのよ。ゆっくり温《あたた》まってからムダ毛処理《げしょり》を始《はじ》めてね♪

その2　ムダ毛《げ》しょりをする部分《ぶぶん》を清潔《せいけつ》に

ムダ毛《げ》しょりをする前《まえ》に肌《はだ》をキレイに洗《あら》ってね。肌《はだ》にはざっきんがついているので、そのままカミソリを使《つか》うと、肌《はだ》あれの原因《げんいん》になっちゃうわ。

その3　毛《け》の流《なが》れにそってしょりをする

上《うえ》から下《した》に毛《け》が生《は》えていれば、カミソリも上《うえ》から下《した》へ動《うご》かしてそるのよ。毛《け》の流《なが》れに逆《さか》らってそると、肌《はだ》をキズつけやすいから注意《ちゅうい》してね！

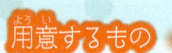

ドキドキ！ ムダ毛《げ》をそってみよう

1 ムダ毛《げ》しょりをする部分《ぶぶん》に、たっぷりシェービングジェルをぬって。シェービングジェルがなければ、よくアワだてたボディソープをたっぷりつけてもOKよ☆

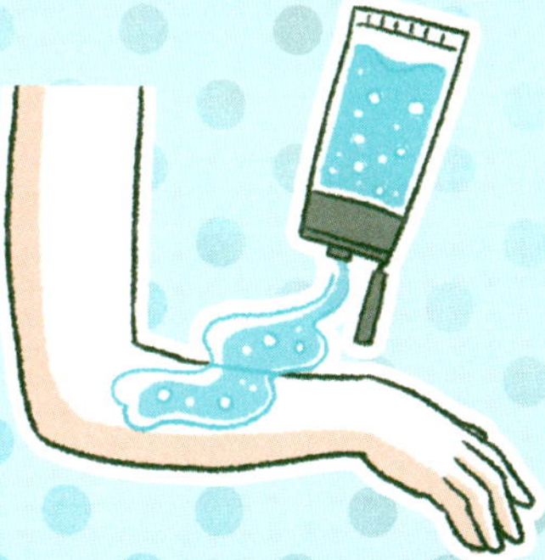

2 カミソリを肌《はだ》にやさしく当《あ》てて動《うご》かしてね。ワキをそる場《ば》合《あい》は手《て》を頭《あたま》の上《うえ》までしっかり上《あ》げて、鏡《かがみ》で見《み》ながらそってね。ヒザはやりにくいから、少《すこ》しずつそるのよ☆

3 そり残《のこ》しがないかよく確《かく》にんをしたら、シャワーをていねいにかけて流《なが》してね。

4 ムダ毛《げ》しょりのあとの肌《はだ》は乾《かん》燥《そう》しやすいから、たっぷりボディクリームをぬって保湿《ほしつ》してね。

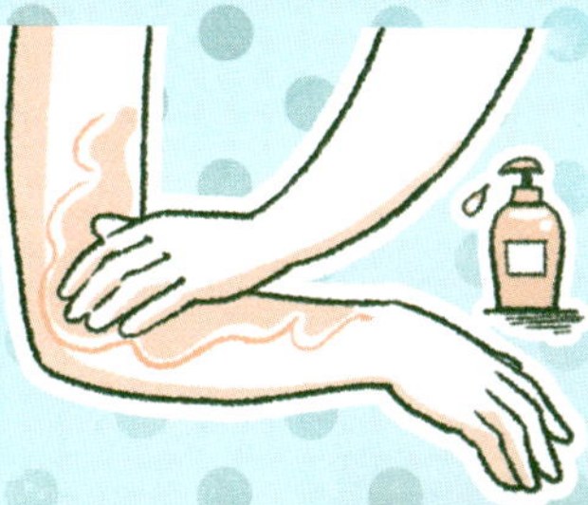

ムダ毛《げ》しょりは、体調《たいちょう》がすぐれないときにおこなうと、肌《はだ》があれることがあるのよ。生《せい》理《り》中《ちゅう》や、つかれているときはガマンしてね！

スキンケア用《よう》語《ご》じてん

◆Tゾーン……おでこと鼻《はな》をつないだＴ字《じ》形《がた》の部分《ぶぶん》。

◆乳液《にゅうえき》……肌《はだ》のうるおいをおぎない保《たも》つ化《け》粧品《しょうひん》。化粧水《けしょうすい》より油分《ゆぶん》が多《おお》い。

◆皮脂《ひし》……肌《はだ》のうるおいやツヤを保《たも》つ成分《せいぶん》。量《りょう》が多《おお》いとテカリやニキビにつながることも。

◆パッチテスト……肌《はだ》のトラブルの原因《げんいん》を調《しら》べる方法《ほうほう》。

◆ハンドプレス……化粧品《けしょうひん》を手《て》のひらで押《お》しこむようにして肌《はだ》になじませる方法《ほうほう》。

◆保湿《ほしつ》……肌《はだ》にうるおいをあたえ、水分《すいぶん》を保持《ほじ》すること。

◆ボディクリーム……身体《からだ》の保湿《ほしつ》を目的《もくてき》としたクリーム。軽《かる》いつけ心地《ここち》のものから、のうこうなものまで種類《しゅるい》はさまざま。

◆肌《はだ》の乾燥《かんそう》……肌《はだ》のうるおいが不足《ふそく》すること。肌《はだ》あれにつながることもある。

◆化粧水《けしょうすい》……肌《はだ》にうるおいをあたえ、なめらかに整《ととの》える化粧品《けしょうひん》。

◆紫外線《しがいせん》……太陽《たいよう》から出《で》る光線《こうせん》の１つ。日《ひ》焼《や》けの原因《げんいん》となるもの。

◆シェービングジェル……カミソリのすべりをなめらかにし、切《き》りキズなどのトラブルを防《ふせ》ぐもの。クリームもある。

◆スキンケア……すこやかな肌《はだ》を保《たも》つため、化粧品《けしょうひん》などを使《つか》ってお手入《てい》れをすること。

◆成長《せいちょう》ホルモン……身体《からだ》の生《う》まれ変《か》わりをサポートする体内《たいない》の物質《ぶっしつ》。

◆血行《けっこう》……血液《けつえき》が体内《たいない》をめぐること。

◆代謝《たいしゃ》……身体《からだ》の古《ふる》いものと新《あたら》しいものが入《い》れかわること。

これであなたもスベスベ肌《はだ》よ！
ありがとう！
むきたまごちゃんが教《おし》えてくれたこと、続《つづ》けるね！
さようなら
みんなもスキンケアがんばってね！

part 6

美《び》ボディーをゲット！

ヒミツのプチダイエット

理想《りそう》のスタイルを目指《めざ》すなら、気楽《きらく》に無理《むり》なく続《つづ》けられる、プチダイエットがおすすめだよ♡　運動《うんどう》がキライな女《おんな》の子《こ》も、いそがしい女《おんな》の子《こ》も、食《た》べるのが大好《だいす》きな女《おんな》の子《こ》だってOK ！楽《たの》しいプチダイエットを、今日《きょう》からスタートしちゃおうよ♪

女《おんな》の子《こ》に聞《き》いた！

なりたい美《び》ボディーアンケート

みんなはどんな美《び》ボディーになりたいのかな？あこがれの美《び》ボディーについて、女《おんな》の子《こ》に聞《き》いてみたよ！

小《こ》顔《がお》

小《こ》顔《がお》にあこがれるなぁ！　顔《かお》が小《ちい》さいとスタイルがよく見《み》えるもん。

（カナ　小《しょう》5）

細《ほそ》いウエスト

私《わたし》はくびれたウエストでタイトな服《ふく》を着《き》て「細《ほそ》ーい！」って言《い》われたい。

（クミ　小《しょう》4）

ヒップ

スキニージーンズをかっこよくはきこなしたいから、キュッと上《あ》がったおしり♡

（ハル　小《しょう》5）

細《ほそ》い足《あし》

絶《ぜっ》対《たい》に細《ほそ》い足《あし》！ショートパンツが好《す》きだから♪

（リノ　小《しょう》6）

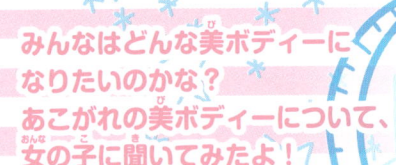

女《おんな》の子《こ》は どんどんかわいくなる！

今《いま》のままでも、みんなはすごくかわいいってことを覚《おぼ》えておいてね。自分《じぶん》の身体《からだ》に好《す》きじゃないと思《おも》う部分《ぶぶん》があったとしても、それもあなたの大事《だいじ》な個性《こせい》なんだよ♡

みんなは今《いま》、成長中《せいちょうちゅう》

みんなは今《いま》、心《こころ》も身体《からだ》もぐんぐん成長中《せいちょうちゅう》！　だから、今《いま》のあなたと5年後《ねんご》や10年後《ねんご》のあなたは、全然《ぜんぜん》ちがうかも。身長《しんちょう》がのびたり、やせたり、女性《じょせい》らしくふっくらしたり……。だから、今《いま》のあなたのことだけを考《かんが》えないで、未来《みらい》のあなたのために、必要《ひつよう》な栄養《えいよう》をしっかりとろうね！

私《わたし》は足《あし》が太《ふと》いことがなやみだったんだけど、中学《ちゅうがく》で部活《ぶかつ》を始《はじ》めたら足《あし》に筋肉《きんにく》がついて、キュッと引《ひ》きしまったよ。体重《たいじゅう》を減《へ》らすだけじゃスタイルはよくならないんだってわかった。（サオリ　中学《ちゅうがく》1年生《ねんせい》）

私《わたし》は、小学生《しょうがくせい》のころにぽっちゃりしていたけれど、中学生《ちゅうがくせい》になったら突然《とつぜん》身長《しんちょう》がのびて、どんどんやせていったよ。私《わたし》の場合《ばあい》は、ふっくらしていたのも成長《せいちょう》する準備《じゅんび》だったんだと思《おも》う。（マリ　中学《ちゅうがく》2年生《ねんせい》）

キレイになれないダイエット

絶対《ぜったい》にダメ！

美《び》ボディーを目指《めざ》すのであれば、絶対《ぜったい》にやってはいけないダイエットをしょうかい！食事《しょくじ》からバランスよく栄養《えいよう》をとることが、とても大切《たいせつ》なんだよ。

NG 食事《しょくじ》をぬくダイエット

食事《しょくじ》をぬくダイエットは、絶対《ぜったい》に
やっちゃダメ！　みんなの身体《からだ》は、
成長《せいちょう》するためにたくさんの栄養《えいよう》を必《ひつ》
要《よう》としているんだよ。だから、ごは
んをぬくとエネルギーが不足《ふそく》して、
ボーッとしたり、つかれやすくなっ
たりしちゃうの！

NG ○○ぬきダイエット

炭水化物《たんすいかぶつ》ぬきダイエットでご飯《はん》や
パンを食《た》べなかったり、油《あぶら》ぬきダイ
エットでお肉《にく》を食《た》べなかったりする
のはＮＧ！　炭水化物《たんすいかぶつ》は身体《からだ》を動《うご》か
すエネルギーになるし、お肉《にく》は筋肉《きんにく》
を作《つく》るのに必要《ひつよう》な栄養《えいよう》なんだよ。

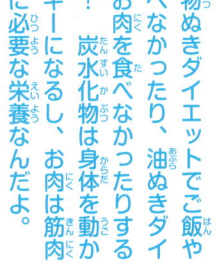

今日《きょう》からできる！
太《ふと》りにくい食《た》べ方《かた》☆

今《いま》からすぐにできる、太《ふと》りにくい食《た》べ方《かた》をしょうかいするね♪この食《た》べ方《かた》を続《つづ》ければ、太《ふと》りにくい身体《からだ》になれる♡

1 食事《しょくじ》に集中《しゅうちゅう》する

食事《しょくじ》のときは集中《しゅうちゅう》しよう！　おしゃべりに夢中《むちゅう》になったりテレビに夢中《むちゅう》になったりしていると、知《し》らないうちに食《た》べすぎてしまうから。食事《しょくじ》に集中《しゅうちゅう》して、よく味《あじ》わって食《た》べると、満《まん》ぷく感《かん》が得《え》られるよ。

2 よくかんで食《た》べる

よくかんで食《た》べると、満《まん》ぷくを感《かん》じやすくなって、食《た》べすぎないよ。目《め》安《やす》は、一口《ひとくち》につき30回《かい》かむこと。

3 しるものや野菜《やさい》、肉《にく》や魚《さかな》、ご飯《はん》の順《じゅん》番《ばん》に食《た》べる

太《ふと》りにくいものから順《じゅん》番《ばん》に、コース料理《りょうり》のように食《た》べていく方法《ほうほう》だよ☆ご飯《はん》を食《た》べるころにはおなかが満《み》たされていて、食《た》べすぎを防《ふせ》ぐことができるんだ♡

4 腹《はら》八《はち》分《ぶん》目《め》で食《た》べるのをやめる

腹《はら》八《はち》分《ぶん》目《め》って知《し》ってる？おなかいっぱいになる手前《てまえ》で食《た》べるのをやめることだよ。ご飯《はん》を食《た》べながら「もう少《すこ》しでおなかいっぱいになりそう」と感《かん》じたら、そこでやめるのが腹《はら》八《はち》分《ぶん》目《め》♪

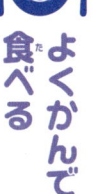

プチダイエットの前《まえ》に……

正《ただ》しい姿勢《じせい》でスタイル美人《びじん》に！

プチダイエットの準備《じゅんび》は姿勢《しせい》の見直《みなお》し！姿勢《しせい》がいいと、スタイルもよく見《み》えるよ♡

悪《わる》い姿勢《しせい》

×首《くび》が前《まえ》に出《て》ている

表情《ひょうじょう》が暗《くら》く見《み》えるよ。首《くび》まわりの肌《はだ》もたるみやすい！

×二重《にじゅう》アゴ

姿勢《しせい》が悪《わる》いと首《くび》の筋《きん》肉《にく》が使《つか》われないから、二重《にじゅう》アゴになりやすいよ！　下《した》ばかり見《み》て暗《くら》い印象《いんしょう》も。

×肩《かた》が前《まえ》に出《て》ている

まき肩《がた》っていうんだよ。胸《むね》が下向《したむ》きに見《み》えちゃう！

×背中《せなか》が丸《まる》まっている

ねこ背《ぜ》という悪《わる》い姿《し》勢《せい》だよ。おしりがたれて見《み》えちゃう！

×ぽっこりおなか

ねこ背《ぜ》はおなかに力《ちから》が入《はい》らないから、ぽこっと出《で》ているように見《み》えちゃう。

まとめ

姿勢《しせい》が悪《わる》いと、実際《じっさい》よりスタイルが悪《わる》く見《み》えてしまうのがわかるよね！　スタイルに自信《じしん》がない女《おんな》の子《こ》も、まずは正《ただ》しい姿勢《しせい》を心《こころ》がけないともったいない！　この姿《し》勢《せい》のままプチダイエットをしても、美《び》ボディーには見《み》えないぞ☆

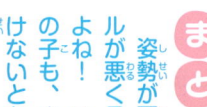

よい姿勢《しせい》

目線《めせん》は正面《しょうめん》に

目線《めせん》は前方《ぜんぽう》に向《む》け、アゴを軽《かる》く引《ひ》いて！ 明《あか》るい印象《いんしょう》に！

背筋《せすじ》は真《ま》っすぐ

肩《かた》と胸《むね》が開《ひら》いているから、背中《せなか》もピンと真《ま》っすぐ♪

おなかに軽《かる》く力《ちから》を

姿勢《しせい》がよくなるだけで、自然《しぜん》とおなかも引《ひ》っこむよ！ 気《き》になるようなら、おなかに軽《かる》く力《ちから》を入《い》れてね♪

肩《かた》を引《ひ》く

肩《かた》を引《ひ》くと、自然《しぜん》と胸《むね》をはって過《す》ごせるよ。バストアップしたみたい！

おしりをキュッ！

おしりにキュッと力《ちから》を入《い》れて。ヒップ全体《ぜんたい》がツンと上《うわ》向《む》きに♪

まとめ

まるで別人《べつじん》みたい！ 正《ただ》しい姿勢《しせい》になるだけで、スタイルがよく見《み》えるよね！ 自信《じしん》があるように見《み》えて、とってもミリョク的《てき》♡ 鏡《かがみ》やショーウィンドウに映《うつ》る自分《じぶん》を見《み》て、こまめに姿勢《しせい》を正《ただ》して♪ 運動《うんどう》など、特別《とくべつ》なことをしなくていいのがうれしい♡

せっかく美《うつく》しい姿勢《しせい》を
手《て》に入《い》れたなら、
歩《ある》くときまで気《き》をぬかないで！
さっそうと歩《ある》いて、
みんなの注目《ちゅうもく》を集《あつ》めちゃおう！

歩《ある》くときも美《うつく》しく♡

目線《めせん》は上《うえ》に

目線《めせん》は2センチほど上《うえ》にすると、目《め》が輝《かがや》いて見《み》えて表情《ひょうじょう》が明《あか》るくなる♪

うでは後《うし》ろに引《ひ》く

うでは、前《まえ》にふるより後《うし》ろに引《ひ》くイメージでふると、歩《ある》きながら胸《むね》をはれるよ。

胸《むね》を開《ひら》いて

歩《ある》くときも胸《むね》をはって、堂々《どうどう》とするとカッコイイよ！

ひざは曲《ま》げない

ひざはなるべく曲《ま》げないで歩《ある》くと、足《あし》が長《なが》く見《み》えてキレイ！

かかとから着地《ちゃくち》

かかとからすっと静《しず》かに着地《ちゃくち》すると、つま先《さき》まで自然《しぜん》に体重《たいじゅう》移動《いどう》ができるよ！

まとめ

胸《むね》をはって、さっそうと歩《ある》くすがたはかっこいい！　他《ほか》の女《おんな》の子《こ》と差《さ》がついちゃうよ☆　歩《ある》くすがたが美《うつく》しい女《おんな》の子《こ》は、大人《おとな》になってもみんなのあこがれ♡　今《いま》からキレイな歩《ある》き方《かた》を心《こころ》がければ、あなたのミリョクの1つになるよ！

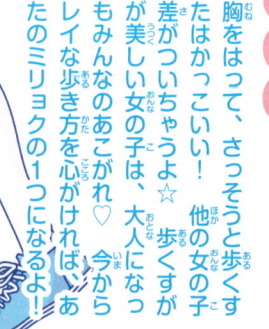

こんな場面《ばめん》も姿勢《しせい》に気《き》をつけて！

✕ バッグを片《かた》ほうの肩《かた》で持《も》つクセ

バッグを片《かた》ほうの肩《かた》ばかりでせおうと、身体《からだ》の重心《じゅうしん》がずれて姿勢《しせい》が悪《わる》くなりやすいよ。鏡《かがみ》でチェックすると、よくバッグをかけるほうの肩《かた》が上《あ》がっていないかな？　重《おも》い荷物《にもつ》のときはこまめに持《も》ちかえて！　リュックにするのもおすすめだよ☆

✕ スマホを見《み》るときの姿勢《しせい》

スマホを見《み》るときは、首《くび》が前《まえ》に出《で》て、ねこ背《ぜ》になってしまいがち！　おすすめは、スマホを持《も》っているほうのにのうでの下《した》に、反対《はんたい》の手《て》をこぶしにしてはさんで、スマホの高《たか》さを上《あ》げる方法《ほうほう》だよ☆

美《び》ボディーレッスン

キュッと

小《こ》顔《がお》エクササイズ

みんなのあこがれＮｏ.1の小《こ》顔《がお》になれちゃうエクササイズ！
1日《にち》5回《かい》を目《もく》標《ひょう》に、好《す》きな時《じ》間《かん》にやってみてね！

1

正《ただ》しい姿《し》勢《せい》で、ゆっくりとアゴを上《あ》げて限《げん》界《かい》まで顔《かお》を上《うえ》に向《む》ける。

2

真《ま》上《うえ》を向《む》いたら、手《て》でアゴの下《した》の筋《きん》肉《にく》がのびきっているかチェック。

3

そのまま、舌《した》を真《ま》っすぐ上《うえ》につき出《だ》して、5秒《びょう》数《かぞ》える。

4

ゆっくりと、首《くび》を元《もと》の位《い》置《ち》に戻《もど》す。

小顔《こがお》マッサージにチャレンジ！

次《つぎ》は、小顔《こがお》マッサージをやってみよう！　1セット3回《かい》が目安《めやす》だよ！

用意《ようい》するもの　乳液《にゅうえき》かボディクリーム

1 手《て》にたっぷりとクリームをぬって両手《りょうて》を軽《かる》くにぎり、人《ひと》さし指《ゆび》と中指《なかゆび》の第《だい》2関節《かんせつ》でアゴをはさむ。

2 そのまま、アゴの下《した》の肉《にく》を引《ひ》き上《あ》げるイメージで、耳《みみ》の下《した》まで手《て》をすべらせる。

3 手《て》を開《ひら》いて、指《ゆび》のはらで耳《みみ》の下《した》から、さこつまで指《ゆび》をすべらせる。

4 最後《さいご》に、薬指《くすりゆび》と中指《なかゆび》のはらで、さこつのはしからはしまで、指《ゆび》をすべらせる。

くびれ

ウエストエクササイズ

なめらかにくびれたウエストにあこがれる女《おんな》の子《こ》には、このエクササイズ！　おしりが出《で》たり、ひざが曲《ま》がったりしないように気《き》をつけてね！

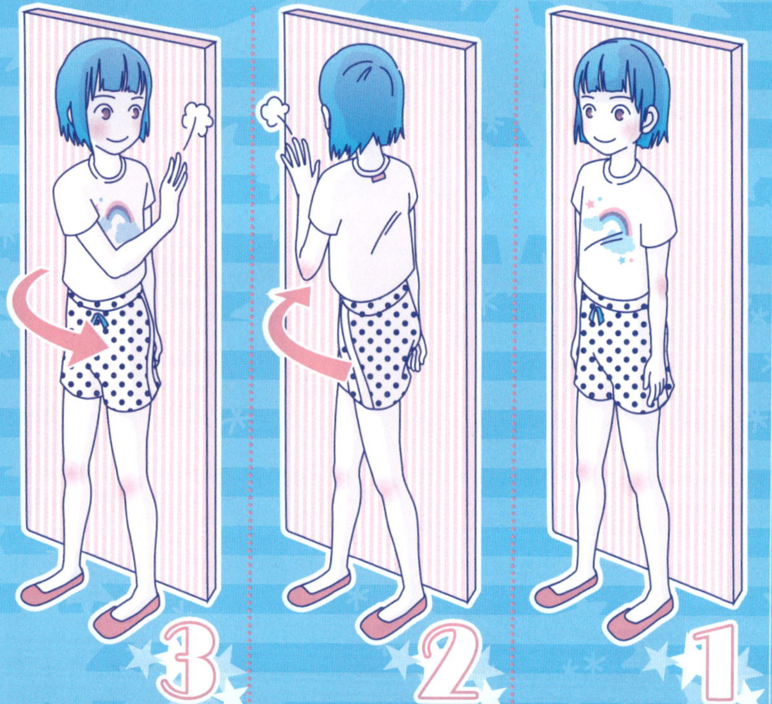

1

カベに背《せ》を向《む》け、少《すこ》しはなれたところに立《た》ったら、両足《りょうあし》を肩《かた》はばくらいに開《ひら》く。

2

上半身《じょうはんしん》を右《みぎ》にひねったら、左手《ひだりて》でカベをタッチ！

3

上半身《じょうはんしん》を正面《しょうめん》に戻《もど》したら、今度《こんど》は左《ひだり》にひねって後《うし》ろのカベを右手《みぎて》でタッチ！　②と③を、左右交互《さゆうこうご》に20回《かい》くり返《かえ》してね♪

美《び》ボディーレッスン 2 3 4

ペタンコ

おなかエクササイズ

ぽっこりおなかを引《ひ》きしめたい
女《おんな》の子《こ》には、このエクササイズ！

1

あお向《む》けにねたら、両手《りょうて》をこしに当《あ》て、こしから両足《りょうあし》全体《ぜんたい》を上《あ》げる。

2

そのまま、空中《くうちゅう》で自転車《じてんしゃ》をこぐように、両足《りょうあし》をぐるぐる30回《かい》まわす。

3

逆回転《ぎゃくかいてん》にして、また30回《かい》足《あし》をまわす。

美《び》ボディーレッスン 3 **4** 5

スラッと

足《あし》やせエクササイズ

太《ふと》ももまでほっそりしたい女《おんな》の子《こ》におすすめのエクササイズ！
ひざとつま先《さき》をしっかりのばすことを心《こころ》がけてね♪

1

ゆかに座《すわ》ったら、両手《りょうて》を後《うし》ろにつく。指先《ゆびさき》はおしり側《がわ》に向《む》ける。

2

体重《たいじゅう》を少《すこ》し後《うし》ろにかけ、両足《りょうあし》をV字《じ》になるように上《あ》げる。

3

そのまま、足《あし》を交《こう》互《ご》にクロスさせる。左《さ》右《ゆう》交《こう》互《ご》に20回《かい》が目《もく》標《ひょう》☆

太《ふと》ももマッサージにチャレンジ！

太《ふと》もものマッサージをしょうかいするよ！　肌《はだ》の保湿《ほしつ》もできちゃう♡

用意《ようい》するもの　ボディクリーム

1 軽《かる》くあぐらをかいたら、手《て》にクリームを取《と》る。両手《りょうて》を重《かさ》ねて片方《かたほう》のひざの上《うえ》に当《あ》てる。そのまま両手《りょうて》に体重《たいじゅう》をかけて、足《あし》のつけ根《ね》に向《む》かってゆっくり3回《かい》さする。

2 右手《みぎて》と左手《ひだりて》で交互《こうご》に2～3回《かい》さすり上《あ》げる。このときも、体重《たいじゅう》をかけてゆっくりさする。

3 手《て》のひら全体《ぜんたい》を使《つか》って、内《うち》ももの筋肉《きんにく》をもんでいく。矢印《やじるし》のように手《て》でやさしくねじって。全体《ぜんたい》がじんわり温《あたた》まってくるまで、10回《かい》ほどくり返《かえ》す。反対側《はんたいがわ》の足《あし》も同《おな》じ♪

美《び》ボディーレッスン 4 5 6

ほっそり

にのうでエクササイズ

とってもカンタンな、にのうでのエクササイズを
しょうかいするよ！　にのうでがスッキリすると、
夏《なつ》もおしゃれなファッションが楽《たの》しめるよね！

1

両《りょう》うでを後《うし》ろ手《て》にして、できるだけ上《うえ》まで上《あ》げる。

2

手《て》のひらを外側《そとがわ》から内側《うちがわ》に、バイバイをするようにひねる。

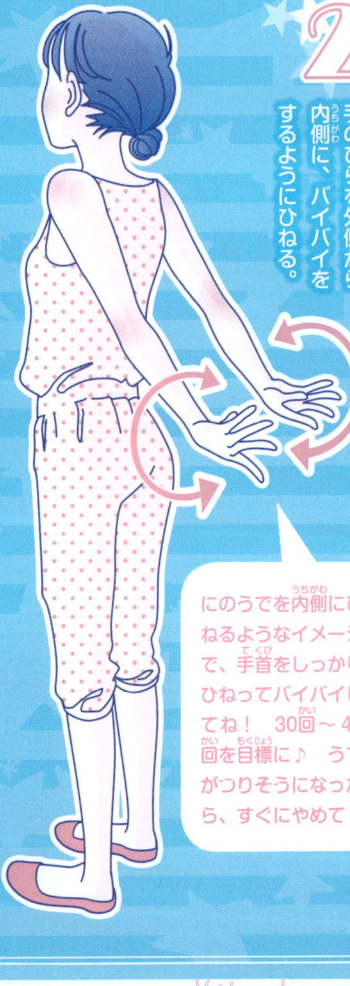

にのうでを内側《うちがわ》にひねるようなイメージで、手首《てくび》をしっかりひねってバイバイしてね！　30回《かい》～40回《かい》を目標《もくひょう》に♪　うでがつりそうになったら、すぐにやめて！

にのうでマッサージにチャレンジ！

にのうでも、たっぷりボディクリームをぬってマッサージしてね♪

用意《ようい》するもの　ボディクリーム

1 片《かた》うでをのばし、もう片《かた》ほうの手《て》でひじからうでのつけ根《ね》に向《む》かって5回《かい》さする。

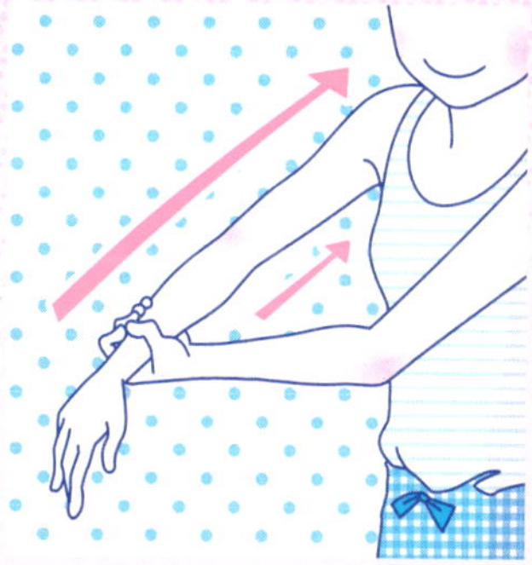

2 手首《てくび》をつかみ、そのままワキに向《む》かって一気《いっき》に3回《かい》さすり上《あ》げる。

3 ワキの下《した》を、4本《ほん》の指《ゆび》で3回《かい》ほど押《お》す。

4 反対《はんたい》のうでも同《おな》じ。

美《び》ボディーレッスン

5 6 7

ピンとハリ！

おしりエクササイズ

パンツやタイトスカートをかっこよくはきこなす女性《じょせい》になるために、おしりもエクササイズを！
ひざを曲《ま》げないように意識《いしき》してね♪

1 両手《りょうて》をアゴの下《した》において、ゆかにうつぶせになる。

2 ひざを真《ま》っすぐのばし、片足《かたあし》を上《あ》げ下《さ》げする。
足首《あしくび》を直角《ちょっかく》にして、つま先《さき》をゆかに向《む》けて。

3 反対側《はんたいがわ》の足《あし》も同《おな》じ。おしりをキュッと引《ひ》きしめながら、左右交互《さゆうこうご》に20回《かい》が目標《もくひょう》。

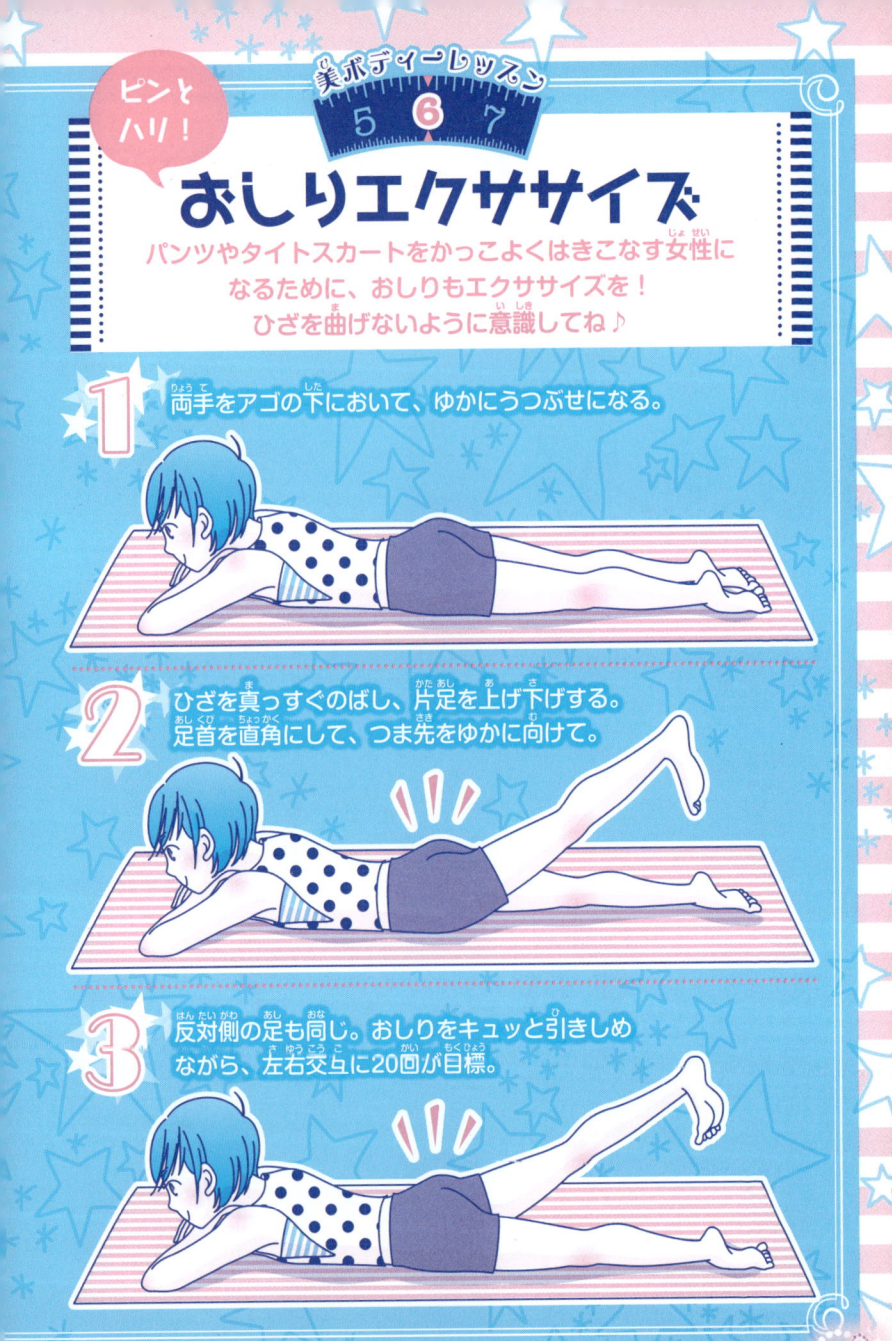

小《こ》じりマッサージにチャレンジ！

次《つぎ》は、小《ちい》さなおしりを目《め》指《ざ》してマッサージ！

用意《ようい》するもの　とくになし

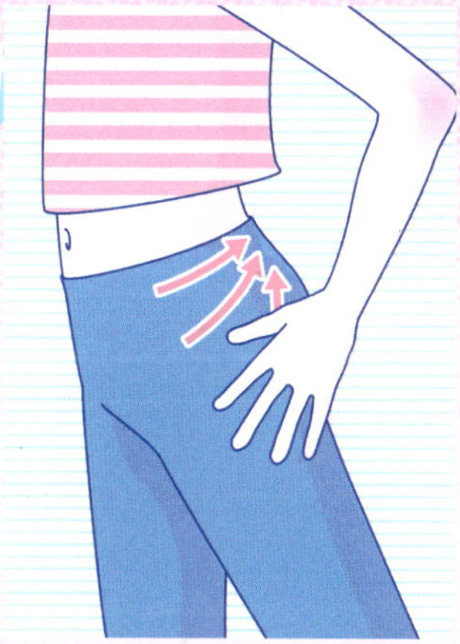

1

片足《かたあし》を少《すこ》し後《うし》ろに引《ひ》いて立《た》つ。太《ふと》もものつけ根《ね》からこしの真《ま》ん中《なか》まで、両手《りょうて》で少《すこ》し力《ちから》を入《い》れてさすり上《あ》げる。

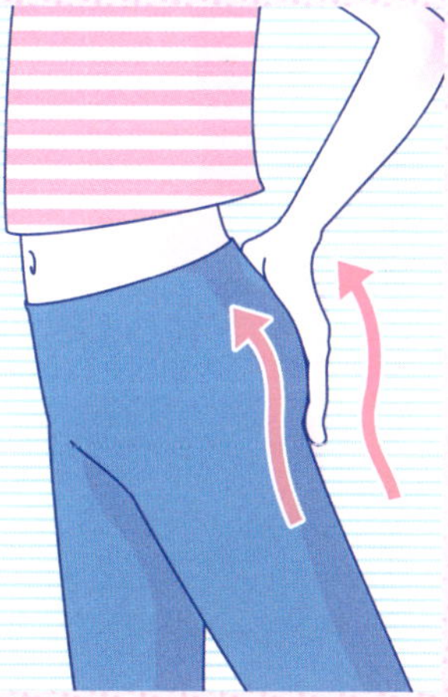

2

おしりのヨコの肉《にく》を集《あつ》めるイメージで、こしの真《ま》ん中《なか》に向《む》かってもみほぐしていく。これを、片足《かたあし》5回《かい》を目《め》安《やす》に両足《りょうあし》におこなう。

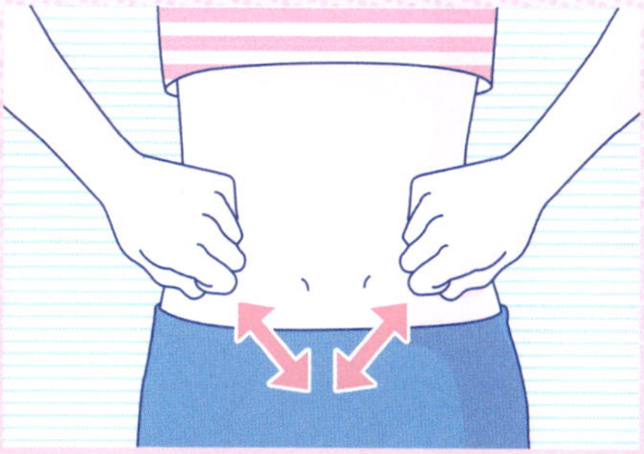

3

両手《りょうて》をグーにして、こしの真《ま》ん中周辺《なかしゅうへん》を、中心《ちゅうしん》に向《む》けて3回《かい》ほどこする。

これなら続《つづ》けられる！

ながらダイエット16

カンタン！

何《なに》かをしながら同時《どうじ》に
ダイエットをおこなう、
「ながらダイエット」を
しょうかいするよ。
身体《からだ》のどの部分《ぶぶん》に効《き》くか
チェックして、
好《す》きな「ながらダイエット」
をやってね！

歯《は》みがきしながらダイエット

1
☑おなか
☑おしり

つま先立《さきだ》ちをして、かかとをギリギリゆかにつけないようにしながら上下《じょうげ》に動《うご》いて。(10回《かい》)

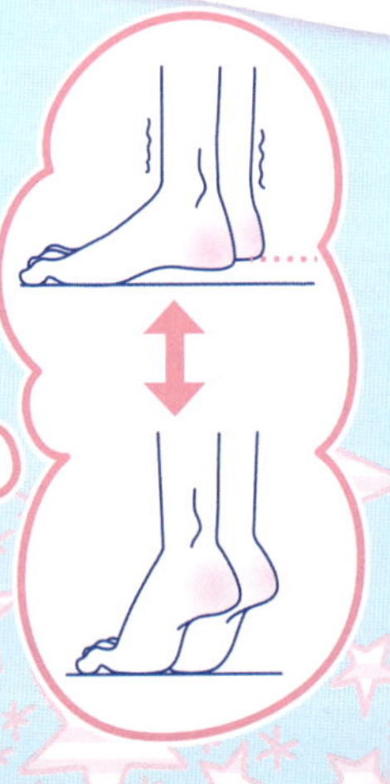

私《わたし》は歯《は》みがきしながらダイエットを、朝《あさ》も夜《よる》も全部《ぜんぶ》やっているよ。前《まえ》よりも足《あし》が引《ひ》きしまった気《き》がする♡　(小《しょう》5　リサ)

2

☑ 足《あし》
☑ おしり

ひざを真《ま》っすぐにのばして、ヨコに引《ひ》き上《あ》げて、ゆっくり上下《じょうげ》させて。(片足《かたあし》ずつ10回《かい》)

3

☑ 足《あし》
☑ おしり

片足《かたあし》をゆっくり後《うし》ろに引《ひ》き上《あ》げてキープする！　限界《げんかい》まで引《ひ》き上《あ》げるのがポイント。(片足《かたあし》ずつ20秒《びょう》)

4

☑ ウエスト

こしを大《おお》きくゆっくりと回《まわ》す。(左右《さゆう》10回《かい》ずつ）慣《な》れてきたら、八《はち》の字《じ》にこしを回《まわ》してみて。

トイレに入《はい》りながらダイエット

5 ☑顔《かお》

みんなの前《まえ》ではできない小顔体《こがおたい》そうをしよう。首《くび》を上下《じょうげ》に動《うご》かし、ポリバケツと言《い》って。ポで下《した》、リで上《うえ》、バで下《した》、ケで上《うえ》、ツで下《した》を向《む》くよ。声《こえ》を出《だ》さなくてもいいので、口《くち》の形《かたち》をしっかり作《つく》って！

6 ☑足《あし》

用《よう》を足《た》したら、便座《べんざ》から少《すこ》しこしをうかせ、空気《くうき》イスで5秒《びょう》から10秒間《びょうかん》過《す》ごしてね。トイレが混《こ》んでなければ、3セット程《ほど》くり返《かえ》して！

便座《べんざ》で空気《くうき》イスは、絶対《ぜったい》に用《よう》を足《た》してからやったほうがいいからね。トイレはキレイに使《つか》いましょう！　（チサ　小《しょう》6）

食事《しょくじ》をしながらダイエット

7 ☑足《あし》

食事《しょくじ》をしながら、足《あし》のウラでゴルフボール（もしくは小《ちい》さめのボール）をコロコロ転《ころ》がすよ。足《あし》が軽《かる》く感《かん》じてきたら、反対《はんたい》の足《あし》で転《ころ》がしてね。

8 ☑食欲《しょくよく》

ひと口《くち》食《た》べたらおはしを置《お》いて、30回《かい》かんで飲《の》み込《こ》んでから、またひと口《くち》だけ食《た》べておはしを置《お》いて30回《かい》かんで……とくり返《かえ》してね！　おはしを置《お》くことで、食《た》べものをどんどん口《くち》に入《い》れずに食事《しょくじ》ができるの！　ゆっくり食《た》べてお腹《なか》がいっぱいになるから、早食《はやぐ》いや食《た》べすぎが減《へ》るよ♪

テレビを見《み》ながらダイエット

9 足《あし》

イスに座《すわ》って両足《りょうあし》の間《あいだ》に本《ほん》をはさみ、落《お》とさないようにしながらテレビを見《み》る。厚《あつ》さのあるマンガやカタログがおすすめ。30秒《びょう》を目《め》安《やす》に、くり返《かえ》しやってみて♪

私《わたし》は、足《あし》の間《あいだ》にマンガをはさんでるよ。がんばりすぎると、足《あし》がプルプルするんだけど、それも効《き》いてる気《き》がしてうれしいの！　（ノゾミ　小《しょう》4）

10 おなか

風船《ふうせん》を用意《ようい》してテレビの前《まえ》へ。鼻《はな》から息《いき》を吸《す》っておなかにためたら、風船《ふうせん》をくわえてね。おなかの筋肉《きんにく》に力《ちから》を入《い》れて一気《いっき》にふくらまして☆　途中《とちゅう》で息《いき》が切《き》れたら、風船《ふうせん》から口《くち》を外《はず》して鼻《はな》から息《いき》を吸《す》い、同《おな》じように一気《いっき》に息《いき》をはき出《だ》して。風船《ふうせん》がパンパンになったら空気《くうき》をぬき、くり返《かえ》してね。

お出《で》かけしながらダイエット

part 6 ダイエット

11

全身《ぜんしん》

ちょっとしたお出《で》かけや通学《つうがく》でも、ウォーキングでエクササイズ！　うでは、ひじを曲《ま》げて大《おお》きく前後《ぜんご》にふり、足《あし》は大《おお》またで歩《ある》く。アゴを引《ひ》いて、胸《むね》をはることも忘《わす》れずにね。身体《からだ》がポカポカしてくるよ。

12

全身《ぜんしん》

エスカレーターと階段《かいだん》があれば、必《かなら》ず階段《かいだん》を使《つか》って！　しっかりももを上《あ》げて階段《かいだん》をのぼろう。

おフロに入《はい》りながらダイエット

13

おなか

湯船《ゆぶね》につかり、足《あし》をのばして両手《りょうて》を少《すこ》し後《うし》ろにつく。体重《たいじゅう》を後《うし》ろにかけるようにして、片《かた》ひざを胸《むね》のほうに引《ひ》き寄《よ》せたら、足《あし》のウラでお湯《ゆ》を強《つよ》くキックして！　キックのスピードが速《はや》くなるほど、おなかに効《き》くよ。反対側《はんたいがわ》の足《あし》もやってね。

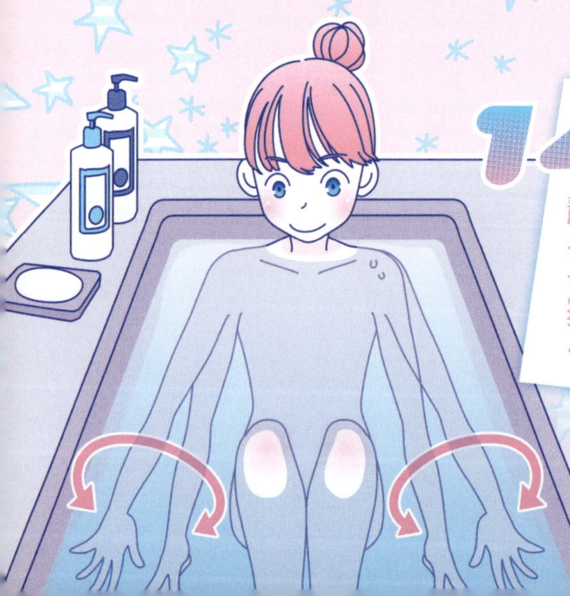

14

にのうで

肩《かた》までお湯《ゆ》につかり、両《りょう》うでを身体《からだ》のヨコで真《ま》っすぐのばす。そのまま、指先《ゆびさき》までのばした状態《じょうたい》でぐるぐるお湯《ゆ》をかいて。

ねながらダイエット

15

☑全身《ぜんしん》

あお向《む》けで手足《てあし》を真《ま》っすぐにのばしたら、両《りょう》手《て》を頭《あたま》の上《うえ》で組《く》み、鼻《はな》から深《ふか》く息《いき》を吸《す》いながら身体《からだ》をのばすよ。のばしきったら、力《ちから》をぬきながらゆっくりと息《いき》をはき出《だ》す。(5回《かい》)

16

☑おなか

あお向《む》けで深《ふか》く息《いき》を吸《す》いながら、両手《りょうて》を真《ま》ヨコに広《ひろ》げて両《りょう》ひざを立《た》てて。片《かた》ひざを両手《りょうて》で持《も》ち、口《くち》からゆっくり息《いき》をはきながら胸《むね》まで引《ひ》き寄《よ》せるよ。その状態《じょうたい》で、20秒《びょう》ほど深呼《しんこ》吸《きゅう》をくり返《かえ》し、反対《はんたい》の足《あし》も同《おな》じことをして！

青空《あおぞら》の下《した》♪

外《そと》でプチダイエット♡

外《そと》でアセをかくのも
気持《きも》ちいいよ！
外《そと》でプチダイエットをするなら、
紫外線《しがいせん》対《たい》さくと熱中症《ねっちゅうしょう》対《たい》さくを
しっかりおこなってね。

水分《すいぶん》をとる

アセをたくさんかくので、熱中症《ねっちゅうしょう》にならないよう水分《すいぶん》をたっぷりとってね！

日焼《ひや》け止《ど》めをぬる

日焼《ひや》け止《ど》めをしっかりぬってね！　アセをかいたら、ぬりなおすこと☆

ウォーキング

ウォーキングは、景色《けしき》を楽《たの》しみながら自分《じぶん》のペースでできるよ。プチダイエットの効果《こうか》が出《で》るのは、歩《ある》き始《はじ》めてから約《やく》20分《ぷん》後《ご》なので、最低《さいてい》20分《ぷん》を目標《もくひょう》に歩《ある》いてみてね！　目線《めせん》は上《うえ》に向《む》け、ひじを曲《ま》げてうでを前後《ぜんご》にふり、大《おお》またで歩《ある》くといいよ。

サイクリング

サイクリングは、常《つね》に風《かぜ》を感《かん》じて過《す》ごせるのがいいところ。ウォーキングより楽《らく》そうに見《み》えるけれど、じつはバランスを保《たも》つために、全身《ぜんしん》を使《つか》っているんだよ！ 30分《ぷん》以上《いじょう》走《はし》ると効果《こうか》が出《で》やすいから、ふだんはバスや電車《でんしゃ》で行《い》っている場所《ばしょ》に自転車《じてんしゃ》で行《い》ってみるといいかも。おうちの人《ひと》と相談《そうだん》して楽《たの》しんでね♪

フラフープ

あまり動《うご》き回《まわ》るのが好《す》きじゃなければ、フラフープもおすすめだよ☆ 1日《にち》10分《ぷん》フラフープを回《まわ》すのと、ウォーキングの運《うん》動量《どうりょう》はそこまで変《か》わらないとも言《い》われているの。ずっと続《つづ》けていれば、くびれたボディをゲットできちゃうかもね！

小《こ》ばらが減《へ》ったら

食《た》べ合《あ》わせで食《た》べやせ！？

かしパンやカップラーメンって、何《なん》となく太《ふと》っちゃいそうだけど、どうしても食《た》べたいときがあるよね？　そんなときのために、太《ふと》りにくいベストな食《た》べ合《あ》わせを紹介《しょうかい》するよ。

豆乳《とうにゅう》に青《あお》じるのパウダーを混《ま》ぜてもおいしいよ♪
（マミ　小《しょう》4）

かしパン ＋ 豆乳《とうにゅう》や野菜《やさい》ジュース

甘《あま》いパンはミリョク的《てき》だよね。太《ふと》るのはわかっていても食《た》べたい！

小麦粉《こむぎこ》や白砂糖《しろざとう》など、太《ふと》りやすい成分《せいぶん》がたっぷり使《つか》われているかしパンは、豆乳《とうにゅう》といっしょに食《た》べてね！　豆乳《とうにゅう》は、悪《わる》い油《あぶら》や砂糖《さとう》の吸収《きゅうしゅう》をおさえてくれて、脂肪《しぼう》を燃《も》やすサポートもしてくれるの！　抹茶豆乳《まっちゃとうにゅう》や野菜《やさい》ジュースも、食物《しょくもつ》せんいやミネラルが入《はい》っているからおすすめ♡

かしパンは牛乳《ぎゅうにゅう》といっしょに食《た》べるのが好《す》きだったんだけど、豆乳《とうにゅう》や野菜《やさい》ジュースも慣《な》れたらおいしい！　調製豆乳《ちょうせいとうにゅう》が飲《の》みやすいよ。
（トモミ　小《しょう》5）

チョコレート＋アーモンドやピーナッツ

どうしても食《た》べたくなっちゃう、みんな大好《だいす》きチョコレート♡

チョコレートは、少《すく》ない量《りょう》でも幸《しあわ》せな気持《きも》ちになれる、特別《とくべつ》なおかし♡　ビタミンやミネラル、タンパク質《しつ》がとれる、アーモンドやピーナッツといっしょに食《た》べるのがおすすめだよ。栄養《えいよう》がとれるし、脂肪《しぼう》を燃《も》やすのも助《たす》けてくれるの！　もともとアーモンドやピーナッツ入《い》りのチョコレートでもOKだよ♪

カップラーメン＋コショウ＋酢《す》＋野菜《やさい》ジュース

みんなが知《し》りたいカップラーメンのベストな食《た》べ合《あ》わせをしょうかい！

酢《す》を入《い》れてさっぱりさせたり、野菜《やさい》ジュースを飲《の》んでビタミンとミネラルをプラスしたりしてね！　ミネラルが豊富《ほうふ》なワカメを入《い》れてもOK♪　コショウを加《くわ》えると脂肪《しぼう》が燃《も》えやすくなるんだよ☆

私《わたし》は、カップラーメンにいつも乾燥《かんそう》ワカメを入《い》れているよ。カップラーメンにちょっとふりかけるだけでいいからすごく便利《べんり》！
（ルミ　小《しょう》5）

おなかがすいたときに……

気《き》分《ぶん》を変《か》える方《ほう》法《ほう》

おなかがすいてどうしても口《くち》さみしくなったとき、間《かん》食《しょく》をしないよう気《き》分《ぶん》を変《か》える方《ほう》法《ほう》をしょうかいするよ！　食《た》べてから後《こう》かいしないようチェックして♡

ガムをかむ

ガムをよくかむことによって満《まん》ぷく感《かん》が得《え》られるし、口《くち》さみしい気《き》持《も》ちもごまかせるよ！　砂《さ》糖《とう》不《ふ》使《し》用《よう》のガムなら、虫《むし》歯《ば》の心《しん》配《ぱい》もいらない♪

歯《は》をみがく

歯《は》をみがくと、口《くち》の中《なか》がさっぱりするので、何《なに》も食《た》べたくないと思《おも》うことができる！　歯《は》みがき粉《こ》の味《あじ》が舌《した》に残《のこ》っているので、食《た》べものがおいしく感《かん》じられないのもいいところ♪

シナモンパウダーとジンジャーパウダーは、身《から》体《だ》を温《あたた》めるの。スーパーのスパイス売《う》り場《ば》にあるよ☆

ホットドリンクを飲《の》む

ホットドリンクを飲《の》むと胃《い》腸《ちょう》が温《あたた》まり、気《き》持《も》ちが落《お》ち着《つ》くの。とくに夜《よる》は、ホットドリンクを飲《の》むとぐっすりねむれて一《いっ》石《せき》二《に》鳥《ちょう》だよ♪

おすすめレシピ

シナモンジンジャーティー

紅《こう》茶《ちゃ》パック、シナモンパウダー（ひとふり）、ジンジャーパウダー（ひとふり）、黒《くろ》砂《ざ》糖《とう》（ひとふり）

1. 紅《こう》茶《ちゃ》を入《い》れる。
2. ジンジャーパウダーとシナモンパウダーをひとふりずつ入《い》れて、かき混《ま》ぜる。
3. 甘《あま》くしたいときは、ほんの少《すこ》し黒《くろ》砂《ざ》糖《とう》を。

part 7

男《だん》子《し》の視《し》線《せん》が集中《しゅうちゅう》!?

モテ女《じょ》子《し》のすべて

男《おとこ》の子《こ》って、女《おんな》の子《こ》のどんな表情《ひょうじょう》やしぐさにキュンとするのかな？　そんな気《き》になる男《おとこ》の子《こ》のホンネを、とことんチェック！女《おんな》の子《こ》らしいキュートな表情《ひょうじょう》や、ドキッとしちゃう小悪魔《こあくま》なしぐさで、男《おとこ》の子《こ》のハートをズキュンとうちぬいちゃおう♡

男《おとこ》の子《こ》に聞《き》いた！

ボクたちこんな

女《おんな》の子《こ》が好《す》きトップ5

男《おとこ》の子《こ》ってどんな女《おんな》の子《こ》が好《す》きなのかな？　男《おとこ》の子《こ》のリアルなホンネを聞《き》いてみたよ♡　モテ女子《じょし》になるために、ばっちりチェックしてね！

1位《い》　かわいい

シンプルに顔《かお》がかわいい子《こ》が好《す》き！ついつい見《み》ちゃうから、目《め》が合《あ》ってはパッてそらしてる（笑《わら》）。かわいい女《おんな》の子《こ》だと、ちょっと話《はな》しただけでテンションが上《あ》がっちゃって、1日中《にちじゅう》その場面《ばめん》を思《おも》い出《だ》してることもあるよ。　（ショータ　小《しょう》6）

2位《い》　明《あか》るい

明《あか》るくて、いつも笑顔《えがお》の子《こ》が好《す》き。オレが話《はな》したことで大笑《おおわら》いしてくれるのもうれしいな。だんだん顔《かお》がかわいい子《こ》よりも、明《あか》るくてニコニコしているふつうの女《おんな》の子《こ》のほうがかわいく見《み》えてくるのが不思議《ふしぎ》！　（ケント　小《しょう》5）

3位《い》 話《はな》しかけてくれる

きんちょうしちゃって女《おんな》の子《こ》に話《はな》しかけられないから、向《む》こうから話《はな》しかけてくれるとうれしい！ 毎日話《まいにちはな》しかけられると、もしかしてオレのこと好《す》きなのかなって意識《いしき》しちゃって、気《き》がついたら好《す》きになってる。
（タクヤ　小《しょう》6）

4位《い》 ホメてくれる

ホメられるとうれしくてニヤけちゃう。サッカーでゴールを決《き》めたときとか、「すごーい！」って聞《き》こえると、だれが言《い》ってくれたのかすぐチェックするよ！ ホメてくれた子《こ》は意識《いしき》しちゃう。
（ケイスケ　小《しょう》4）

5位《い》 やさしい

だれにでも同《おな》じようにやさしく接《せっ》するのを見《み》ると、性格《せいかく》いいんだなって思《おも》って、少《すこ》しずつ気《き》になり始《はじ》めるかも。いつもやさしい女《おんな》の子《こ》がこまっていると、絶対《ぜったい》ほうっておけないな。
（ハルト　小《しょう》6）

男《おとこ》の子《こ》に聞《き》いた！

ボクたちこんな

女《おんな》の子《こ》がニガテ ワースト5

男《おとこ》の子《こ》ってどんな女《おんな》の子《こ》がニガテ？
モテ女子《じょし》になるために、今《いま》すぐストップ！

1位《い》 悪口《わるぐち》ばかり

悪口《わるぐち》ばっかり言《い》っている女《おんな》の子《こ》はニガテ。いつもいっしょにいる子《こ》の悪口《わるぐち》を言《い》っていると、「仲《なか》よかったじゃん！」って引《ひ》いちゃう。きっとオレたちのことも、何《なに》か悪《わる》く言《い》ってるんだろうなって思《おも》う。

（ユウマ　小《しょう》6）

2位《い》 口《くち》が悪《わる》い

「ハラ減《へ》った」とか、「だりー」とか言《い》っている女《おんな》の子《こ》はこわい！　かわいい子《こ》や性格《せいかく》のいい子《こ》でも、男友《おとこと》だちとして見《み》ちゃう。ドキドキしたり、好《す》きになったりはしないな。

（キョウスケ　小《しょう》6）

3位《い》 話《はな》してくれない

落《お》とした消《け》しゴムを拾《ひろ》ってあげたのに、ありがとうって言《い》われなかったり、話《はな》しかけたら下《した》を向《む》かれたりすると、キズつくよ。無視《むし》されるのがこわくって、もう話《はな》しかけるのはやめようって思《おも》う。　（カズ　小《しょう》4）

4位《い》 清《せい》潔《けつ》感《かん》がない

いつもねぐせがついていたり、ツメが長《なが》かったり、服《ふく》にシミがついていたりするとモテないと思《おも》う。おしゃれじゃなくても、清潔《せいけつ》な女《おんな》の子《こ》はふつうにモテるよ！　（カイト　小《しょう》6）

5位《い》 ぶりっこ

ぶりっこがニガテ。女子《じょし》と話《はな》すときと、男子《だんし》と話《はな》すときのテンションがぜんぜんちがう子《こ》っているじゃん。それに気《き》づいちゃうと、もうかわいいと思《おも》えないんだよな。

（ユーダイ　小《しょう》5）

モテ女子《じょし》を目指《めざ》すなら

感《かん》じのいい女《おんな》の子《こ》になろう♥

いきなりモテアピールをするのは、はずかしい！　それなら難《むずか》しく考《かんが》えず、まずは感《かん》じのいいステキな女《おんな》の子《こ》を目指《めざ》すのが正解《せいかい》！　そこから、モテ女《じょ》子《し》にステップアップしよう！

笑顔《えがお》で過《す》ごそう！

いつもニコニコしている女《おんな》の子《こ》と、無表情《むひょうじょう》で怒《おこ》っていそうな女《おんな》の子《こ》。あなたなら、どっちの女《おんな》の子《こ》が好《す》きかな？　話《はな》したいと思《おも》う？　きっと笑《え》顔《がお》の女《おんな》の子《こ》のほうだよね！　笑顔《えがお》には、自然《しぜん》とまわりに人《ひと》が集《あつ》まるステキな力《ちから》があるんだよ。あんまり笑《わら》うのが得意《とくい》じゃなければ、よく笑《わら》う友《とも》だちのそばで過《す》ごしてみて！　つられて笑《わら》っちゃうから♪

男《おとこ》の子《こ》コメント

いつも笑顔《えがお》の女《おんな》の子《こ》って話《はな》しかけやすいから、その子《こ》にばっかり声《こえ》をかけちゃう。話《はなし》をしているといいところがどんどん見《み》えて好《す》きになっちゃうんだよね。カノジョを好《す》きになったきっかけも、いつもニコニコしていたから。　（リツ　小《しょう》4）

あいさつをしよう

毎朝《まいあさ》、みんなに自分《じぶん》からあいさつをしてみて！　それだけで、明《あか》るくて、感《かん》じがいい女《おんな》の子《こ》だと思《おも》ってもらえるよ☆　ポイントは、きちんと相手《あいて》に聞《き》こえる声《こえ》で言《い》うことだけ。男《おとこ》の子《こ》とおしゃべりするのがニガテなら、あいさつから始《はじ》めてみよう♪

気《き》づかいをしよう

気《き》になるカレを見《み》つめていると、ティッシュがほしいんだな、とか、悲《かな》しそうだな、とか、いろいろ気《き》づくよね？　同《おな》じように他《ほか》の人《ひと》も見《み》てみて！　きっと、あなたが助《たす》けてあげられる友《とも》だちがいるはずだよ。

長所《ちょうしょ》をホメよう

友《とも》だちのいいところやすごいと思《おも》うところを、口《くち》に出《だ》してホメてみてね！　だんだんと、男《おとこ》の子《こ》のことも自然《しぜん》にホメられるようになるよ。相手《あいて》の好《す》きな部分《ぶぶん》を伝《つた》えるのもステキ！　「○○君《くん》の髪《かみ》ってサラサラで好《す》きかも、うらやましい」なんて言《い》われたら、うれしいはずだよ。

いつもバッグに！

モテ女子《じょし》の持《も》ちもの♥

さあ、ここからモテ女子《じょし》への準備《じゅんび》を始《はじ》めるよ♪　モテ女子《じょし》が持《も》っている7つのモテアイテムをしょうかいしちゃう！　これさえバッグに入《い》れておけば、いつでも男《おとこ》の子《こ》にアピールできちゃうよ♡

かわいいハンカチ

かわいいハンカチは、ポケットからさっと取《と》り出《だ》して手《て》をふいたり、食事《しょくじ》のときにひざの上《うえ》に広《ひろ》げたり、女《おんな》の子《こ》らしいしぐさができるモテアイテム！　ぬれた手《て》をふってかわかしている女子《じょし》と差《さ》がついちゃう♡

ティッシュ

だれかが何《なに》かをこぼしてしまったときなどに、さっとティッシュを出《だ》してあげられると、やさしいしステキだよね。ティッシュは、かわいいティッシュポーチに入《はい》っていると、モテ度《ど》アップ♡

ばんそうこう

かわいいキャラクターのばんそうこうではなく、無地《むじ》で肌色《はだいろ》のばんそうこうを用意《ようい》してね！　男《おとこ》の子《こ》がはずかしくてはれないようなラブリーなばんそうこうはNGだよ。

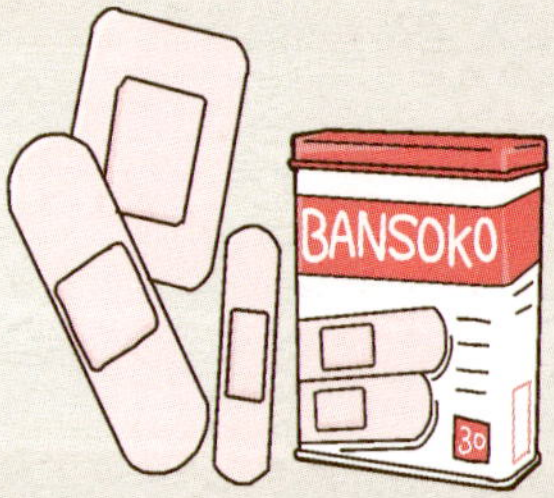

ハンドクリーム

いい香《かお》りのハンドクリームをぬると、いい香《かお》りのする女《おんな》の子《こ》になれちゃう♡　カレに話《はな》しかける前《まえ》にぬって、女《おんな》の子《こ》らしい香《かお》りをさせてね！　ハンドクリームでお手入《てい》れをしているキレイな手指《てゆび》も、モテにつながるよ♪

手鏡《てかがみ》

自分《じぶん》の身《み》だしなみをチェックするだけではなく、カレの目《め》にゴミが入《はい》ったときなどに、さっとわたすとモテ女子《じょし》だよ♡　鏡《かがみ》はいつも清潔《せいけつ》にしておくこと。あなたの指《ゆび》のあとだらけの鏡《かがみ》をわたしたら、逆効果《ぎゃくこうか》だからね！

ヘアゴム

ヘアゴムやピンを持《も》ち歩《ある》いて、体育《たいいく》のときや給食《きゅうしょく》を食《た》べるときだけ髪《かみ》を結《むす》ぶのもおすすめだよ。男《おとこ》の子《こ》は、ヘアスタイルの変化《へんか》が好《す》きなの！

かわいいふせん

男《おとこ》の子《こ》に教科書《きょうかしょ》やノートを借《か》りたら､「ありがとう、助《たす》かったよ」と書《か》いたふせんをはって返《かえ》すのもモテ女子《じょし》♡　カレがからかわれないように、ページの間《あいだ》にはってね！　ふせんがチラッと見《み》えているくらいがおすすめ！

モテ女子《じょし》へのステップ1

キュートな笑顔《えがお》

さぁ、ここから本格的《ほんかくてき》にモテ女子《じょし》へのステップアップをしよう！　まずはモテ女子《じょし》の絶対条件《ぜったいじょうけん》、笑顔《えがお》で男《おとこ》の子《こ》のハートをいとめちゃおう♡

《笑顔《えがお》を作《つく》ってみよう》

1日《にち》20回《かい》やってね！　10回《かい》ずつ、朝《あさ》と夜《よる》に分《わ》けておこなうのがおすすめだよ。

1

鏡《かがみ》を見《み》て、上《うえ》の歯《は》が8本《ぼん》見《み》えるまで口《くち》を「い」の形《かたち》に開《ひら》く

2

笑顔《えがお》に見《み》えるよう、そのまま口角《こうかく》を上《あ》げていく

3

目《め》を細《ほそ》めて、笑顔《えがお》を作《つく》る

4

10秒間《びょうかん》そのままでキープ！

キュートな笑《え》顔《がお》でチャレンジ！

笑《え》顔《がお》は上手《じょうず》になったかな？　あなたの笑《え》顔《がお》で男《おとこ》の子《こ》をトリコにする具体的《ぐたいてき》な方法《ほうほう》をしょうかいするよ♡　レッツチャレンジ！

1　目《め》があったらほほえむ

男《おとこ》の子《こ》と目《め》が合《あ》ったら、ニコッとほほえんで、そのまま視《し》線《せん》をそらしてみて。照《て》れくさいかもしれないけれど、男《おとこ》の子《こ》はドキドキしているよ！　ほほえみ返《かえ》してくれなかったからって、落《お》ちこまないでね。男《おとこ》の子《こ》は、そんなよゆうがないほどドキドキしているだけだから♡

2　にっこり笑《わら》ってふり向《む》く

男《おとこ》の子《こ》に呼《よ》ばれたら、にっこりほほえんでふり返《かえ》ってみてね。男《おとこ》の子《こ》は女《おんな》の子《こ》を呼《よ》ぶだけでも少《すこ》しきんちょうしているもの。笑《え》顔《がお》でふり返《かえ》ってくれればホッとするし、やさしい笑《え》顔《がお》にドキドキするよ♡

3 大笑《おおわら》いは両手《りょうて》で鼻《はな》と口《くち》をかくす

男《おとこ》の子《こ》がおもしろい話《はなし》をしたら、両手《りょうて》で鼻《はな》と口《くち》をかくして大笑《おおわら》いするのもかわいいよ。女《おんな》の子《こ》らしくて上品《じょうひん》だよね！　何《なに》か食《た》べてるときであれば、口《くち》をかくさないと食《た》べものが見《み》えちゃうので、口《くち》を手《て》でかくして笑《わら》うのがマナーだよ☆

4 大笑《おおわら》いしたあと、両手《りょうて》で顔《かお》をパタパタ

大笑《おおわら》いが落《お》ち着《つ》いたら、ほほえみながら顔《かお》を両手《りょうて》でパタパタあおいでみて！　この、大笑《おおわら》いして熱《あつ》くなった顔《かお》を冷《さ》ましているしぐさも、女《おんな》の子《こ》らしくてモテるの。パタパタあおぎながら、ニコニコしているすがたに、男《おとこ》の子《こ》はキュンとしちゃう♡

これはモテないよ！

残《ざん》念《ねん》！ NG笑《え》顔《がお》

肩《かた》を軽《かる》くポンポンってたたくようにすれば、かわいいよ！

BOY'S ボイス

チンパンジーみたいに両手《りょうて》をバシバシたたいて、反《そ》り返《かえ》って笑《わら》うのは、何《なん》か女《おんな》の子《こ》らしくないからニガテ。笑《わら》いながらオレの肩《かた》をバシバシ強《つよ》くたたくのも、イタイってば。かんべんしてほしい。

（リュウタ　小《しょう》5）

BOY'S ボイス

引《ひ》き笑《わら》いの女《おんな》の子《こ》って、びっくりしちゃう。「ヒーヒッヒッ」みたいな不《ふ》思《し》議《ぎ》な笑《わら》い声《こえ》がおもしろくて、ついつい、笑《わら》っちゃうこともあるけど、おもしろいとかわいいはちがうからなぁ。

（マサキ　小《しょう》6）

楽《たの》しく笑《わら》っていたのにショックだよね。息《いき》をはき出《だ》しながら「あはは」と声《こえ》を出《だ》して笑《わら》うようにすると、だんだん直《なお》っていくはずだよ！

笑顔《えがお》でいることはステキだけど、相手《あいて》の気持《きも》ちに寄《よ》りそった表情《ひょうじょう》をすることも大切《たいせつ》だよね。

BOY'S ボイス

友《とも》だちがつらそうに話《はなし》をしているのに、あいづちを打《う》ちながら常《つね》に笑顔《えがお》の女《おんな》の子《こ》。相手《あいて》が悲《かな》しそうなのに、なんで笑《わら》ってるの？　って思《おも》った。

（タカシ　小《しょう》4）

モテ女子《じょし》へのステップ2

女《おんな》の子《こ》らしい清《せい》潔《けつ》感《かん》♥

モテ女子《じょし》になりたければ、さわやかな清潔感《せいけつかん》を死守《ししゅ》！
出《で》かける前《まえ》にチェックするポイントをしょうかいするよ♪
「今日《きょう》もかわいい！」と思《おも》って出発《しゅっぱつ》してね♡

チェックポイント1

ヘアスタイル

最低限《さいていげん》のモテルールは、ねぐせを直《なお》すこと。水《みず》や、ねぐせ直《なお》し用《よう》のミストをスプレーボトルに入れて、髪《かみ》の毛《け》の根元《ねもと》にかけるとねぐせが落《お》ち着《つ》くよ！　合《あ》わせ鏡《かがみ》で横顔《よこがお》や後《うし》ろすがたのヘアもチェックしてね♡　時間《じかん》がなければ、髪《かみ》の毛《け》を結《むす》んで解決《かいけつ》☆

BOY'S ボイス

いつもねぐせがひどかった女《おんな》の子《こ》が、とつぜんサラサラな髪《かみ》の毛《け》で学校《がっこう》に来《く》るようになって、何《なん》だか気《き》になり始《はじ》めちゃった！　他《ほか》の男《おとこ》の子《こ》も、かわいくなったってうわさしているよ。

（レイジ　小《しょう》5）

チェックポイント2

口《くち》元《もと》

口《くち》のまわりに何《なに》かついていることって意外《いがい》と多《おお》い！　朝《あさ》ごはんやハミガキ粉《こ》がついていないかな？　鼻《はな》の下《した》のうぶ毛《げ》がこくなっていないかな？　くちびるは乾燥《かんそう》していないかな？　口元《くちもと》は、鏡《かがみ》に近《ちか》づいてチェックしてね♡

チェックポイント3 服《ふく》のシワ

服《ふく》があまりにシワシワだと、だらしなく見《み》えて残念《ざんねん》！　着《き》る服《ふく》は前日《ぜんじつ》に決《き》めて、シワがめだつならシワとりスプレーをかけたり、アイロンをかけたりしておこう！

チェックポイント4 服《ふく》のシミ

朝《あさ》ごはんが服《ふく》について、シミになっていないかな？　つけたばかりのシミなら、服《ふく》のウラからシミの下《した》にタオルを当《あ》てて、上《うえ》からしぼったぬれタオルでトントンとたたくと、キレイに落《お》ちるよ。あせらずにやってみてね！

チェックポイント5 ハナ毛《げ》

ハナ毛《げ》が出《で》ていないかや、鼻《はな》の中《なか》がキレイかをチェックしてね！　にっこり笑《わら》うとハナ毛《げ》が出《で》ちゃうことがあるから、笑顔《えがお》でのチェックもするといいよ！　ハナ毛《げ》が出《で》ていると、そればっかり気《き》になるから、友《とも》だちにも悪《わる》いもんね♡

モテ女子《じょし》へのステップ3

かわいいあいさつ♥

あいさつができる女《おんな》の子《こ》は感《かん》じがいいよね！
毎日《まいにち》のあいさつに、とっておきのかわいさをプラスして、
男《おとこ》の子《こ》のハートをつかんじゃおう♡

「おはよう」でモテ♥

「あっ！　おはよう！」

おはようの前《まえ》の「あっ！」がポイントだよ♡　キョロキョロして、男《おとこ》の子《こ》と目《め》が合《あ》ったらパッと笑顔《えがお》になって「あっ！　おはよう！」と言《い》ってみてね。男《おとこ》の子《こ》は、自分《じぶん》を探《さが》してたんだと思《おも》ってドキドキだよ！　もちろん、先《さき》に気《き》になるカレを見《み》つけていても、「あっ！」から始《はじ》めてね♡

「○○くん、おはよー！」

これは、男《おとこ》の子《こ》の名前《なまえ》を呼《よ》ぶのがポイント♡　自分《じぶん》だけに特別《とくべつ》にあいさつをしてくれたと感《かん》じて、男《おとこ》の子《こ》は絶対《ぜったい》うれしいよ！　このあいさつを毎《まい》日《にち》続《つづ》けて、慣《な》れてきたころに「○○くん、おはよー……」と、ちょっぴりトーンを落《お》とせば、ふだんとのギャップで、「どうした？」って話《はな》しかけてくれる可能性大《かのうせいだい》！

「ありがとう」でモテ♡

「うれしい！　ありがとう！」

何《なに》かをしてもらったら、「ありがとう」に、あなたの気持《きも》ちをつけ加《くわ》えて言《い》ってみてね♡「助《たす》かったー！　ありがとう」「すごいね！　ありがとう」など、一言《ひとこと》加《くわ》えるだけで、感謝《かんしゃ》の気持《きも》ちが伝《つた》わって男《おとこ》の子《こ》もうれしいよ♪　もちろん、とびっきりの笑顔《えがお》でね♡

帰《かえ》りにもう一度《いちど》「今日《きょう》はありがとう」

BOY'S ボイス

「ありがとう」って言《い》われると、何《なん》でもしてあげたくなっちゃう。オレの心《こころ》のランキングで、ありがとうが言《い》えない女《おんな》の子《こ》と言《い》える女《おんな》の子《こ》では、すごい差《さ》がつくよ。

（カイト　小《しょう》6）

「ありがとう」は、くり返《かえ》し言《い》うのも、とっても素直《すなお》でかわいいよ。何《なに》かをしてもらった日《ひ》は、帰《かえ》りにもう一度《いちど》「○○くん、今日《きょう》はありがとうね、バイバイ」と言《い》ってみて。男《おとこ》の子《こ》は、ていねいなあなたにキュンとするよ。

「ごめんね」でモテ♥

男《おとこ》の子《こ》とケンカをしたら、相手《あいて》の目《め》を見《み》て素直《すなお》にこう言《い》ってみて。男《おとこ》の子《こ》はドキドキしちゃって、ケンカをしていたこともすっかり忘《わす》れそう。カレからも「いいよ、ごめんね」と言《い》われたら、パァーッと笑顔《えがお》になって「うれしい！　ありがとう！」と言《い》うと、とってもかわいい♡

「ごめんね、仲直《なかなお》りしたい」

BOY'S ボイス

いつも強気《つよき》な女《おんな》の子《こ》とケンカしたときに「ごめんね、仲直《なかなお》りしたい」って素直《すなお》に言《い》われて、うれしかった。ちょっとうるんだ目《め》がかわいくて、女《おんな》の子《こ》なんだなってオレも反省《はんせい》。

（タクミ　小6）

「ごめんね、許《ゆる》してくれてありがとう」

男《おとこ》の子《こ》にイタズラっぽく言《い》ってみて。ちゃっかりしているところが小悪魔《こあくま》でキュート♡　男《おとこ》の子《こ》があんまり怒《おこ》っていないときのほうがいいかも。たとえば、あなたがそうじ当番《とうばん》を忘《わす》れたときなどに、「ごめんね、許《ゆる》してくれてありがとう！」と言《い》えば、「まだ許《ゆる》してないし！」って笑《わら》い合《あ》えるよ！

やりすぎ注《ちゅう》意《い》!!

かわいいあいさつでも、やりすぎるとメーワク？　男《おとこ》の子《こ》が正直《しょうじき》こまってしまったエピソードを教《おし》えてくれたよ！

男子《だんし》がたくさんいるなか、遠《とお》くから大《おお》きな声《こえ》で、「マサユキくん！　おはよー！」ってオレにだけブンブン手《て》をふってきた。すごくからかわれたし、他《ほか》に好《す》きな子《こ》がいたのにカップルみたいにされてメーワク。気持《きも》ちはうれしいんだけど、もう少しこっちのことも考《かんが》えてほしいな。　（マサユキ　小《しょう》4）

そんなに怒《おこ》ってないのに、何度《なんど》も「ごめんね」って言《い》われるとつかれちゃう。あと、何人《なんにん》も友《とも》だちを連《つ》れてきて謝《あやま》るのもカンベンしてほしい。もっとカラッと明《あか》るく仲直《なかなお》りしてほしいな。　（ケント　小《しょう》5）

教科書《きょうかしょ》を貸《か》したら、オレがいないときに机《つくえ》の上《うえ》に返《かえ》してくれてたんだけど、手紙《てがみ》が思《おも》いっきり教科書《きょうかしょ》の上《うえ》に置《お》かれてて、みんなにからかわれてはずかしかった！　メモくらいにしてほしかったよ。　（タツヤ　小《しょう》6）

ポイント

男《おとこ》の子《こ》は、からかわれるのがはずかしいみたい。あいさつするときは人《ひと》が減《へ》ってからにしたり、だれにもわからないように笑顔《えがお》で小《ちい》さく手《て》をふったりなど、空気《くうき》を読《よ》んであげてね！　そんな気《き》づかいがモテ女子《じょし》につながるよ♡

モテ女子《じょし》へのステップ4

キュートな会話《かいわ》テクニック♥

男《おとこ》の子《こ》とは、キンチョーしちゃって会話《かいわ》がはずまない！
そんななやめる女《おんな》の子《こ》に、カンタンに会話《かいわ》が続《つづ》く
テクニックをしょうかいするよ！

テクニック1 オウム返《がえ》し

オウム返《がえ》しは、相手《あいて》と同《おな》じ言葉《ことば》をくり返《かえ》して会話《かいわ》する方法《ほうほう》だよ。
相手《あいて》の話《はなし》をよく聞《き》いてるのが伝《つた》わるから、会話《かいわ》がスムーズになるよ♡

おはよー！　連休《れんきゅう》どこかに行《い》った？

家族《かぞく》と遊園地《ゆうえんち》に行《い》ったよ。

遊園地《ゆうえんち》？

うん、おしゃカワランドってとこ。

おしゃカワランド！　行《い》ってみたい！

楽《たの》しかったよ！　ジェットコースター
乗《の》れるならおすすめ！

ジェットコースターかー！　乗《の》れるかなー！

☆こんな風《ふう》に相手《あいて》の話《はなし》をくり返《かえ》すと、スムーズに会話《かいわ》ができるよ！　やってみてね！

テクニック2 さしすせそ

男《おとこ》の子《こ》はホメられるのが好《す》き！　会話《かいわ》にこまったら思《おも》い出《だ》せるように、
まほうのコトバ、「さしすせそ」を覚《おぼ》えておいてね♡
心《こころ》からホメることが大切《たいせつ》だよ！

さ　さすが！

例《れい》：「勉強《べんきょう》してないけどテストできたわ」「さすが○○くんだね！」

あまりに出会《であ》ったばかりの男《おとこ》の子《こ》だと、オレの何《なに》を知《し》っててさすがなの？　と思《おも》われちゃうから様子《ようす》を見《み》てね！

し　知《し》らなかった！

例《れい》：「この小学校《しょうがっこう》、オバケ出《で》るんだって」「知《し》らなかったー！」

知《し》っていることなら、無理《むり》して知《し》らないふりをせずに「くわしく知《し》りたいー！」と言《い》ってもOK♡

す　すごい！

例《れい》：「オレ、3センチも身長《しんちょう》のびてた」「すごーい！」

会話《かいわ》の中《なか》で、ちょっとでも男《おとこ》の子《こ》をホメられそうなときには、すかさず言《い》ってね！

せ　センスいい！

例《れい》：「○○くんの読《よ》んでるマンガってセンスいいね」

男《おとこ》の子《こ》の持《も》ち物《もの》が新《あたら》しくなったときなど、だれよりも先《さき》に気《き》づいて言《い》ってあげて♡

そ　そうなんだ

例《れい》：「うんうん、そうなんだ！　すごいね。」

話《はなし》を聞《き》きながら合間《あいま》に「そうなんだ！」と言《い》うと、しっかり聞《き》いているのが伝《つた》わって、男《おとこ》の子《こ》が話《はな》しやすいよ！

テクニック3 リアクションをつける

オウム返《がえ》しと、さしすせそを使《つか》って会話《かいわ》に慣《な》れてきたら、もっとおしゃべりを楽《たの》しんでみてね！　リアクションや表情《ひょうじょう》で、気《き》になるカレとのキョリがちぢまるよ！

びっくりしてみる……♡

大《おお》きく目《め》を開《ひら》き、口《くち》を手《て》で押《お》さえておどろいて「本当《ほんとう》なの!?　知《し》らなかった！」と言《い》ってみるのも、いい反応《はんのう》だよ。男《おとこ》の子《こ》はもっとあなたをおどろかせたくなっちゃう！

大笑《おおわら》いしてみる……♡

おもしろかったら、素直《すなお》に大笑《おおわら》いするのもカワイイよ。口《くち》は両手《りょうて》でかくして、女《おんな》の子《こ》らしく笑《わら》ってね！　大笑《おおわら》いしながら、カレを軽《かる》くたたくのもありだよ。

BOY'S ボイス

表情《ひょうじょう》がコロコロ変《か》わる女《おんな》の子《こ》と会話《かいわ》していると、自分《じぶん》がお笑《わら》い芸人《げいにん》みたいにおもしろくなった気《き》がして楽《たの》しい。もっとその子《こ》と話《はな》したくなる！

（ゲン　小《しょう》5）

怒《おこ》って見《み》せる……♡

からかわれたら、ほっぺを少《すこ》しふくらませたり、男《おとこ》の子《こ》の肩《かた》を「もーっ」て言《い》いながら軽《かる》くポンポンたたいたりすると、とってもカワイイよ♡

会話《かいわ》テクにチャレンジ
よし…
しゅ！宿題《しゅくだい》やってきた？
ゲッ！やってない！
あはは！やってないの？
テク3
テク1
やばい！今《いま》やる！
どんっ
えーっ!!今《いま》!?
テク1
テク3
ガリ
ガリガリ
あとちょっと！
さすが！すご～い！
テク2
ニコッ
ううん！
ドキッ
終《お》わった！
ふ――っ
教《おし》えてくれてありがとな！

モテ女子《じょし》へのステップ5

やさしい気配《きくば》り♥

やさしい気配《きくば》りは、みんなにしてね！
そんなやさしいあなたを、きっと気《き》になるカレも
見《み》てくれているはずだよ。

たとえば……

ばんそうこうをはってあげる

だれかがケガをしたら、ばんそうこうをあげよう。手《て》や指《ゆび》のケガだと自分《じぶん》でははりづらいから、できればはってあげて！　男《おとこ》の子《こ》は、はってもらうとドキドキして、その数秒間《すうびょうかん》であなたを好《す》きになっちゃうかも♡

BOY'S ボイス

気配《きくば》りできる女《おんな》の子《こ》っていいよな。集合写真《しゅうごうしゃしん》をとるとき、背《せ》の小《ちい》さい女《おんな》の子《こ》が前《まえ》に行《い》けるよう、さりげなく背中《せなか》を押《お》してあげている子《こ》がいて、やさしいなって思《おも》ったのが好《す》きになったキッカケ。

（サトシ　小《しょう》5）

モテ女子《じょし》へのステップ番《ばん》外《がい》編《へん》

ボクたち、ギャップに弱《よわ》かった！

男《おとこ》の子《こ》は、女《おんな》の子《こ》の意外《いがい》な一面《いちめん》に弱《よわ》いことがわかったよ！
あなたもギャップでキュンとさせちゃおう♡

いつもはジーンズの女《おんな》の子《こ》がスカートをはいてきたとき「こんなにかわいかった？」って思《おも》っちゃった。ドキドキして、いつもみたいにからかえなかったよ。
（ケン　小《しょう》5）

みんなで出《で》かけたとき、いつもしっかり者《もの》の女《おんな》の子《こ》が方向《ほうこう》オンチだったんだ。ぜんぜん関係《かんけい》ないところを曲《ま》がったり、反対方向《はんたいほうこう》に歩《ある》き出《だ》したりするのがかわいくて、好《す》きになったよ！　ふだんは見《み》せない照《て》れ笑《わら》いにもキュンとした。　（カイト　小《しょう》6）

いつもニコニコして元気《げんき》な女《おんな》の子《こ》が、泣《な》いていたとき。弱《よわ》いところもあるんだなって思《おも》って、心配《しんぱい》でそわそわしたよ。すぐに泣《な》くようなタイプではないからこそ、泣《な》いているすがたがかわいくて、守《まも》ってあげたくなっちゃった。　（ナオアキ　小《しょう》5）

これでカンペキ！

モテしぐさ12連《れん》発《ぱつ》♥

女《おんな》の子《こ》ならではの、かわいいモテしぐさをしょうかいしちゃうよ♡ 男《おとこ》の子《こ》がドキドキ、キュンキュンしちゃうかも！　好《す》きな人《ひと》ができたら、やってみてね！

1 男《おとこ》の子《こ》の服《ふく》のすそを引《ひ》っぱる

気《き》になるカレに用事《ようじ》があるけれど、名前《なまえ》を呼《よ》ぶのがはずかしい！　そんなときは、カレの服《ふく》のすそやそでを、ちょっと引《ひ》っぱってみて。すそを引《ひ》っ張《ぱ》って「さっき、ありがとう」。そでを引《ひ》っぱって、「さっき、ごめんね」。すそやそでを引《ひ》っぱることで、あなたの照《て》れくささが伝《つた》わってとってもかわいく見《み》えるモテしぐさだよ♡

BOY'S ボイス

ろう下《か》を歩《ある》いていたら、女《おんな》の子《こ》にツンツンってすそを引《ひ》っぱられて「教科書《きょうかしょ》貸《か》して」と言《い》われた。言《い》われたことは何《なん》でもないことなのに、ドキドキしちゃった。　（ハヤト　小《しょう》6）

2 上《うわ》目《め》使《づか》い

自分《じぶん》より背《せ》の高《たか》い男《おとこ》の子《こ》と会話《かいわ》をしているとき、上《うわ》目《め》使《づか》いで話《はな》すのもかわいいよ。上《うわ》目《め》使《づか》いは、顔《かお》を上《うえ》に向《む》けず、目《め》だけ上《うえ》に向《む》けること♡　目《め》が大《おお》きく見《み》えて、何《なん》だかあまえているような表情《ひょうじょう》に見《み》えるの！　不《ふ》自《し》然《ぜん》じゃないか、鏡《かがみ》で練習《れんしゅう》してからチャレンジして♪

3 首《くび》をかしげる

男《おとこ》の子《こ》に呼《よ》ばれたとき、目《め》を合《あ》わせて「ん？」と言《い》いながら首《くび》をかしげてみて。守《まも》ってあげたくなるキュートさがあるよ♡

4　うでをだきかかえて引《ひ》っぱる

男《おとこ》の子《こ》がそうじをしないときなど、「もー！」といいながら、両手《りょうて》でうでをだきかかえて引《ひ》っぱってみて！　うっとうしそうにしながらも、内心《ないしん》はドキドキしているはず☆　言葉《ことば》で何《なに》かをお願《ねが》いするより強引《ごういん》だけど、そこがかわいいモテしぐさだよ♡

5　ヘアスタイルの変化《へんか》

男《おとこ》の子《こ》は、ヘアスタイルの変化《へんか》も好《す》きだよ！　ふだんはアップヘアの女《おんな》の子《こ》が髪《かみ》の毛《け》をおろしているとドキドキするし、その逆《ぎゃく》も好《す》き♡　男《おとこ》の子《こ》は、いつもとちがうフンイキに弱《よわ》い！　髪《かみ》の毛《け》を結《むす》ぶしぐさも好《す》きだから、男《おとこ》の子《こ》のいる前《まえ》で結《むす》ぶのも◎。

6 ほほを両手《りょうて》でかくして照《て》れる

はずかしくて顔《かお》が赤《あか》くなっちゃうことってあるよね！　それもモテしぐさになるんだよ。赤《あか》くなったほほを両手《りょうて》でかくして、「もーっ！」って言《い》えばOK！　はずかしがる女《おんな》の子《こ》は、それだけでかわいいんだよ♡　男《おとこ》の子《こ》は、もっとからかいたくなっちゃうみたい！

7 男《おとこ》の子《こ》の机《つくえ》にヒジをついて話《はな》す

休《やす》み時間《じかん》にカレの前《まえ》の席《せき》が空《あ》いていたら、そこにヨコ向《むき》きに座《すわ》ってね。上半身《じょうはんしん》はカレのほうに向《む》けて、カレの机《つくえ》でほおづえをして会話《かいわ》。あなたとのキョリが近《ちか》いことや、ほおづえをしてリラックスしているすがたがかわいいことで、男《おとこ》の子《こ》はにやけちゃうかも♡

8 イスに座《すわ》って足《あし》をブラブラ

イスにヨコに座《すわ》って、足《あし》をブラブラさせているすがたは、小《ちい》さい子《こ》みたいでかわいいんだよ！　足《あし》をブラブラゆらしつつ、上目《うわめ》づかいと笑顔《えがお》で話《はな》しかければ最強《さいきょう》!?　あんまりはげしくブラブラすると女《おんな》の子《こ》らしくないから、ほどほどにね♡

9 ほほをツンツン⇨知《し》らんぷり

男《おとこ》の子《こ》のほほを、指《ゆび》でツンツンして♡　ふり返《かえ》ったら知《し》らんぷり！「なんだよ！」なんて言《い》いながらも、ほほにふれられてうれしいみたい♡　ツンツンするときは、ツメが当《あ》たらないようにね！　イタイと本当《ほんとう》に怒《おこ》らせちゃうよ！

10 ちょっと近《ちか》づく

気《き》になるカレに、ほんのちょっと、近《ちか》づいてみて♡　集合写真《しゅうごうしゃしん》をとるときに、少《すこ》し近寄《ちかよ》ってうでがちょっと当《あ》たったり、カレの持《も》ち物《もの》をかわいくのぞきこんで近《ちか》づいたり……。カレは、「あれ？　気《き》のせいかな？」と思《おも》いつつ、ドキドキしているよ！

11 髪《かみ》や洋服《ようふく》についたゴミをとる

気《き》になるカレの髪《かみ》の毛《け》や洋服《ようふく》にゴミがついていたら、取《と》ってあげるチャンス！　ほんの少し指先《ゆびさき》がふれるだけでも、男《おとこ》の子《こ》はドキドキするみたい！　好《す》きな人《ひと》にどうしてもアピールしたければ、ゴミをがんばって探《さが》してね♡

12 やっぱり笑顔《えがお》

男《おとこ》の子《こ》が一番《いちばん》好《す》きなのは、やっぱり女《おんな》の子《こ》の笑顔《えがお》♡　きんちょうしてモテしぐさを全部《ぜんぶ》忘《わす》れちゃっても、とにかく笑顔《えがお》だけは忘《わす》れないでいて！女《おんな》の子《こ》の笑顔《えがお》は、男《おとこ》の子《こ》をはげまして、自信《じしん》をあたえて、幸《しあわ》せな気持《きも》ちにさせる力《ちから》があるの！

part 8

SNSばえバッチリ♪

いいね！ 写真《しゃしん》のとり方《かた》

インターネットのネットワークを通《つう》じてコミュニケーションを取《と》るサービスがSNS。すでに始《はじ》めている子《こ》もいるよね。ステキな写真《しゃしん》を見《み》せ合《あ》って、「いいね！」と共感《きょうかん》されたら人気者《にんきもの》♡
ちょっとマネして、みんなに好《す》かれる写真《しゃしん》をとっちゃお♪

自《じ》どりマスターに聞《き》く♪
教《おし》えて！かわいいのキホン♡

自分《じぶん》で自分《じぶん》を写《うつ》すのを「自《じ》どり」「セルフィー」と言《い》うよ。SNSでひろうする子《こ》の中《なか》でも「いいね！」が多《おお》い子《こ》は、読《どく》モみたい♡　そのコツ、こっそり教《おし》えてもらったよ！

笑顔《えがお》を練習《れんしゅう》しよう！

どんなシーンでも「笑顔《えがお》」は、最強《さいきょう》のミリョク！　……とはいえ笑顔《えがお》に自信《じしん》がない子《こ》もいるよね。だ・か・ら、練習《れんしゅう》しよっ♪　ポイントをしょうかいするね！

◆顔《かお》いっぱいの笑顔《えがお》、でなくていいの。「ふふっ」って笑《わら》うくらいが◎。

(Mizuki)

◆ぽっちゃりさんは、アゴのラインをスッキリと見《み》せたいので、歯《は》を少《すこ》し見《み》せる感《かん》じで。前歯《まえば》4本《ほん》くらい写《うつ》るのが◎。あまり歯《は》を見《み》せないほうがいいのは、やせ子《こ》さん。ほっぺを横《よこ》に広《ひろ》げる感《かん》じで、口《くち》をほほえみの「イ」の形《かたち》にして。

(hinata)

カメラの角《かく》度《ど》が重《じゅう》要《よう》!?

自《じ》どりがうまい人《ひと》の多《おお》くは、頭《あたま》より少《すこ》し上《うえ》から、とっている!? そこんとこ、くわしくっ！

◆真正面《ましょうめん》からシャッターを押《お》すと、顔《かお》が平《ひら》べったく写《うつ》ってしまうよ。だから、スマホを少《すこ》しナナメにしてとると、顔《かお》に立体感《りったいかん》が出《で》て、モデルっぽくイイ感《かん》じに♪　（H・P・F）

◆スマホのカメラは中心《ちゅうしん》が大《おお》きく写《うつ》るので、ナナメ上《うえ》にかまえて、カメラを上目使《うわめづか》いに見《み》る角度《かくど》だと、目《め》が大《おお》きく写《うつ》るよ。ちょっと遠目《とおめ》のアゴは小《ちい》さく写《うつ》るので、かわいくなる♡　（yuen_31）

◆顔《かお》の下《した》からとると鼻《はな》のアナが写《うつ》ってしまうので、鼻《はな》よりちょっと上《うえ》くらいからとると◎。カメラの位置《いち》を変《か》えれば、顔《かお》の角度《かくど》が変《か》わるからうまくいくの。　（hinata）

カメラのかまえ方《かた》

①うでを前《まえ》にのばし、外側《そとがわ》に開《ひら》く。

②さらにひじだけを曲《ま》げて、カメラを顔《かお》に近《ちか》づける。カメラと顔《かお》のキョリは30センチ！　この位置《いち》で写真《しゃしん》をとると、必《ひっ》殺《さつ》キュートな上目使《うわめづか》いに！　自然《しぜん》に口角《こうかく》が上《あ》がって、ほほえんでいるように見《み》えるし、顔《かお》がナナメを向《む》いているので、アゴがシャープに見《み》える！

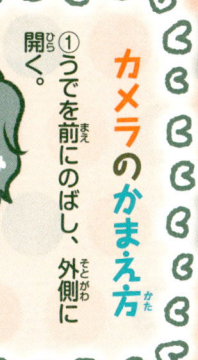

なんたって小顔《こがお》が一番《いちばん》！

笑顔《えがお》といっしょにがんばりたいのは、小顔《こがお》に見《み》せること♡　いろんな小顔《こがお》テクを集《あつ》めたよ♪

◆頭《あたま》より少《すこ》し上《うえ》にカメラをかまえて、目《め》を上《あ》げて、アゴを引《ひ》くの。そうすると、目《め》は大《おお》きく、アゴは小《ちい》さく、きゃしゃに見《み》えるよ。
(Sara)

◆顔《かお》をナナメにして写《うつ》すと、顔《かお》の面積《めんせき》が減《へ》るから、小顔《こがお》になるの。
(H・P・F)

◆顔《かお》を全部《ぜんぶ》見《み》せないというのも小顔《こがお》に写《うつ》るグッドテク。手《て》で顔《かお》の一部《いちぶ》をかくしたり、グッズでおおったりするよ。
(hinata)

◆寒《さむ》い時期《じき》であればマフラーを口元《くちもと》まで巻《ま》いたり、タートルネックをくちびるの下《した》くらいまで上《あ》げてみたりするのも◎。目《め》が強調《きょうちょう》され、アゴのラインがかくれるので小顔《こがお》に！
(yuen_31)

◆大《おお》きなぬいぐるみやカフェのトールサイズのカップを顔《かお》に引《ひ》き寄《よ》せて、顔《かお》を小《ちい》さく見《み》せるよ。大《おお》きなものと並《なら》べて、目《め》のさっかくを利用《りよう》するの。（にこるん）

◆くちびるをとがらせて、カップにちゅっ♡とポーズ。（Mizuki）

◆フェイスラインかくしは〝虫歯《むしば》ポーズ〟が最強《さいきょう》！ 手《て》のひらをアゴのラインに当《あ》てて、歯《は》がいたいときみたいなしぐさが、小顔効果《こがおこうか》◎。カメラは目線《めせん》よりやや下《した》にかまえて、アゴを引《ひ》いてとってね。片手《かたて》でも両手《りょうて》でもかわいいよ♡（ww_i）

ぱっちり目《め》にした〜い！

大《おお》きなかわいい目《め》で写《うつ》りたいと願《ねが》う子《こ》はいっぱい！ オトメの願《ねが》い、かなえましょ〜！

◆アゴを引《ひ》いて、そのまま目《め》を上《あ》げると、目《め》が大《おお》きく♡（H・P・F）

◆しばらく目《め》を閉《と》じて、とるときにパッと目《め》を開《あ》けると、黒目《くろめ》がちのひとみに♡（ww_i）

◆「にっ」と笑《わら》うより、「うっ」と軽《かる》く口《くち》をとがらせるほうが、自然《しぜん》と目《め》が大《おお》きく写《うつ》るんだよ。目《め》がパチッと開《あ》くから♪（Mizuki）

〝利《き》き顔《がお》〟を見《み》つける

人《ひと》の顔《かお》は右《みぎ》と左《ひだり》でちがって見《み》えるもの。左右《さゆう》で写《うつ》りがいいほうを調《しら》べておいて、そっちを見《み》せるようにしよう！

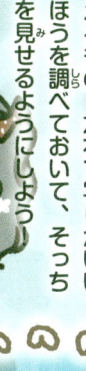

光《ひかり》を意《い》識《しき》する

写真《しゃしん》は光《ひかり》の位置《いち》が重要《じゅうよう》なの。変《へん》なカゲがついたり、暗《くら》くなったりするのはパスだよね！

◆日中《にっちゅう》、室内《しつない》でとるときはレースのカーテンを引《ひ》いた窓《まど》のそばがおすすめ。やわらかい自然《しぜん》な光《ひかり》の中《なか》でソフトなイメージに。夜《よる》は蛍光灯《けいこうとう》ではなく、白熱灯《はくねつとう》の下《した》がベスト。蛍光灯《けいこうとう》は肌《はだ》の凸凹《おうとつ》がハッキリ写《うつ》るので、ニキビあとなどがめだつ！（yuen_31）

◆自《じ》どりでやりがちなミスが、逆光《ぎゃっこう》。日光《にっこう》や照明《しょうめい》の光《ひかり》がスマホに向《む》いている状態《じょうたい》だと顔《かお》が暗《くら》く写《うつ》っちゃうよ。照明《しょうめい》が真上《まうえ》にある場合《ばあい》も、前髪《まえがみ》のカゲなどで顔《かお》が暗《くら》くなるから注意《ちゅうい》。（hinata）

※逆光《ぎゃっこう》とは、カメラの正面《しょうめん》や、写《うつ》る人《ひと》の後《うし》ろに太陽《たいよう》や照明《しょうめい》があるときのこと。

さんきゅ♡口《くち》コミ

ぽっちゃりが気《き》になる人《ひと》は、あお向《む》けにねころんで、上《うえ》からとる、というのがおすすめ。顔《かお》のお肉《にく》が消《き》えちゃうよ～。
（まんだりん）

肩《かた》ごしにふり向《む》くポーズをとってもらう。これ、身体《からだ》にひねりを入《い》れるので、やせて見《み》えるんだよ～。
（カナ）

とる瞬間《しゅんかん》に息《いき》を吸《す》うと、目《め》が大《おお》きくなる
（トフィー）

目《め》がぱっちりして、イキイキとした表情《ひょうじょう》になるので試《ため》してみて！　カメラの向《む》こうに好《す》きな人《ひと》がいる……と、イメージして写《うつ》すの。目《め》がうるうるするから不思議《ふしぎ》♡
（かおりん）

ウラワザ　キャッチライトを使《つか》う！

色白《いろじろ》&美肌《びはだ》に見《み》せるワザがある!?　プロのカメラマンが使《つか》うキャッチライトをまねっこ！

◆白《しろ》いえりのついた服《ふく》を着《き》たり、白《しろ》い紙《かみ》や手鏡《てかがみ》を顔《かお》の下《した》あたりに置《お》いたりすると、顔《かお》がパッと明《あか》るく写《うつ》るんだよ。
（yuen_3）

◆プロは顔《かお》の下《した》にレフ板《ばん》（反射板《はんしゃばん》）を置《お》き、顔《かお》に光《ひかり》を当《あ》てて、黒目《くろめ》の中《なか》に光《ひかり》（目《め》の中《なか》の星《ほし》♡）を作《つく》るの。レフ板《ばん》は、白《しろ》い画用紙《がようし》やアルミホイルでも代用《だいよう》できるから、やってみて。
（hinata）

ポーズ研究《けんきゅう》1

1人《ひとり》でキメる

自《じ》どりと、人《ひと》にとってもらうときの2通《とお》りをしょうかい☆

モデル風《ふう》"ちゅんちゅん"

アヒル口《くち》もかわいいけど、進化系《しんかけい》がコレ。口《くち》をすぼめてスズメの鳴《な》きまね「ちゅんちゅん」。人《ひと》さし指《ゆび》を当《あ》てるとさらにキュート♡

小顔《こがお》ピース

アゴのラインにそって、指《ゆび》を広《ひろ》げてピースサイン♪　口角《こうかく》を押《お》し上《あ》げるから笑顔《えがお》が強調《きょうちょう》され、アゴをかくして小顔《こがお》に見《み》せるという、一石二鳥《いっせきにちょう》テクだよ☆

ナナメひねり

自分《じぶん》をナナメからとると、細見《ほそみ》せ効果《こうか》があるよ。顔《かお》の近《ちか》くに手《て》をそえるのもかわいい！

目線《めせん》はずし

あえて、カメラを見《み》ないのもおしゃれ。光《ひかり》のほうに顔《かお》を向《む》けて、軽《かる》く小首《こくび》をかしげると、かれんなフンイキ＆印象的《いんしょうてき》に写《うつ》るよ。

キメポーズをマスター！

人《ひと》にとってもらうときは、美人《びじん》な立《た》ちすがたで差《さ》をつけよー♪♪

足《あし》をクロスさせ、重《かさ》ねる

気《き》になる部分《ぶぶん》は重《かさ》ねてかくしちゃえ！　足《あし》に力《ちから》を入《い》れて交差《こうさ》させれば、モデル立《だ》ち♪

上半身《じょうはんしん》と下半身《かはんしん》を逆《ぎゃく》ひねり

アルファベットの「S」を意識《いしき》して、上半身《じょうはんしん》を下半身《かはんしん》の反対方向《はんたいほうこう》にひねれば、引《ひ》きしまってきれいに♡　足《あし》の向《む》きと逆《ぎゃく》の方向《ほうこう》に身体《からだ》をひねる感《かん》じだよ。

手《て》をそえるとエレガント♡

上半身《じょうはんしん》のアップをとるときに差《さ》がつくのが、手《て》！　胸元《むなもと》に軽《かる》く置《お》いたり、エリやアクセをそっとさわったりすると、雑誌《ざっし》の写真風《しゃしんふう》♪

虫歯押《むしばお》さえ

めちゃカワの定番《ていばん》だから、レッスンしておこう。いたむ虫歯《むしば》を押《お》さえているようなポーズ。小顔効果《こがおこうか》と、ぱっちり目《め》のW効果《こうか》！

ポーズ研《けん》究《きゅう》2

2人《ふたり》は仲《なか》良《よ》し

協力《きょうりょく》して仲《なか》良《よ》しアピールを！
ステキ写真《しゃしん》をとっちゃお☆

背《せ》中《なか》合《あ》わせ

2人《ふたり》でくっついて、カメラ側《がわ》の肩《かた》を少《すこ》し落《お》とすイメージ。身体《からだ》が細《ほそ》く見《み》えるよ！

LOVEサイン

いつか彼《かれ》とやりたいLOVEサインを、大《だい》好《す》きフレンドと♪　後《うし》ろ向《む》きでとるのがコツ！

2人《ふたり》ハート

協力《きょうりょく》して♡を作《つく》るポーズはバリエも覚《おぼ》えておこう♪

そっぽでツン

くっつきながらも、目線《めせん》だけおたがいにそっぽを向《む》くポーズ。かわいい!!

ふたご気分《きぶん》♪

キメポーズをそっくり同《おな》じに！　鏡合《かがみあ》わせでもかわいい♥

前後《ぜんご》でアイドル風《ふう》

前後《ぜんご》に並《なら》んで、上半《じょうはん》身《しん》だけポーズする、アイドル風《ふう》の写真《しゃしん》をとろう♪

片足上《かたあしあ》げ

片足《かたあし》ピョコン♪　元気《げんき》で明《あか》るいイメージだよ。なんと美脚効果《びきゃくこうか》も！

ビーーーム！

1人《ひとり》が手《て》から何《なに》かのビームを出《だ》して、もう1人《ひとり》がふき飛《と》ばされている!?　ジャンプのタイミングでうま～くとってもらえば、大《だい》成功《せいこう》！　写真《しゃしん》にらくがきするのも◎

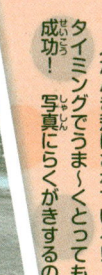

ポーズ研究《けんきゅう》3

みんなでキズナ

仲《なか》良《よ》しグループで1つの絵《え》を作《つく》ろう。最高《さいこう》の思《おも》い出《で》作《づく》り！

せーのっでジャンプ

タイミングを合《あ》わせてみんなが飛《と》んだ瞬間《しゅんかん》にパチリ。青春《せいしゅん》、楽《たの》しい〜っ！

かがやけ！ピース隊《たい》

5人《にん》集《あつ》まれば、コレでしょ！星《ほし》の形《かたち》を意識《いしき》して、ピースをかかげよう。友情《ゆうじょう》のちかい☆

後《うし》ろ向《む》き♡

あえてみんなで後《うし》ろ向《む》き。後《うし》ろ手《で》で♡を作《つく》れば、ステキなメッセージ♥

みんなで星《ほし》になる!?

ねころがって、手《て》をつないで五《ご》角《かっ》形《けい》を作《つく》るのもユニークだよ☆

レンジャー並《なら》び

真《ま》ん中《なか》の子《こ》の頭《あたま》が一番高《いちばんたか》い位置《いち》として、左《さ》右《ゆう》がだんだん低《ひく》くなる山《やま》の形《かたち》。チームワーク感《かん》が高《たか》まる～♪

シルエット

太陽《たいよう》サンサンのお昼《ひる》にとりたい。みんなで肩《かた》を組《く》んだり、うでをいっせいに上《あ》げたり、同《おな》じポーズをして、そのカゲをとるの。すごくカッコイイ写真《しゃしん》になるよ☆

ポジション取《ど》りで差《さ》がつく！

◆真《ま》ん中《なか》のとなりがおすすめ。身体《からだ》を少《すこ》しナナメにすると細《ほそ》く見《み》えるから、真《ま》ん中《なか》より、そのとなりをキープしたほうが自然《しぜん》なポーズでイケる！（ww_i）

◆エンリョしてはしっこに立《た》つのは一番《いちばん》ソンだよ。カメラによっては外側《そとがわ》ほどヨコに広《ひろ》がって見《み》えたり、ゆがんだりするので、さけたほうが◎。（H・P・F）

アイデア勝負《しょうぶ》☆

学校《がっこう》のさつえいスポット

思《おも》い出《で》いっぱいの校内《こうない》。ステキな写《しゃ》真《しん》をたくさんとろう!

アート☆トップ5

スプラッシュ!

黒板《こくばん》いっぱいに大《おお》きく、「ドリンクボトル&ふき出《だ》すしぶき」をかくよ。しぶきが落《お》ちるところで、本物《ほんもの》のカサをさしてパチリ☆

エンジェル

羽《はね》と天使《てんし》の輪《わ》っかをバランスよくかこう。その前《まえ》に立《た》てば、み~んなエンジェル☆ ウサギの耳《みみ》をかくのも人気《にんき》みたい♡

フレンドの法則《ほうそく》

「+」「×」や「=」を、一《いっ》定《てい》の間《かん》かくを空《あ》けてかくだけ。間《あいだ》に立《た》てば、仲良《なかよ》しの法則《ほうそく》のできあがり♪

黒板《こくばん》人気《にんき》

バルーン

色《いろ》とりどりのバルーンをいっぱいかいて、ヒモを長《なが》～くのばした先《さき》に、みんなで立《た》って引《ひ》っぱる（引《ひ》っぱられる）ポーズ。協力《きょうりょく》するのが青春《せいしゅん》！

気球《ききゅう》

先生《せんせい》の教《きょう》たくをうまく使《つか》ったベストアイデア！　気球《ききゅう》に乗《の》って、新《あたら》しい世界《せかい》に旅立《たびだ》とう！

階段《かいだん》

階段劇場《かいだんげきじょう》

ステップを利用《りよう》して、ポスターみたいな集《しゅう》合写真《ごうしゃしん》をとろう☆

らせん階段《かいだん》

らせん階段《かいだん》はドラマチック☆　上《うえ》から下《した》の階《かい》を写《うつ》すだけで、とても印象的《いんしょうてき》なアート写《しゃ》真《しん》がとれるよ！

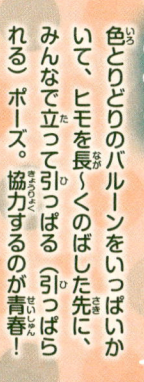

ろう下《か》　屋上《おくじょう》

おもしろ☆だまし絵《え》

遠近法《えんきんほう》のマジックで、おもしろ写真《しゃしん》がとれるよ！
ろう下《か》や屋上《おくじょう》、校庭《こうてい》など、学校《がっこう》には長《なが》い奥《おく》ゆきのある
場所《ばしょ》があるから、ピッタリ！

巨人《きょじん》&小人《こびと》!?

3人以上《にんいじょう》でできるのがだまし絵風写真《えふうしゃしん》。遠近感《えんきんかん》を利用《りよう》すれば、巨人《きょじん》&小人《こびと》に見《み》えちゃう!?　手前《てまえ》の子《こ》の手《て》のひらに、もう1人《ひとり》がちょうどおさまる位置《いち》まで、グッと、奥《おく》のほうまではなれてもらってね。

おわんからポンッ

どんぶりやおわんなどから、一寸《いっすん》ぼうしが飛《と》び出《だ》すよ!?　長《なが》いろう下《か》を使《つか》ったマジック。手前《てまえ》におわんを置《お》いて、友《とも》だちにはずーっと奥《おく》まではなれてもらおう。とるほうは、おわんと水平《すいへい》になるように、ねころがるのをかくごすると◎。

おっとっと！

コーンを利用《りよう》して屋上《おくじょう》や校庭《こうてい》で。手前《てまえ》にコーンを置《お》いて、ちょうどとんがりの先《さき》のあたりに足《あし》がくる位置《いち》でパチリ。とられる子《こ》たちは「おっとっと！」と落《お》っこちそうな演技《えんぎ》をプリーズ☆

part 9

人気者《にんきもの》まちがいなし☆

かわいい手《て》がき文字《もじ》

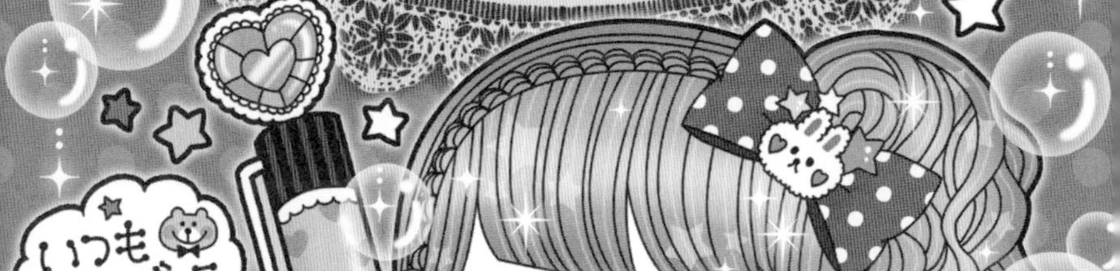

大好《だいす》きな友《とも》だちのバースデーやあこがれの彼《かれ》へのバレンタインチョコには愛《あい》をこめて、手《て》がきのカードもおくりた～い♡　さりげないメモや思《おも》い出《で》作《づく》りの寄《よ》せがきでも、かわいい文字《もじ》でかざれたら、もっとキズナが深《ふか》まる予感《よかん》♪　さあ、練習《れんしゅう》しよー!!

ひらがな

お手本《てほん》を見《み》て、かいてみよう♪

チャレンジ 1

かわい〜く♡かく練《れん》習《しゅう》帳《ちょう》

水平に わ 短く	頭でっかちに ら	や	水平に ま	小さく は 長〜く	長〜く な 小さく	た	「+」とヨコ線 さ	「つ」みたいに か	長めに あ のばさない
	り		長〜く み	長めに ひ	に	頭でっかちに ち	し	カタカナの「キ」とヨコ線 き	い
を	頭でっかちに る	ゆ 長めに	む 大きく 水平に	ふ	はね上げる ぬ	つ 短く	長く す	く	水平に長く う
	れ 短く		め 止める	短めに へ	水平に ね はね上げる	カクカクさせる て	せ	け 長〜く	水平に長く え
ん 「W」みたく	頭でっかちに ろ	頭でっかちに よ	も ナナメに	ほ	の 止める	と	頭でっかちに そ	こ 同じ長さに	ぺちゃんこに お

ポイント！

★頭《あたま》でっかちがかわいい！

★ヨコ線《せん》は水平《すいへい》がかわいい！

フレーズのお手本《てほん》

うれしー↑↑

ありがとう

カタカナ

ワ	ラ (ナナメに / 開くように)	ヤ	マ (下げて)	ハ	ナ	タ (短めに)	サ	カ (ゆるくカーブ)	ア (長〜く)
	リ		ミ	ヒ (長めに)	ニ (同じくらいの長さ)	チ (水平に)	シ (上げすぎない)	キ (上を長く)	イ
ヲ (広めに)	ル	ユ	ム	フ	ヌ (短め)	ツ (3本の線！)	ス (広く / 短く)	ク	ウ (曲げない)
	レ		メ (「×」みたいに)	ヘ	ネ	テ (同じくらいの長さ / 短く)	セ	ケ	エ (短く)
ン (上げすぎない)	ロ (丸く)	ヨ (一番下を短く)	モ (上を長く)	ホ (長〜く)	ノ	ト (長めに)	ソ (曲げない)	コ (広く)	オ (全部まっすぐ)

ポイント！

★やっぱり頭《あたま》でっかちが◎！

★はねない！　はらわない！

フレーズのお手《て》本《ほん》

ウレミー↑↑

アリガトウ

アルファベット①

A B C

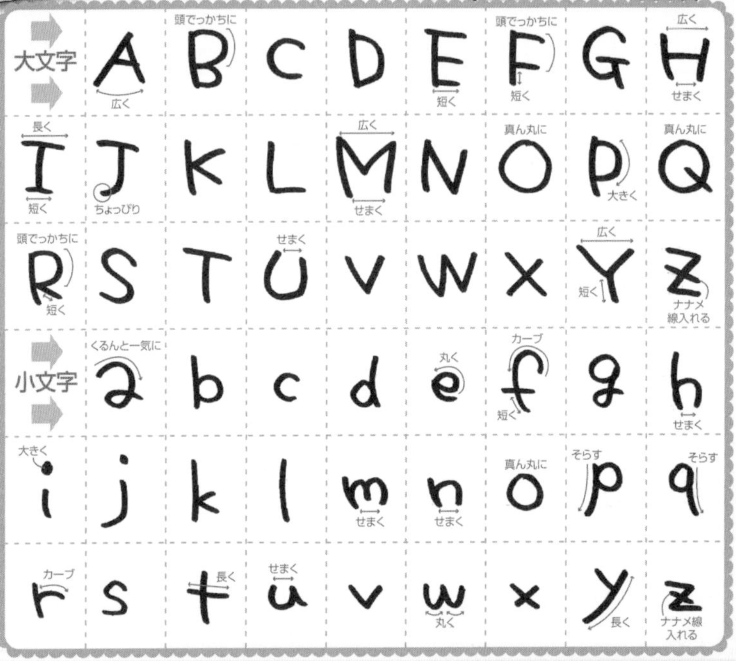

大文字
A 広く
頭でっかちに B
C
D
E 短く
頭でっかちに F 短く
G
広く H せまく
長く I 短く
J ちょっぴり
K
L
広く M せまく
N
真ん丸に O
P 大きく
真ん丸に Q
頭でっかちに R 短く
S
T
せまく U
V
W
X
広く Y 短く
Z ナナメ線入れる
小文字
くるんと一気に a
b
c
d
丸く e
カーブ f 短く
g
h せまく
大きく i
j
k
l
m せまく
n せまく
真ん丸に o
そらす p
そらす q
カーブ r
s
t 長く
せまく u
v
w 丸く
x
y 長く
z ナナメ線入れる

ポイント！

★英字《えいじ》も頭《あたま》でっかちが◎！

★丸《まる》いところは真《ま》ん丸《まる》に！

フレーズのお手《て》本《ほん》

Hina
Thank you

アルファベット②

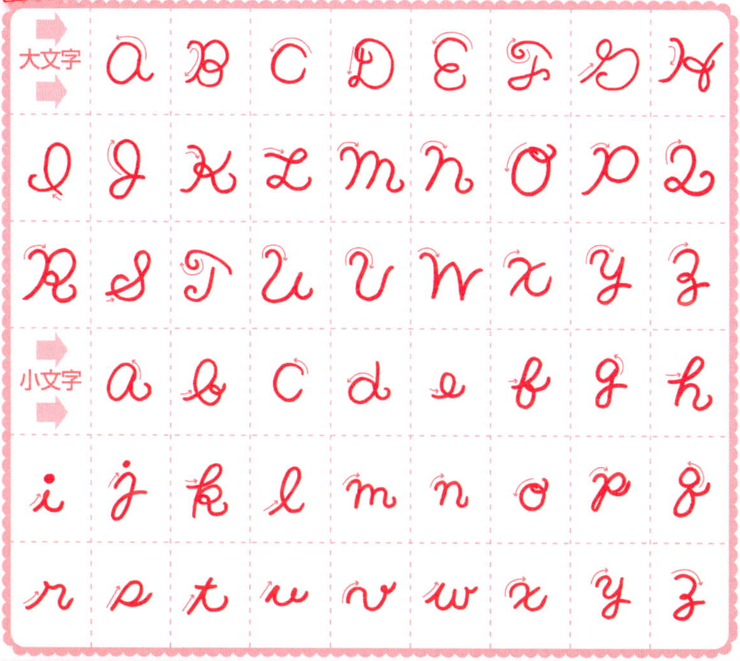
大文字
A B C D E F G H
I J K L M N O P Q
R S T U V W X Y Z
小文字
a b c d e f g h
i j k l m n o p q
r s t u v w x y z

ポイント！
★丸《まる》く、やわらかく、一気《いっき》に！
★かき始《はじ》め（→）を守《まも》って！

フレーズのお手《て》本《ほん》

Hina
Thank you

「あ」をデコるバリエ！

文字《もじ》をアレンジしてみよう。

フチどりをつける

線《せん》にそって外側《そとがわ》をフチどり。大《おお》きめに丸《まる》く！

顔《かお》をつける

文字《もじ》の丸《まる》い部分《ぶぶん》に目《め》と口《くち》をかいちゃえ！

矢印《やじるし》をつける

線《せん》の終《お》わりに、→をつけるだけ！

なぞる

何度《なんど》も線《せん》を重《かさ》ねて、ワイルドな感《かん》じに！

♡をつける

線《せん》の最後《さいご》に♡をつけるだけでもかわいい！

丸止《まるど》めにする

線《せん》の始《はじ》めと終《お》わりに、●をつけるだけ！

線《せん》を♡にする

かき始《はじ》めを♡にして、びよ～んとのばす感《かん》じで！

太《ふと》い文字《もじ》にする

文字《もじ》を太《ふと》らせて、フチを丸《まる》く閉《と》じて！

くるんとさせる

線《せん》の始《はじ》めと終《お》わりを、つる草《くさ》のようにくるん！

線《せん》をグルグルに

文字《もじ》をかいてから、ぐるぐると円《えん》を重《かさ》ねて！

フチだけかく

「フチどりをつける」と同《おな》じにかいて、あとで中《なか》の線《せん》を消《け》す上級《じょうきゅう》テク！

線《せん》をぼうにする

線《せん》を1本《ほん》ずつ、角《かく》ばったぼうでかいて。ガタガタしてもかわいい！

ステップ1

笑顔

カクカクした太《ふと》い文字《もじ》をかくよ。

ステップ2

笑顔

表情《ひょうじょう》のちがうニコちゃんマークを散《ち》らして。

ステップ3

笑顔

文字《もじ》の線《せん》のはしに、長《なが》めのぼうを足《た》すと引《ひ》きしまる！

ステップ1

ベスト
フレンド

文字《もじ》を「フチだけかく」のやり方《かた》で。

ステップ2

ベスト
フレンド

文字《もじ》の真《ま》ん中《なか》に、ステッチみたいな点線《てんせん》をかくよ。

ステップ3

ベスト
フレンド

ところどころにリボンをつけておしゃれ仕上《しあ》げ♡

もっとアレンジ 自由《じゆう》自在《じざい》♪

ステップ1

グズン

文字《もじ》を「フチだけかく」のやり方《かた》で。

ステップ2

グズン

文字《もじ》の右側《みぎがわ》＆下側《したがわ》にカゲをつけて、引《ひ》きしめる！

ステップ3

グズン

文字《もじ》の中《なか》にボーダーをかいて、しずんだ気持《きも》ちを表《あらわ》す。

ステップ1

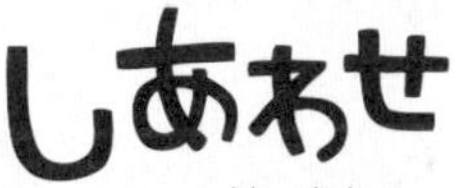
しあわせ

カクカクした太《ふと》い文字《もじ》をかくよ。

ステップ2

しあわせ

文字《もじ》の１ヵ所《しょ》ずつにフリルとリボンをデコ♪

ステップ3

しあわせ

「＋」と「＊」でキラキラ感《かん》を出《だ》そう★

ステップ1

恋

文字《もじ》を「フチだけかく」のやり方《かた》で。

ステップ2

恋

文字《もじ》の右側《みぎがわ》＆下側《したがわ》にカゲをつけよう。立体的《りったいてき》になる！

ステップ3

恋

最後《さいご》に文字《もじ》の中《なか》を♥でぎっしりうめるとかわいい！

コレクション

手紙《てがみ》やプロフ帳《ちょう》、交《こう》かんノートが楽《たの》しくなるよ♪

チャレンジ 3 ↑↓デコ文字《もじ》

テンション UP

やば〜

ウキウキ

きゃ♡

たのしい

CUTE

超ウケる

ドキドキ

マジで!?

サイコー

きゃっ

わ〜い♫

テレる

テンション DOWN

ガーン

イライラ

アセる

キンチョー

ピンチ

ドキドキ

ざんねん

マジで!?

ひど〜い

ムカつく!

ヤバ〜

わ〜ん

ねむいよぉ zzZ

囲《かこ》みサインの作《つく》り方《かた》

手紙《てがみ》だけでなく、持《も》ちものにぜ〜んぶかきたい♡

1 名前《なまえ》に使《つか》う文字《もじ》の種類《しゅるい》を決《き》め、文字数《もじすう》を数《かぞ》えるよ。

例《れい》／「莉奈《りな》」ちゃんの場合《ばあい》
ひらがな→「りな」＝2文字《もじ》
カタカナ→「リナ」＝2文字《もじ》
アルファベット→「RINA」＝4文字《もじ》
イニシァル→「R」＝1文字《もじ》

2 名前《なまえ》の文字数《もじすう》に合《あ》ったイラストモチーフを選《えら》んで、スペースに名前《なまえ》をかけばできあがり！

フラワー

名前《なまえ》の文字数《もじすう》に合《あ》わせて、花《はな》びらの数《かず》を決《き》めよう。5文字《もじ》以上《いじょう》がおすすめ♪

リボン

真《ま》ん中《なか》の結《むす》び目《め》も使《つか》えば3文字《もじ》。結《むす》び目《め》を使《つか》わなければ、2文字《もじ》でも。

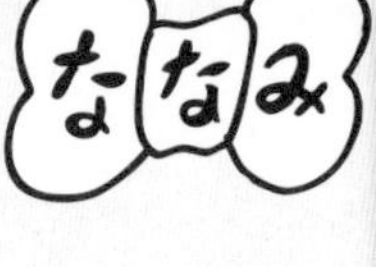

スター

☆の中《なか》にかきこめれば、何文字《なんもじ》でもだいじょうぶ♡

チェリー

2文字《もじ》の名前《なまえ》にピッタリ♡

ハート

♥の中《なか》にかきこめれば、何文字《なんもじ》でもだいじょうぶだよ♡

アニマル

おえかき上手《じょうず》なら、大《おお》きく開《あ》けた動物《どうぶつ》の口《くち》の中《なか》に、アルファベットで！

つながりサインの作《つく》り方《かた》

1 名前《なまえ》に使《つか》う文字《もじ》の種類《しゅるい》を決《き》めてね。
「ひらがな」「アルファベット」 がおすすめ。

2 文字《もじ》をつなげてみよう。イラストをプラスするのも◎。

YUKA
mamiko
MAI

みさき
Reina
YUKA
ちひろ

ひらがな

文字《もじ》のはしをつなげて、
次《つぎ》の文字《もじ》を重《かさ》ねる。

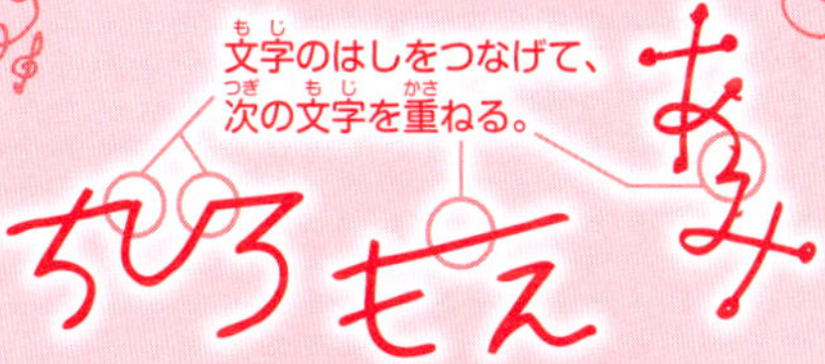
ちひろ
もえ
あみ

アルファベット

ヨコにつなげ
やすいよ。

上《うえ》からつなげる場合《ばあい》、つな
げられるところをさがして。

MAYU

RENA

うまくつながらない場合《ばあい》、
はしをくるんとさせてご
まかしちゃお♪

イラストつき

Mami

文字《もじ》を顔《かお》の
一部《いちぶ》に。

丸《まる》く囲《かこ》まれた中《なか》に
は目《め》と口《くち》を加《くわ》える
とかわいい♡

Ayu

チャレンジ 5

人《にん》気《き》！手《て》紙《がみ》デコ練《れん》習《しゅう》帳《ちょう》

手紙《てがみ》やミニメッセージにデコを活用《かつよう》しよう♪

だれに？ あて名《な》

相手《あいて》の名前《なまえ》の前《まえ》につけるよ。英語《えいご》で「～へ」という意味《いみ》。「To ○○（名《な》前《まえ》）」で「○○さんへ」になるの。

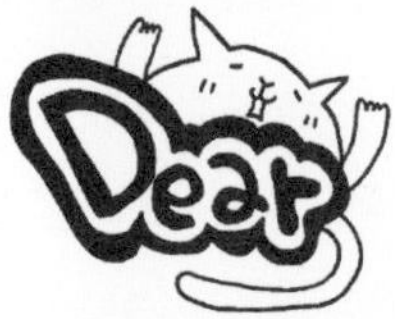

「Dear」も相手《あいて》の名前《なまえ》の前《まえ》につけるよ。英語《えいご》で「大好《だいす》きな」「親愛《しんあい》なる」という意味《いみ》で、「Dear ○○（名前《なまえ》）」で「大好《だいす》きな○○さんへ」になるの。

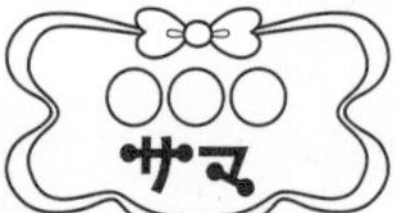

始《はじ》めは？ かき出《だ》し

少《すこ》しはなしてかいた２つの雲《くも》を、カーブでつなげば、虹《にじ》！　真《ま》ん中《なか》に文《も》字《じ》をかくと、タイトルみたい♡

女《おんな》の子《こ》→文字《もじ》→ふきだしの順番《じゅんばん》でかくと、バランスよく仕上《しあ》がるはず。

ラストは？ しめくくり

太《ふと》い線《せん》でフチどりだけ。カンタンに手《て》のイラストをそえるだけで、元気《げんき》なバイバイに！

バイバイ
また あそぼ!!
メール してっ
おねがい
サヨナラ
元気？
4649
また 明日！
聞いて〜！
Bye Bye
ヨロシク
よろしくネん
オハヨー
より
From
しつもんっ！
じゃーねー
またねっ

チャレンジ 6

スペシャルイベ☆デコ

こんなふうにデコると人気者《にんきもの》まちがいなし！

ココロをこめて♡ バースデーカード

Happy
Birthday

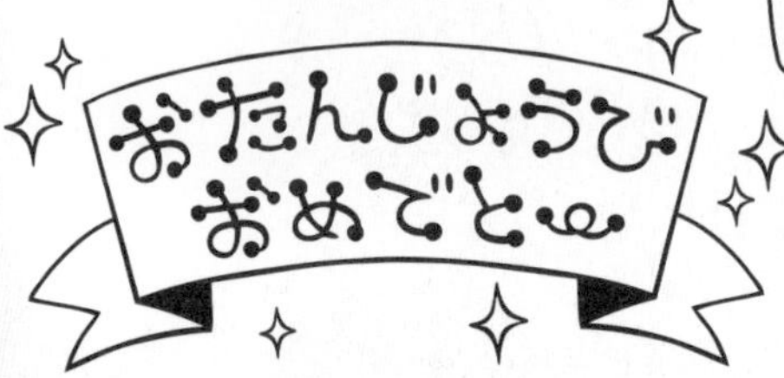
おたんじょうび
おめでと

はぴばー

祝

プレゼント

ハピバ

とどけ、気持《きも》ち♡ バレンタインカード

うけとってください

ずっと
スキ
でした

イブに祝福《しゅくふく》あれ☆

クリスマスカード

メリー
クリスマス

Merry
X'mas
Merry
Christmas
メリクリ
めりーくりすます
お返事
待ってます
Happy
Valentine!!
ハッピー
バレンタイン
チョコ
あげる!

今年《ことし》もよろしく♪
年《ねん》賀《が》状《じょう》
Happy New Year
今年も
ヨロシク
あけおめ
あけまして
おめでとう
ございます
賀正
ことよろ
一生《いっしょう》の思《おも》い出《で》に♡
よせがき
祝合格!
先ぱい
卒業
センパイ
おめでとう
ございます
おめでとう

part 10

人《にん》間《げん》関《かん》係《けい》もおまかせ！

好《す》かれ女子《じょし》入《にゅう》門《もん》

ちょっとした言《い》い方《かた》や、さりげないふるまいで、印象《いんしょう》ってがらりと変《か》わっちゃう。友《とも》だちにも大人《おとな》にも好感度《こうかんど》の高《たか》い女《おんな》の子《こ》って、いったいどんなふうに人《ひと》にせっしているのかな？　会話《かいわ》やしぐさのルール＆マナーを知《し》って、好《す》かれ女子《じょし》を目指《めざ》そうよ☆

フィール

どんな子《こ》と友《とも》だち
になりたい？

「いつも着《き》ている服《ふく》がちゃんとしている子《こ》。毎日《まいにち》、清潔《せいけつ》なイメージ！」

人《ひと》の印象《いんしょう》は「見《み》た目《め》」が一番《いちばん》。目《め》に入《はい》った情報《じょうほう》で、第一印象《だいいちいんしょう》を決《き》めがちだよ。だから、服《ふく》そうを整《ととの》えることが大事《だいじ》なの。では、好感度《こうかんど》の高《たか》い「見《み》た目《め》」って？　じつは、特別《とくべつ》おしゃれでなくてもいいみたい！　そのポイントとは？

➡ 1 身《み》だしなみのルール＆マナー（p260～）

「乱《らん》ぼうなことを言《い》わない子《こ》。ていねいに、やさしく話《はな》してくれるよ！」

たとえ悪気《わるぎ》がなくても、キツい言《い》い方《かた》をされるとモヤモヤするよね。ていねいに話《はな》してくれる子《こ》は、やさしくて親切《しんせつ》なイメージがあるし、乱《らん》ぼうな言葉使《ことばづか》いの子《こ》は、性格《せいかく》もこわそうに思《おも》えちゃう。では、いい話《はな》し方《かた》とは？

➡ 2 会話《かいわ》のルール＆マナー（p264～）

好《す》かれ女《じょ》子《し》のプロ

どんな子《こ》が好《す》き？

「どこに行《い》ってもこわがらないで、堂々《どうどう》とふるまえる子《こ》。たよれる〜！」

ステキな子《こ》って、いったいどこがちがうのかな。ていねいなしぐさはエレガントな印象《いんしょう》につながるし、オドオドしないで、自《じ》信《しん》を持《も》ってふるまうすがたは、かっこいい。お出《で》かけした先《さき》で大人《おとな》っぽくふるまう子《こ》も、ステキだよね。差《さ》がつくふるまいとは何《なん》だろう？　しっかりチェックして、見習《みなら》ってみよう！

→ 3 ふるまいのルール＆マナー（p276〜）

「マナーが身《み》についている友《とも》だちは、かっこいい！　親《おや》にもジマンできる！」

友《とも》だちやカレの家《いえ》に遊《あそ》びにいくのってすごく楽《たの》しみだよね。でも、ご家《か》族《ぞく》がいっしょだから、気《き》を使《つか》うことも確《たし》か。では、どんなところに気《き》をつけていればいいのかな？　先《さき》に知《し》っておきたいマナーをしょうかいするよ！　これであなたも、りっぱなお嬢様《じょうさま》とみとめられることまちがいナシ！

→ 4 訪問《ほうもん》や食事《しょくじ》のルール＆マナー（p282〜）

1

好《す》かれ女子研究《じょしけんきゅう》

身《み》だしなみのルール＆マナー

好《す》かれ女子《じょし》への最初《さいしょ》の一歩《いっぽ》は、「感《かん》じのいいフンイキ」を身《み》につけること★　身《み》だしなみのポイントをおさえておこうね！

ヘア HairStyle

ボサボサしていたり、ベタッとあぶらっぽかったりは×。サラサラやふわふわが好《す》かれキーワードだよ。また、長《なが》い髪《かみ》は結《むす》んだり、まとめたりしたほうが清潔感《せいけつかん》アリ。

ポイント　横顔《よこがお》を意識《いしき》しようね。横顔《よこがお》が案外人《あんがいひと》に見《み》られていることは、part 2（P82）でしょうかいしたよね。そこで、耳《みみ》からアゴのラインをスッキリ見《み》せて、清潔感《せいけつかん》プラス好感度《こうかんど》をゲット♪　サイドの髪《かみ》を耳《みみ》にかけたり、ピンでとめたりして軽《かろ》やかに。はずかしいからってかくすと、イメージが暗《くら》くなっちゃう。

ツメ Nails

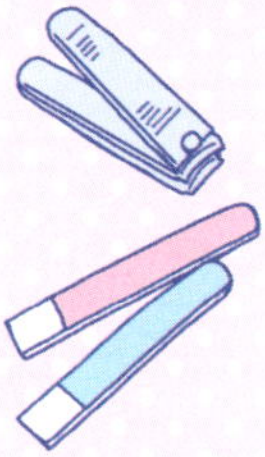

髪《かみ》を直《なお》したり、さわりながら話《はな》したり、せっせとノートを取《と》ったり、ものをわたしたり受《う》け取《と》ったり、指先《ゆびさき》は大《おお》いそがし。そのため、ツメはかなり目《め》に入《はい》りやすいんだよ！　油断《ゆだん》は禁物《きんもつ》！

ポイント

サクラ色《いろ》のツメ……、これぞ好感度《こうかんど》のきわみ♡　ツメは短《みじか》めに切《き》りそろえ、表面《ひょうめん》をみがいてピカピカにしておこうね。ふと気《き》づかれたときに、イメージで大《おお》きな差《さ》がつくんだよ！　くわしいケアのやり方《かた》はpart 4（P129～）を見《み》てね。

ファッション Fashion

好感度《こうかんど》は、おしゃれ感《かん》より清潔感《せいけつかん》がカギ！　ヨレヨレのしわ、毛玉《けだま》、アセじみ、食《た》べこぼし、ドロはねなどがついていると、気《き》づかいが足《た》りないイメージに。

ポイント

スポーティーなアイテムは行動的《こうどうてき》に見《み》えて、好感度《こうかんど》アップにつながるよ。トップスならパーカー、ボトムスならショートパンツやミニスカートが活発《かっぱつ》なイメージに♪　モチーフはボーダーやキャラクター、花柄《はながら》がおすすめ。無地《むじ》は、知的《ちてき》な印象《いんしょう》にしたいときに使《つか》って。色《いろ》は元気《げんき》が出《で》るビタミンカラーか、やさしい気持《きも》ちになるパステルカラーが◎。暗《くら》い色《いろ》はそのまま暗《くら》いイメージになるよ。たとえば黒《くろ》やむらさき系《けい》はミステリアスに見《み》えるよね。

バッグ Bag

小《ちい》さくて大人《おとな》っぽいショルダータイプより、しっかり入《はい》るリュックタイプがおすすめ。なぜって？　それは、気《き》がきく女《おんな》の子《こ》は、どうしても持《も》ちものが多《おお》くなるから！

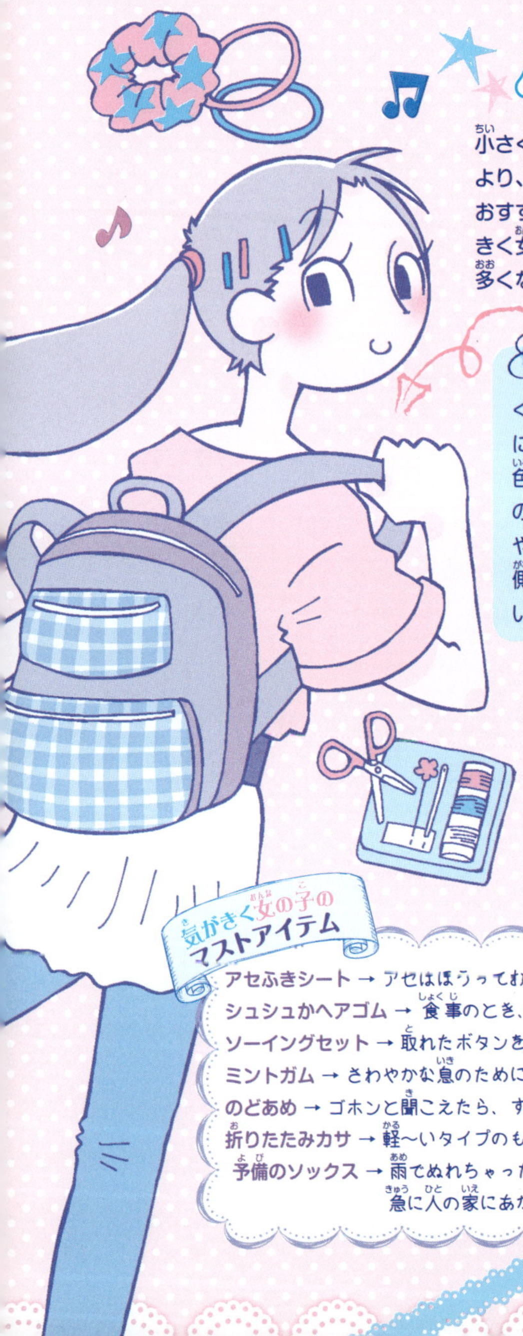

ポイント　通学《つうがく》にも遊《あそ》びにいくときにも使《つか》えるデザインで、気《き》に入《い》るものを選《えら》ぶとベスト。こい色《いろ》だとバッグがめだちすぎちゃうので、ラベンダーやピンク、水色《みずいろ》やミルキーオレンジなどが◎。外側《そとがわ》に大《おお》きめポケットが２～３個《こ》ついていると使《つか》いやすいよ！

ハンカチ&ティッシュは当《あ》たり前《まえ》！ 他《ほか》には？

気《き》がきく女《おんな》の子《こ》のマストアイテム

アセふきシート → アセはほうっておくとニオイのモトになるよ！
シュシュかヘアゴム → 食事《しょくじ》のとき、そうじのとき、出番《でばん》はたくさん！
ソーイングセット → 取《と》れたボタンをそのままにしないところが大事《だいじ》★
ミントガム → さわやかな息《いき》のために持《も》っておくと安心《あんしん》
のどあめ → ゴホンと聞《き》こえたら、すかさず差《さ》し出《だ》して♪
折《お》りたたみカサ → 軽《かる》～いタイプのものを持《も》っておこう
予備《よび》のソックス → 雨《あめ》でぬれちゃったら、くさくなる前《まえ》にはきかえよう
急《きゅう》に人《ひと》の家《いえ》にあがるときにもはきかえておくと安心《あんしん》

クツ Shoes

活発《かっぱつ》さとさわやかさを表《あらわ》すスニーカーがおすすめ。白《しろ》かパステルカラーがかわいいよ♪　ただしあわい色《いろ》はよごれやすいので、毎日《まいにち》チェックしてね。無理《むり》なら、こいピンクかレッドを★

ポイント 足首《あしくび》を見《み》せるのが軽《かろ》やかさのコツ。長《なが》パンツならすそをロールアップして、足首《あしくび》チラリ♪　また、1足《そく》のスニーカーをはき続《つづ》けていると、いやなニオイが……。できれば、2～3足用意《そくようい》して、毎日順番《まいにちじゅんばん》ではくのが◎。

クツのニオイを取《と》る 重曹《じゅうそう》ポプリ

クツの中《なか》がくさいと足《あし》もくさくなっちゃう！ それは **イヤ** だから対《たい》さくを教《おし》えるよ！

用意《ようい》するもの
♡重曹《じゅうそう》　♡お茶用《ちゃよう》の不織布《ふしょくふ》パック6枚《まい》
♡リボンかヒモ

①不織布《ふしょくふ》パック3枚《まい》を3重《じゅう》に重《かさ》ねて、口《くち》を開《ひら》き、その中《なか》に大《おお》さじ1ぱいの重曹《じゅうそう》を入れる。口《くち》をヒモかリボンでとじてできあがり。これを2個《こ》作《つく》るよ。

②ぬいだクツに入《い》れておくだけ！ だいたい2ヵ月《げつ》くらいはもつ消臭《しょうしゅう》ポプリだよ♪

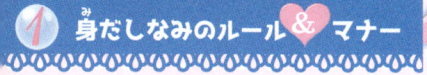

2

好《す》かれ女子研究《じょしけんきゅう》

会話《かいわ》のルール＆マナー

「この子《こ》と話《はな》すと楽《たの》しい♪」「いっしょにいたい★」と思《おも》われたら一番《いちばん》うれしいよね♡ 楽《たの》しい会話《かいわ》ができるようになろうね！

聞《き》いてもらうためにハキハキした話《はな》し方《かた》！

「ア」と「オ」を意識《いしき》

聞《き》き取《と》りやすい発音《はつおん》で話《はな》す努力《どりょく》が必要《ひつよう》だよ。あまり口《くち》を開《あ》けないで話《はな》すと、音《おと》が口《くち》の中《なか》にこもって、小《ちい》さくて聞《き》きにくい声《こえ》になっちゃう。「ア」「イ」「ウ」「エ」「オ」を意識《いしき》して、口《くち》を開《あ》けて話《はな》すレッスンがおすすめ！ とくに、「ア」「オ」の段《だん》は、口《くち》をタテに大きく開《あ》けると、聞《き》き取《と》りやすい声《こえ》になるよ♪

ゆっくり話《はな》そう

早口《はやくち》は聞《き》き取《と》りづらいの。聞《き》いてもらいたい気持《きも》ちが強《つよ》いとき、相手《あいて》が興味《きょうみ》をなくす前《まえ》に、急《いそ》いで話《はな》してしまおうとしがち。でも、それは逆効果《ぎゃくこうか》なの。早口《はやくち》はスルーされやすいもの。ちゃんと聞《き》いてほしいなら、少《すこ》しゆっくり話《はな》すのがコツ。

うでや足《あし》を組《く》まない

うでや足《あし》を組《く》んだまま話《はな》すのはやめようね。なぜなら、うでをクロスさせるポーズは、「ノー」と言《い》っているのと同《おな》じこと。相手《あいて》をこばむことになるから。足《あし》を組《く》むのも同《おな》じだよ。クールなポーズだから、「あまり興味《きょうみ》がなさそう」「つまらなそう」と思《おも》われちゃう。

耳《みみ》に心地《ここち》よくとどけ！きれいな言葉《ことば》づかい！

美《うつく》しい言葉《ことば》

美《うつく》しい言葉《ことば》を使《つか》うのは大切《たいせつ》。それは、あなたが毎日《まいにち》使《つか》う言葉《ことば》によって、あなたのイメージが決《き》まるからだよ。友《とも》だちが使《つか》っているからという理由《りゆう》で、わざわざがさつな言葉《ことば》をマネする必要《ひつよう》はないの。実際《じっさい》、「うまい」「でかい」と言《い》うよりも、「おいしい」「大《おお》きい」のほうが、感《かん》じがいいもの。

「です」「ます」

年上《としうえ》の人《ひと》と話《はな》すときには、言葉《ことば》の最後《さいご》に「です」「ます」をつけて。たんなるマナーというだけでなく、ちゃんと言葉《ことば》を使《つか》い分《わ》けられる子《こ》は、頭《あたま》がよさそうで、たよりがいがあるイメージを持《も》たれるよ。

だらだらしない

「◎◎ですぅ～」「◎◎で～」のように、言葉《ことば》の最後《さいご》の部分《ぶぶん》をのばすのは、だらしないイメージ。この話《はな》し方《かた》をする子《こ》は、「あまやかされたい」という気持《きも》ちが強《つよ》そう。人《ひと》にたよりっぱなしなのは重《おも》いから、好感度《こうかんど》も低《ひく》めかも。

きっかけを作《つく》ろう！ 最初《さいしょ》がカンジン

勇気《ゆうき》を出《だ》して

一番大事《いちばんだいじ》なのは、まず声《こえ》をかける勇気《ゆうき》を持《も》つことだよね。たとえば「おはよう」は一日《いちにち》の始《はじ》まりの言葉《ことば》だけど、おつき合《あ》いのスタートメッセージでもあるんだよ。「さよなら」も「明日《あした》、またね」の気持《きも》ちをこめて、明《あか》るくね。

おはよう!!

名前《なまえ》を呼《よ》ぼう

話《はな》しかけるときに、相手《あいて》の名前《なまえ》をいっしょに呼《よ》ぶと、仲良《なかよ》し感《かん》が増《ま》すよ。「おはよう」だけでなく、「◎◎さん、おはよう！」のほうが相手《あいて》の心《こころ》にひびくもの。持《も》ちものをほめるときも、「かわいい！」だけじゃなく、「◎◎さんの、かわいいね！」という感《かん》じ♡

マイナス言葉《ことば》は×

せっかく話《はな》しかけるんだから、ネガティブな言葉《ことば》から始《はじ》めないようにしようね。共通《きょうつう》の話題《わだい》だからって、「宿題《しゅくだい》、多《おお》くてイヤだね」と話《はな》しかけるより、「宿題《しゅくだい》、早《はや》く終《お》わらせたいね！」と言《い》うほうが、会話《かいわ》もはずむよ！

イヤだ
キライ
やめたい
早く終わらせてあそぼう
そうだねー

目線《めせん》を合《あ》わせて

相手《あいて》が座《すわ》っているときに、立《た》ったまま話《はな》していると、意《い》外《がい》に"上《うえ》から目線《めせん》"な感《かん》じに。相手《あいて》の近《ちか》くで目線《めせん》を合《あ》わせたほうが、相手《あいて》もリラックスして会話《かいわ》できるよ。

「いっしょに○○しない？」

「いっしょに移動教室《いどうきょうしつ》に行《い》かない？」「いっしょにやろう！」など、気軽《きがる》に声《こえ》をかけられてイヤな気分《きぶん》になる子《こ》はいないもの。友《とも》だちになりたい子《こ》には、思《おも》い切《き》ってサラリと声《こえ》をかけてみて。

「それホント～!?」

近《ちか》くで話《はな》している子《こ》の話《はなし》をなにげなく聞《き》いてみて。場《ば》がサイコーに盛《も》り上《あ》がったときに、「え、ホント!?」とおどろいて話《はな》しかけると、自然《しぜん》に話《はなし》の輪《わ》に加《くわ》われるよ。この「やじうま精神《せいしん》」が、話《はな》すきっかけを10倍《ばい》に増《ふ》やす魔法《まほう》のテク。楽《たの》しそうなおしゃべりをしている子《こ》たちをのぞきに行《い》ってみてね。だまって聞《き》いているより、「ねえ、それって……」とか、話《はな》しかけるといいよ。

占《うらな》いや心理《しんり》テスト

「もしかしてA型《がた》？」とか、何《なん》となく聞《き》いてみると、意《い》外《がい》に盛《も》り上《あ》がりそう。星座占《せいざうらな》いや血液型占《けつえきがたうらな》い、カンタンな心理《しんり》テストなんかも◎。話《はなし》が聞《き》こえると、参加《さんか》したくなる子《こ》も多《おお》いはず。手帳《てちょう》に名前《なまえ》と生年月日《せいねんがっぴ》をかいてもらうのも、友《とも》だち作《づく》りに有効《ゆうこう》ワザだよね。

自分《じぶん》より人《ひと》のこと！「聞《き》き上手《じょうず》」になろう

あいづちを打《う》つ

話《はな》す側《がわ》は、自分《じぶん》の話《はなし》を相手《あいて》がちゃんと聞《き》いているかどうかを、とても気《き》にしているものなの。だから「そうなんだ！」「すごい！」と、あいづちを打《う》つのが大事《だいじ》！

相手《あいて》の目《め》を見《み》る

目《め》を見《み》ると「興味《きょうみ》を持《も》っているよ」というサインに。他《ほか》のことをやりながら、あいづちだけ打《う》っているのでは、信用《しんよう》されないよ。ときどき、目《め》を合《あ》わせようね！　見《み》つめ続《つづ》けるのはやりすぎ。こわがらせちゃう！

割《わ》りこまない

人《ひと》が話《はな》しているとちゅうで、口《くち》をはさむのはNG。話題《わだい》が自分《じぶん》の得意《とくい》なことだとウズウズしちゃうけど、急《きゅう》に割《わ》りこめば引《ひ》かれるよ。相手《あいて》が話《はな》し終《お》わるのを待《ま》ってから、「私《わたし》も話《はな》していい？」と加《くわ》わるほうがスマート。

質問《しつもん》をする

「それで、それで？」「どうなったの？」と聞《き》くと、「話《はなし》がおもしろい」というアピールになるから、相手《あいて》は「話《はな》してよかった」と思《おも》うよ。あいづちといっしょに、話《はなし》の先《さき》をうながすひと言《こと》をはさんで。

会話《かいわ》をとぎれさせない「お返事《へんじ》上手《じょうず》」になろう

一方的《いっぽうてき》に話《はな》さない

会話《かいわ》はキャッチボール。自分《じぶん》のことを知《し》ってもらいたくて、つい長話《ながばなし》になりがちだけど、一方的《いっぽうてき》に話《はな》すのは×。どんなにおもしろい話《はなし》でも、聞《き》かされているだけじゃつまらなくなるの。相手《あいて》の話《はなし》を聞《き》いてから→自分《じぶん》が話《はな》す。この順番《じゅんばん》が絶対《ぜったい》ルール!!

共通《きょうつう》の話題《わだい》

相手《あいて》の興味《きょうみ》が自分《じぶん》と同《おな》じだとサイコーだよね。たとえばシュミや持《も》ちものの話《はなし》で盛《も》り上《あ》がれるとベスト。相手《あいて》が気《き》になるものを持《も》っていたら、「ステキだね! 私《わたし》もそういうの好《す》き♡」とほめてみて。

ちがう意見《いけん》でもまずみとめて

意見《いけん》がちがうと感《かん》じたときはすぐに反対《はんたい》するのではなく、まず「そうだね」「なるほど」と賛成《さんせい》してから。いったんみとめてから、「でも」と自分《じぶん》の意見《いけん》を続《つづ》けるの。先《さき》に相《あい》手《て》の言《い》うことを聞《き》くのがコツだよ。

こまったときには質問返《しつもんがえ》し

相手《あいて》の話《はなし》がつまらないときも、すぐに自分《じぶん》の好《す》きな話《はなし》に変《か》えたり、否定《ひてい》したりしちゃうのはタブーだよ。たとえば、「きのうのアニメ、おもしろかったね!」と言《い》われたとき。自分《じぶん》はそう思《おも》わなかったら、「つまんない」と言《い》うのではなく、「◎◎ちゃんはアニメ好《す》きなの?」とか「他《ほか》にはどんなのが好《す》き?」というように、質《しつ》問返《もんがえ》しが正解《せいかい》だよ。

見てない きょうみない つまんなーーい
アニメ好きなの?

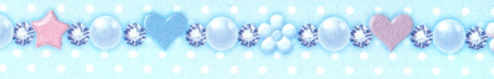

「ありがとう」と「イエス!」のテク

「ありがとう」はすぐに

せっかくほめられたのに、テレて「そんな〜」とか「全《ぜん》然《ぜん》だよ〜」なんて、返《かえ》していない? まず、ひと言目《ことめ》は「ありがとう」だよ! エンリョばかりしていると、相《あい》手《て》はもっとほめなきゃならなくて、めんどうかも……。

「イエス」もすばやく

「OK!」「うん、いいよ!」など、イエスのお返事《へんじ》は、ソッコーで。人にものをたのむときはだれだって不安《ふあん》だから、すばやくOKされると「感《かん》じがいい♡」と思《おも》われるもの。カンタンなたのみごとやさそいなら、すばやくイエスと言《い》う人《ひと》ほど、好感度《こうかんど》が高《たか》いというわけ。

満面《まんめん》の笑《え》みで!

めんどうなことをたのまれたときは、「うーん……」とちょっと迷《まよ》いながらも「いいよ♡」と笑顔《えがお》で言《い》ってあげるのは、とっておきの好《こう》感度《かんど》アップのワザ。相手《あいて》は断《ことわ》られるかくごがあるから、OKされたら心《こころ》からホッとして、感《かん》しゃされちゃう♪

ひと言《こと》をプラス!

さそわれたら、「いいよ」「OK」のあとに、「もちろん!」「うれしい!」「ありがとう」など、うれしい気持《きも》ちを表《あらわ》すひと言《こと》をそえるのを忘《わす》れないでね。ノリがいいと、相手《あいて》を安心《あんしん》させるよ。

「ごめんなさい」と「ノー！」のテク

「ありがとう」から始《はじ》めて

せっかくさそってくれたのに断《ことわ》らなきゃいけないときは、まず「さそってくれてありがとう」と言《い》って、「でも用事《ようじ》があって行《い》けないの。ごめんね」と伝《つた》えるのが正解《せいかい》。

ありがとう
でも
ごめんね

二度《にど》あやまる！

最初《さいしょ》に話《はな》したときにしっかりあやまった上《うえ》に、帰《かえ》りぎわにもう一度《いちど》あやまるのが◎。最初《さいしょ》のときは、ちゃんと心《こころ》をこめて。二度目《にどめ》は「今日《きょう》はホントにごめんね」など少《すこ》し軽《かる》めに。なかなか二度目《にどめ》のタイミングがつかめなかったときは、電話《でんわ》やメールでもOK。

フォローのひと言《こと》！

断《ことわ》っておしまい、にしていたら、友《とも》だちは増《ふ》えないよ。「○○のときならだいじょうぶだから」「今度《こんど》またさそってね」など、次《つぎ》の機会《きかい》につなげるひと言《こと》をそえて。たのまれごとでも同《おな》じだよ。「次《つぎ》はちゃんとやるから」という姿勢《しせい》を見《み》せれば、断《ことわ》っても好感度《こうかんど》アップ。

先《さき》にあやまる

ケンカしたときは、相手《あいて》より先《さき》に「ごめんなさい」と言《い》おうね。自分《じぶん》から言《い》えば気持《きも》ちが早《はや》く楽《らく》になるよ。相手《あいて》が何《なに》か言《い》ってくれるのを待《ま》ってたら、その間《あいだ》、ずーっと気《き》まずいし、仲直《なかなお》りのきっかけを失《うしな》うことも。

ごっ
ごめんっ

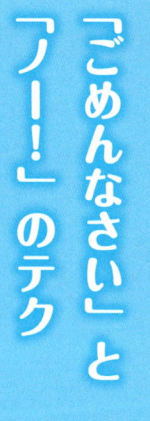

いつでも 何度《なんど》でも うれしい気持《きも》ちになる言葉《ことば》

〇〇がいないと
つまんないよ

〇〇ちゃんに
しか言《い》えないよ

〇〇ちゃんが
いてよかった

トクベツ感《かん》があるから、信《しん》らいのあかしになるキメ言葉《ことば》。友《とも》だちとのキズナがグッとアップする究極《きゅうきょく》のひと言《こと》と言《い》えるかも。ただし、しょっちゅう、だれにでも同《おな》じことを言《い》っていたら、とたんにホンネを疑《うたが》われるから、ここぞというときに使《つか》うのがベストだよ。じつはこの言葉《ことば》、男《おとこ》の子《こ》にとってはプライドをくすぐられるから最強《さいきょう》のラブ効果《こうか》アリ♥

一番《いちばん》に
言《い》いたかった

似《に》合《あ》うね、
それカワイイ

そういうとこ、
好《す》き♥

すごいよ！

自分《じぶん》のチョイスしたものや個性《こせい》がほめられるのは、とてもうれしいものだよね♪　ちゃんと見《み》てくれているんだ、わかってくれているんだなって、心《こころ》がほっこりしちゃう。だからあなたも、いいなと思《おも》ったら、テレずに相《あい》手《て》に伝《つた》えようよ！　一気《いっき》にキズナが強《つよ》まるよ！

さすが！
センスいいね

気《き》をつけようね！

イヤな気持《きも》ちになる言葉《ことば》

「○○ちゃんはいいよね～」

こんなふうに言《い》われたら、リアクションしにくくて、何《なん》だかイヤミに思《おも》われちゃうよね……。

「○○ちゃんはいいよね。見習《みなら》おう！」

でも、明《あか》るい言《い》い方《かた》でポジティブな言葉《ことば》をそえれば、とたんにイイ感《かん》じに聞《き》こえるよ。

「○○にすればよかった」

すんだことをグチグチ言《い》うのは、聞《き》いているほうも暗《くら》～くなるよ。

「あっ、そう」「無理《むり》」「あ、だいじょうぶだから」

これで会話《かいわ》を終《お》わらせたら、カチンときて、思《おも》いやりのない子《こ》だと思《おも》われるよね。

気《き》にしないで次《つぎ》、がんばろ！

きっとだいじょうぶ！

口《くち》に出《だ》すと、落《お》ちこんでいる人《ひと》の気持《きも》ちをグッと楽《らく》にしてあげる魔法《まほう》の言葉《ことば》だよ。終《お》わったことを気《き》にしないで、気持《きも》ちを切《き》りかえさせてあげるのは、人間関係《にんげんかんけい》ではとても大事《だいじ》な思《おも》いやり。失敗《しっぱい》した子《こ》には何《なに》よりイイ特効薬《とっこうやく》になるよ♡　自分《じぶん》がへこんでいるときのはげましは、長《なが》く心《こころ》に残《のこ》って、その子《こ》の支《ささ》えになるの。一生《いっしょう》の思《おも》い出《で》になることもあるくらい！

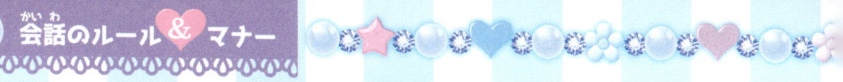

言《い》いにくいことを言《い》う言《い》い方《かた》

✕「それ、まちがってるよ！」

相手《あいて》のためを思《おも》って言《い》ったとしても、いばっているみたいで、キツク聞《き》こえちゃうよ。

○「もしかして、○○かも」

ハッキリ相手《あいて》がまちがっているのがわかっていても、「もしかして」をつけて、言葉《ことば》のひびきをやわらかくしよう。大事《だいじ》なのは相手《あいて》を責《せ》めない言葉《ことば》にすること。「たぶん」「ちがうかもしれないけど」などを最初《さいしょ》につけてもOK。

もしかして
もしかしたら
もしかして
なんだけどお

✕「前《まえ》に貸《か》した○○返《かえ》して！」

貸《か》したら、返《かえ》してもらうのは当《あ》たり前《まえ》だけど、ストレートに言《い》うと、ケンカ宣言《せんげん》になっちゃいそう。

早く返してほしい
けど
マンガ
うーん

○「ごめん、この間《あいだ》の○○、返《かえ》してもらったっけ？」

よく覚《おぼ》えていないけど……、という感《かん》じで、やんわり言《い》うのがコツだよ。ゼッタイ返《かえ》してもらっていないと思《おも》っていても、じつはカンちがいということだってあるから、この言《い》い方《かた》なら、だいじょうぶ。

✕「これ、やってよ！」

言葉《ことば》が足《た》りないと、仕切《しき》っている、命令《めいれい》していると思《おも》われてしまうのでソンだよ。

○「ごめんね。私《わたし》はこれをやるから、○○をやってくれる？」

やわらかいお願《ねが》いが正解《せいかい》だよ。人《ひと》にばかりやらせるのではない、と思《おも》ってもらえれば、言《い》われたほうもやりやすくなる言《い》い方《かた》。「やってもらってもいい？」「たのんでもいいかな？」「○○してくれるとうれしい」という言《い》い方《かた》もＯＫ。

✕「そういうのやめてよ！」

強《つよ》くこばみたいときでも、感情的《かんじょうてき》に言《い》ってしまうと、関係《かんけい》が終《お》わってしまうことも……。

○「私《わたし》はあまりよくないと思《おも》うけど、どう？」

どうしてよくないと思《おも》うのか、説《せつ》明《めい》するのが正解《せいかい》。「友《とも》だちだと思《おも》うから言《い》うんだけど」と言《い》ってから話《はな》すのもＯＫ。相手《あいて》のことをキライになったのではなく、もっと仲《なか》良《よ》くなりたいから、という気持《きも》ちを伝《つた》えて。「どう？」と相手《あいて》の意見《いけん》を聞《き》く姿勢《しせい》も◎。

✕「協力《きょうりょく》してよ！」

みんなでいっしょにやるときに1人《ひとり》だけ参加《さんか》しない子《こ》に、つい言《い》いたくなるけど、これだけだとこわいと思《おも》われちゃう。

○「これやりたいんだけど、つき合《あ》ってくれない？」

上手《じょうず》にさそうのが大事《だいじ》。自分《じぶん》だったら、どう言《い》われたらやる気《き》になるのかを考《かんが》えてみて。「いっしょにやろう」とさそえば、気持《きも》ちがほぐれて、意地《いじ》をはるのをやめるかもしれないよ。

3
好《す》かれ女子研究《じょしけんきゅう》

ふるまいのルール&マナー

「この子《こ》ってステキ♡」「もしかして、お嬢様《じょうさま》なのかな♡」そんなふうに思《おも》われるのは、いったいどんな子《こ》で、どんなところがちがうのかな?

仲良《なかよ》くなりたいのはほんわか笑顔《えがお》の子《こ》!

好《す》かれ女子《じょし》=笑顔《えがお》

いつも笑顔《えがお》の子《こ》はイキイキして見《み》えるし、何《なに》より話《はな》しかけやすいフンイキがあるよね。好《す》かれ女子《じょし》は、まわりにフレンドリーなイメージをあたえるから高《こう》ポイント♡だから、まず笑顔《えがお》を意識《いしき》することが、好《す》かれ女子《じょし》のふるまいのファーストステップなの♪

自然《しぜん》な笑顔《えがお》とは

たとえば、目《め》の前《まえ》にかわいい動物《どうぶつ》(または好《す》きなもの)がいるとイメージしてみて。「かわいい～♪」と思《おも》ったときに自然《しぜん》にうかんでくる笑顔《えがお》が、一番《いちばん》ミリョク的《てき》なんだよ。ナチュラルなので、だれから見《み》ても好感度《こうかんど》高《たか》し!

口角《こうかく》を上《あ》げて

アイドルやタレントは笑顔《えがお》のプロ♪その共通点《きょうつうてん》は「口角《こうかく》が上《あ》がっていること」なの。口角《こうかく》って、口《くち》の両《りょう》はしのこと。ステキな笑顔《えがお》を作《つく》るポイントは、口《くち》の両《りょう》はしをキュッと上《あ》げること。いったん口《くち》を閉《と》じて、「イ」と言《い》ったときの口《くち》の形《かたち》がお手本《てほん》。鏡《かがみ》でチェックしてみてね。

“きちんと感《かん》”で見直《みなお》されるよ！

あいさつ＋おじぎ

あいさつが大事《だいじ》なのは、知《し》っているよね。友《とも》だちやクラスメイトへのあいさつは明《あか》るくサラッとでいいけれど、先《せん》ぱいや先生《せんせい》、大人《おとな》の人《ひと》にあいさつするときは、おじぎとセットが好感度《こうかんど》アップ★

相手《あいて》の顔《かお》を見《み》て

ちょっと立《た》ち止《ど》まって、両手《りょうて》をそろえて、相手《あいて》の顔《かお》を正《しょう》面《めん》から見《み》て、「おはようございます！」「こんにちは！」と言《い》いながら、軽《かる》くおじぎをすれば、きちんと感《かん》！　はずかしくて早口《はやくち》になったり、ちょっとおしりをつき出《だ》すだけの、ちゅうとハンパなおじぎはNGだよ。

フォーマルおじぎ

校長先生《こうちょうせんせい》にも通《つう》じる、ちゃんとしたおじぎもレッスンしておこう。鏡《かがみ》の前《まえ》で何度《なんど》も練習《れんしゅう》して、身体《からだ》が覚《おぼ》えるまでくり返《かえ》すと、いざというときにビシッとできちゃうよ！

- 両手《りょうて》を前《まえ》でそろえて、こしから上《うえ》を約《やく》15度《ど》かたむける。首《くび》だけを動《うご》かさないように！　首《くび》とせなかは真《ま》っすぐに。
- 何度《なんど》もペコペコと頭《あたま》を下《さ》げるのは×。

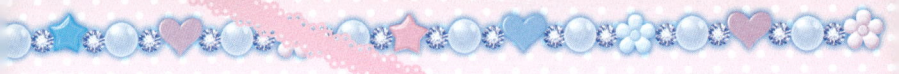

ほんの少《すこ》しの差《さ》で上《じょう》品《ひん》なしぐさに

ものを拾《ひろ》うとき

落《お》ちているものを拾《ひろ》うときは、手《て》だけをのばすのではなく、こしを落《お》としてね。ものに近《ちか》づいてから、静《しず》かに拾《ひろ》うのが正解《せいかい》。立《た》ったまま拾《ひろ》うと下着《したぎ》が見《み》えることもあるし、大《おお》ざっぱな人《ひと》にも見《み》えるから、何《なに》かとNGだよ〜！

ものをわたすとき

ものの正面《しょうめん》を相手《あいて》に向《む》けて、手《て》わたしすると、ていねいだよ。本《ほん》やプレゼントはもちろんだけど、プリント類《るい》もちゃんと向《む》きをそろえてわたすようにしようね。この工《く》夫《ふう》が差《さ》を生《う》むコツ。ハサミなど先《さき》のとがったものをわたすときは、持《も》ち手《て》を相手側《あいてがわ》に向《む》けてわたそうね。相手《あいて》が受《う》け取《と》りやすいし、あぶなくないから。

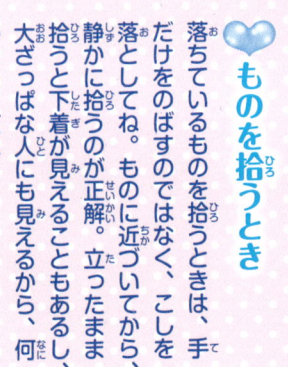

カサをさすとき

カサの先《さき》をナナメ下《した》に向《む》けて、そのまま広《ひろ》げるの。ワンタッチ式《しき》の場合《ばあい》は勢《いきお》いがあるので、開《ひら》く前《まえ》にまわりに人《ひと》がいないことを確認《かくにん》してね。さしていたカサを閉《と》じるときは、さした状態《じょうたい》のままで少《すこ》しすぼめ、そのままゆっくりナナメ下《した》へおろして、閉《と》じること。

カサですれちがうとき

カサをさしたまま人《ひと》とすれちがうときは、相手《あいて》の反対側《はんたいがわ》へカサをかたむけると、スマート！

ぬれたカサを持《も》つとき

電車《でんしゃ》の中《なか》や建物《たてもの》の中《なか》で、ぬれたカサを持《も》つときは、え（持《も》ち手《て》）をしっかりにぎって、カサの先《さき》を真《ま》っすぐ下《した》に向《む》けてね。えをうでにかけるときは、えの向《む》きを自分《じぶん》に向《む》けてかけると、カサの先《さき》が自分《じぶん》のほうにかたむくので、人《ひと》にめいわくをかけにくいよ。

呼《よ》びかけられたとき

あわてずに、ゆっくりふり向《む》くすがたがエレガントだよ♡　そのとき、相手《あいて》のほうに顔《かお》だけ向《む》けるのではなく、身体全体《からだぜんたい》でふり向《む》くのがポイント。顔《かお》だけだと、"とりあえず"注意《ちゅうい》を向《む》けた印象《いんしょう》になって、誠実《せいじつ》ではない感《かん》じがしちゃう。

電車《でんしゃ》の乗《の》りおりで

おりるときは、おりる人《ひと》のジャマにならないように、ワキによけて待《ま》とうね。こんでいるときに自分《じぶん》より奥《おく》にいる人《ひと》がおりようとしていたら、自分《じぶん》もいったんおりて、スムーズに人《ひと》を通《とお》すのがマナーだよ。また自分《じぶん》がおりる場合《ばあい》は、その場《ば》に立《た》ち止《ど》まらず、前《まえ》に進《すす》んで、人《ひと》の流《なが》れをストップさせないようにしてね！

席《せき》をゆずれる子《こ》になろう

頭《あたま》ではわかっているけど、電車《でんしゃ》の中《なか》で席《せき》をゆずるのは、なかなか勇気《ゆうき》が出《で》ないものだよね。それはだれでも同《おな》じ。だから、実際《じっさい》に行動《こうどう》する子《こ》が注目《ちゅうもく》されるの。サッと立《た》ち上《あ》がって、「どうぞ」と声《こえ》をかけよう。エンリョされたり、言《い》うのがはずかしかったりしたら、「すぐおりますので、ココどうぞ」と声《こえ》をかけてみて。声《こえ》をかけたあとは、席《せき》をゆずった人《ひと》から見《み》えない場所《ばしょ》まで移動《いどう》すれば、もっとスマートなマナーだよ！

エレベーターで

エレベーターでは、自《じ》分《ぶん》が出《で》入《い》り口《ぐち》の近《ちか》くに立《た》ったら、開閉《かいへい》ボタンを押《お》す役目《やくめ》をするのがマナーだよ。乗《の》りおりが終《お》わるまで、ドアを開《あ》けておいてあげて。この役目《やくめ》を積極的《せっきょくてき》にする子《こ》は、だれの目《め》にも「気《き》が利《き》く！」「やさしい！」「礼《れい》ぎ正《ただ》しい！」と映《うつ》るはず★

トイレのマナー

こんでいるときは、一列《いちれつ》にならぶのがマナーだけれど、どうしても調子《ちょうし》が悪《わる》いときはガマンしないで。「すみません。具合《ぐあい》が悪《わる》いので、先《さき》にトイレを使《つか》わせてください」と前《まえ》の人《ひと》にお願《ねが》いしてね。こういうことでは、はずかしがらないほうがいいから！

お店《みせ》で話《はな》すとき

友《とも》だちとカフェなどのお店《みせ》に入《はい》ったら、大声《おおごえ》に気《き》をつけようね。盛《も》り上《あ》がってつい、「キャー！」とはしゃいだり、いっせいに笑《わら》ったりしちゃうけど、じつはこれが他《ほか》のお客《きゃく》さんをイライラさせる元《もと》に。うるさいかな、と思《おも》ったら友《とも》だちに声《こえ》をかけて、トーンを下《さ》げよう。気《き》を使《つか》っている様子《ようす》を見《み》せれば、逆《ぎゃく》に好感《こうかん》を持《も》たれるよ♡

4
好《ず》かれ女子研究《じょしけんきゅう》

訪問《ほうもん》や食事《しょくじ》のルール＆マナー

おうちの人《ひと》のOKをもらって、友《とも》だちの家《いえ》に遊《あそ》びにいくとき。いざ、好感《こうかん》と信《しん》らい度《ど》をグンと上《あ》げて、おつき合《あ》いの達人《たつじん》になろう！

お友《とも》だちの家《いえ》におじゃまするとき

♪約束《やくそく》の5分後《ふんご》がマナー

約束《やくそく》の時間《じかん》ぴったりにおじゃまするより、5分後《ふんご》くらいがちょうどいいの。時間《じかん》は守《まも》るべきだけど、訪問《ほうもん》される側《がわ》にも準備《じゅんび》の手間《てま》があるから、早《はや》く行《い》くのはさけたほうが親切《しんせつ》。ただし、外《そと》で待《ま》ち合《あ》わせをするときは、5分前《ふんまえ》には着《つ》くようにして。相手《あいて》を待《ま》たせないのがルールだよ。

♪もしおくれたら

友《とも》だちか友《とも》だちの家《いえ》に電話《でんわ》をかけて。おうちの人《ひと》が出《で》たら、ちゃんと「こんにちは。○○ちゃんの友《とも》だち（クラス）の△△です。時間《じかん》におくれてしまい、今日《きょう》おじゃまするのが○時《じ》になりそうです。本当《ほんとう》にごめんなさい」と知《し》らせておこう。ピンチのときこそ、逆《ぎゃく》に好感度《こうかんど》を上《あ》げるチャンスと考《かんが》えて♥

ごあいさつはハキハキ

おうちの方《かた》と会《あ》ったら、「こんにちは。同《おな》じクラス（部《ぶ》活《かつ》）の○○です。おじゃまします」と笑顔《えがお》でごあいさつ。玄関《げんかん》で会《あ》わなくても、家《いえ》の中《なか》でご家族《かぞく》に会《あ》ったとき、だれが相手《あいて》でも、最初《さいしょ》にちゃんと自己《じこ》しょうかいしてね。はずかしくて、無言《むごん》で何《なん》となく通《とお》りすぎるなんてカッコ悪《わる》いよ。とくにトイレに行《い》くときは、他《ほか》のご家族《かぞく》に会《あ》いやすいもの。「失礼《しつれい》します」「トイレお借《か》りします」など、ちゃんと口《くち》に出《だ》すのがマナーだよ。

こんにちは!!
いらっしゃーい

クツの向《む》きをそろえる

「失礼《しつれい》します」と言《い》ってから、前《まえ》を向《む》いたまま片《かた》足《あし》ずつ静《しず》かにぬいで。相《あい》手《て》におしりを向《む》けないように、身体《からだ》の向《む》きをナナメにして、ひざをついて、クツをそろえよう！　スリッパは、クツを直《なお》してからはいてね。

キョロキョロしない

よその家《いえ》ってめずらしくて、ついあちこち見《み》ちゃうけど、グッとガマン！「ねえ、あれ何《なに》？」なんて指《ゆび》さしたりするのはタブーだよ。どうしても気《き》になることがあったら、あとで友《とも》だちにさりげなく聞《き》いてみてね。

キョロキョロ
ソワソワ

リラックスしてもエンリョを忘《わす》れない！

♪声《こえ》と行動《こうどう》の大《おお》きさに気《き》をつける

せっかくだし、楽《たの》しいひとときにするのは大賛成《だいさんせい》。でも、はしゃいで大声《おおごえ》を出《だ》したり、ドタバタさわいだりしたら、おうちの人《ひと》にめいわくになるよ。ときどき思《おも》い出《だ》して、ふるまいをチェックしてみようね。

♪気《き》を使《つか》ってもらったらスグお礼《れい》！

のみものやお菓子《かし》をいただいたら、かならず「ありがとうございます！」と声《こえ》に出《だ》そう。「わーい」「うれしい」「おいしそう」と素直《すなお》に喜《よろこ》ぶ様子《ようす》も好感《こうかん》を持《も》たれるけど、あらたまってお礼《れい》のひと言《こと》をそえることで、差《さ》がつくよ♪

♪部屋《へや》のものを勝手《かって》にさわらない

部屋《へや》に通《とお》されたときに、すぐにベッドなどにドスンと座《すわ》るのはダメ。「ここ座《すわ》ってもいい？」と聞《き》いてから。どんなに親《した》しくても、部屋《へや》の中《なか》のものを勝手《かって》に動《うご》かしたり、使《つか》ったりするのはマナーいはんなの。興味《きょうみ》があるもの

があったら、手《て》に取《と》る前《まえ》に、まず友《とも》だちに「さわっていいかな？」と確《かく》にんしてね。気《き》を使《つか》ってくれていると思《おも》うと、友《とも》だちだって気分《きぶん》がいいはず♡

♫夕食《ゆうしょく》のしたくの前《まえ》に帰《かえ》る

最初《さいしょ》から夕食《ゆうしょく》をごちそうになる予定《よてい》が決《き》まっているならいいけど、そうでなければ、夕食《ゆうしょく》のしたくが始《はじ》まる前《まえ》に帰《かえ》るのがマナー。だいたい5時《じ》ごろが目安《めやす》。急《きゅう》に夕食《ゆうしょく》をさそわれたら、「ありがとうございます。家《いえ》に確《かく》にんしてみます」と言《い》って、電話《でんわ》を借《か》りるか、携帯《けいたい》で自分《じぶん》の家族《かぞく》に相談《そうだん》してね。OKが出《で》たら、「ごちそうになります」とさわやかに。自分《じぶん》の家族《かぞく》と電話《でんわ》で話《はな》しているときは、つい うっかりがさつな言葉《ことば》が出《で》ないように、気《き》をつけて！

※食事《しょくじ》をいただくときには、P286のマナーを参考《さんこう》に。

♫帰《かえ》る前《まえ》にもう一度《いちど》！

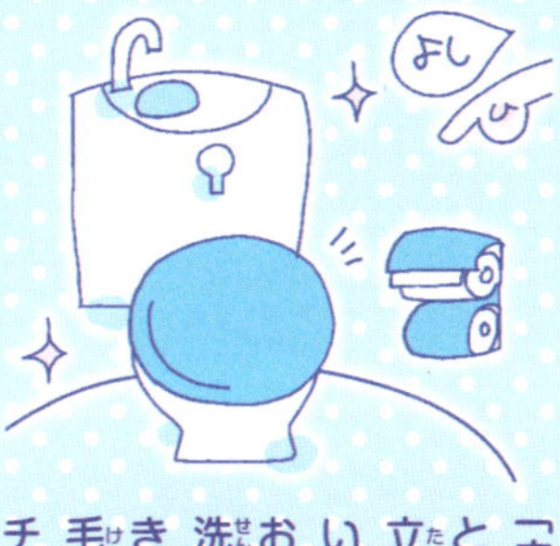

「立《た》つ鳥《とり》あとをにごさず」ということわざがあるの。立《た》ち去《さ》る者《もの》は、見苦《みぐる》しくないようにキレイに始末《しまつ》しておくという意味《いみ》。トイレや洗面所《せんめんじょ》を使《つか》ったら、水《みず》しぶきが飛《と》んでいないか、髪《かみ》の毛《け》が落《お》ちていないかなどもチェックしてね。

♫テキパキ動《うご》こう！

お菓子《かし》の食《た》べ残《のこ》しやいっしょに遊《あそ》んだものなどをあちこちに散《ち》らかさないこと。あと片《かた》づけは、友《とも》だちにまかせっぱなしにしないで、自分《じぶん》からテキパキ動《うご》こうね。帰《かえ》る前《まえ》には、もう一度《いちど》自分《じぶん》の持《も》ちものを確認《かくにん》すること。

食事《しょくじ》をいただくときの お嬢《じょう》様《さま》マナー

正《ただ》しいおはしの持《も》ち方《かた》

1 おはしを右手《みぎて》でつかみ、持《も》ち上《あ》げる。

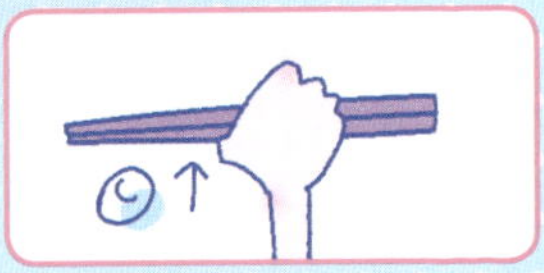

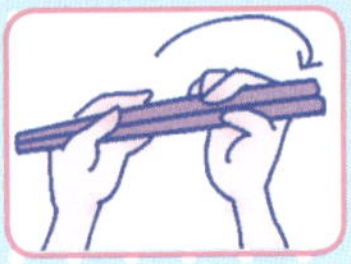

2 左手《ひだりて》でおはしの下《した》を支《ささ》える。

3 右手《みぎて》をすべらせておはしの下《した》へ。

4 左手《ひだりて》をはなし、右手《みぎて》でおはしを持《も》ちかえる。

5 使《つか》うときは、上《うえ》のおはしだけを動《うご》かすよ。

まちがったおはしの使《つか》い方《かた》

✕探《さぐ》りばし

おはしで中身《なかみ》を探《さぐ》るように動《うご》かすこと。

✕迷《まよ》いばし

料理《りょうり》の上《うえ》を行《い》ったり来《き》たり、おはしをあちこちに動《うご》かしてしまうこと。

✕さしばし

おはしを食《た》べものにつきさすこと。

✕寄《よ》せばし

おはしでお皿《さら》を自分《じぶん》のほうに引《ひ》き寄《よ》せること。

✕ねぶりばし

おはしの先《さき》をペロリとなめること。

✕にぎりばし

おはしをにぎったまま、お皿《さら》を持《も》つこと。

割《わ》りばしの割《わ》り方《かた》&器《うつわ》の持《も》ち方《かた》

1 割《わ》りばしをヨコ向《む》きに持《も》つ。

2 右手《みぎて》で上《うえ》のおはしを、左手《ひだりて》で下《した》のおはしを持《も》つ。

3 そのまま上下《じょうげ》に引《ひ》いて、割《わ》る。

お茶《ちゃ》わんの持《も》ち方《かた》

お茶《ちゃ》わんの底《そこ》に4本《ほん》の指《ゆび》を置《お》き、親指《おやゆび》を軽《かる》くフチにかけて持《も》つ。

これらは手《て》に持《も》っていいんだよ！

- ●お茶《ちゃ》わん
- ●おわん
- ●小皿《こざら》
- ●小《こ》ばち
- ●お重《じゅう》やどんぶり

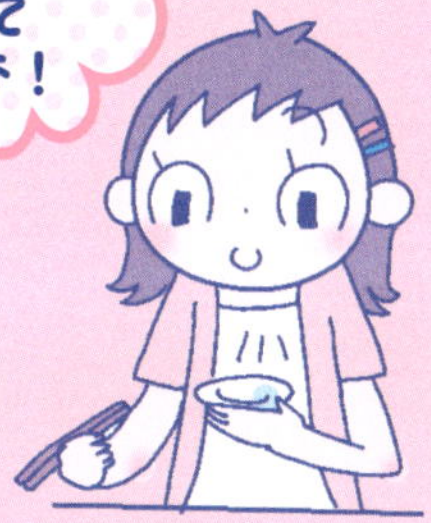

注意《ちゅうい》

手《て》を受《う》け皿《ざら》のように、アゴの下《した》にそえて食《た》べるしぐさ。テーブルに食《た》べものが落《お》ちないようにという気配《きくば》りで、ていねいな食《た》べ方《かた》だと思《おも》っていたら大《おお》まちがいなの。じつはこれ、マナーいはん！ 食《た》べものをこぼさないようにするには、手《て》ではなくお皿《さら》を持《も》って。大《おお》きなお皿《さら》は持《も》ち上《あ》げないけど、小《ちい》さなお皿《さら》は持《も》って食《た》べてOKだよ！

また来《き》てほしいと言《い》われたい!!

♫さようならはていねいに

帰《かえ》るときは、おうちの人《ひと》にもごあいさつできるとベスト。「今日《きょう》は楽《たの》しかったです。ありがとうございました」と言《い》うのが好《こう》感度《かんど》高《たか》いよ。時間《じかん》を気《き》にしてバタバタとあわてて帰《かえ》るのはカッコ悪《わる》いかも。そうならないように、帰《かえ》る時間《じかん》の10分前《ぶんまえ》には行動《こうどう》を開始《かいし》しよう！

♫もう一度《いちど》お礼《れい》を言《い》おう

のみものやお菓子《かし》をごちそうになっていたら、あらためて「ごちそうさまでした」とお礼《れい》を言《い》ってね。手作《てづく》りのお菓子《かし》をいただいていたら「おいしかったです」のひと言《こと》もそえるのがマナーだよ。

♫報《ほう》告《こく》まで気《き》をぬかない

自宅《じたく》に着《つ》いたら、すぐに友《とも》だちに電話《でんわ》して、無事《ぶじ》に帰《かえ》ったことを報《ほう》告《こく》しよう。友《とも》だちのおうちの人《ひと》も、安心《あんしん》&感《かん》心《しん》するはず。そのとき「楽《たの》しかった！」ともう一度《いちど》伝《つた》えると、とても喜《よろこ》ばれるから、ますますポイント高《たか》いよ♡

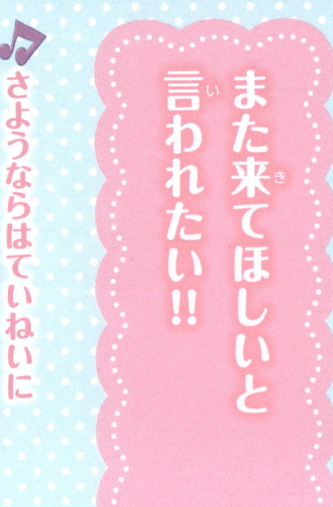

part 11

全部《ぜんぶ》口《くち》コミ！

願《ねが》いがかなうおまじない

全国《ぜんこく》のみんなが、ビューティー、イメチェンなど自分《じぶん》みがきのための“おしゃカワ魔法《まほう》”をいっぱい教《おし》えてくれたよ！　魔法《まほう》の中身《なかみ》はおまじない・じゅもん・ジンクスがずらり☆　ハッピー＆ラッキーを引《ひ》き寄《よ》せて、楽《たの》しいスクールライフを送《おく》ろう♪

野望《やぼう》
目標《もくひょう》
おしゃれになりたい！
かわいく見《み》られたい！
男子《だんし》に注目《ちゅうもく》されたい！
好感度《こうかんど》を高《たか》くしたい！
うわぁ、ワガママ。全部《ぜんぶ》かなったら最強《さいきょう》かも
でも〜、どれもあきらめたくないんだよね〜
おまじない&じゅもん&ジンクスの出番《でばん》ね★願《ねが》いをかなえたい気持《きも》ちのパワーって、キセキを呼《よ》ぶから！
全国《ぜんこく》のみんなから教《おし》えてもらった、口《くち》コミ情報《じょうほう》の大特集《だいとくしゅう》をおとどけ♪

おまじない編《へん》

Heart
ハート

積極的《せっきょくてき》な女子《じょし》になる

ミント☆ガール☆

ペパーミントキャンディを、つねに持《も》ち歩《ある》くだけ。バッグの中《なか》にかならず１個《こ》は入《い》れておこうね。これだけで、スカッとして明《あか》るい気持《きも》ちになりやすく、行動《こうどう》も積極的《せっきょくてき》に変《か》われるんだよ。暗《くら》い気持《きも》ちになったら、お口《くち》にポイッ！ （むーみん）

クヨクヨしなくなる

心《こころ》をすくうスプーン

すぐにクヨクヨしちゃう自分《じぶん》とサヨナラしたいあなたには、これをおすすめ。おもちゃ屋《や》さんで売《う》っている、人形遊《にんぎょうあそ》びなどに使《つか》う小《ちい》さなスプーンを用意《ようい》して。それをビニールぶくろに入《い》れて、日当《ひあ》たりのいい、木《き》の根元《ねもと》にうめるの。３日経《かた》ったら、取《と》り出《だ》して。これで、あなたの弱《よわ》い心《こころ》をすくいとってくれるお守《まも》りのできあがり。小《ちい》さなスプーンはいつも大切《たいせつ》に持《も》っていようね。 （いちごP）

やさしい気持《きも》ちになる
ホワイトリングの魔法《まほう》

白《しろ》いビーズで左手《ひだりて》の小指《こゆび》にはまるリングを作《つく》って、窓辺《まどべ》にひとばん置《お》いておくよ。夜《よる》の間《あいだ》に、月《つき》の光《ひかり》をあびてやさしいパワーがチャージされるの。次《つぎ》の日《ひ》、小指《こゆび》にはめて、リングにキス。これで、あなたの気持《きも》ちをやさしくしてくれるホワイトリングのできあがり。

（ゆずっこ）

思《おも》いやりを持《も》つ
ハートがお守《まも》り

ハートの形《かたち》をしたアクセサリーを用意《ようい》して、小《ちい》さな赤《あか》いきんちゃくぶくろに入《い》れて持《も》っていよう。そして、トゲトゲした気分《きぶん》になったときに、ふくろを開《あ》けて、アクセを見《み》つめるの。こうすると、人《ひと》への思《おも》いやりを思《おも》い出《だ》すことができるよ。（緑子）

おしゃべり上手《じょうず》になる

天使《てんし》の羽《はね》アンテナ

左手《ひだりて》の親指《おやゆび》のツメに、青《あお》の色《いろ》えんぴつで天使《てんし》の羽《はね》をかいて、その上《うえ》からとうめいのマニキュアをぬるの。天使《てんし》の羽《はね》が新《あたら》しい話題《わだい》を運《はこ》んできて、あなたをおしゃべり上手《じょうず》にしてくれるよ♡　　（ナマステ）

自信《じしん》がつく

コーヒーフレーバーの香《かお》り

インスタントコーヒーを小《こ》さじ１ぱい分《ぶん》、持《も》ち歩《ある》けるような容器《ようき》に入《い》れて。100円《えん》ショップなどで売《う》っている、タレビンでＯＫ。そして容器《ようき》の外側《そとがわ》に、好《す》きな色《いろ》のマニキュアで大《おお》きめに、上向《うわむ》き矢印《やじるし》（↑）をかいてね。いつも持《も》ち歩《ある》いて、弱気《よわき》になったら、フタを開《あ》けてコーヒーの香《かお》りをかぐと、不思議《ふしぎ》と心《こころ》が落《お》ち着《つ》き、自信《じしん》が出《で》てくるんだ♪　　（チカチカ）

part 11 おまじない

Face
フェイス

写真《しゃしん》映《うつ》りがよくなる
お願《ねが》いエンジェル

写真《しゃしん》をとってもらうとき、シャッターがおりる瞬間《しゅんかん》に、心《こころ》の中《なか》で「天使《てんし》の羽《はね》」とつぶやいてみて。そのとき、右肩《みぎかた》の上《うえ》に天使《てんし》の白《しろ》い羽《は》根《ね》が1枚《まい》、ふわっとまいおりてくるところをイメージするの。これだけで、びっくりするほど写真《しゃしん》映《うつ》りがよくなるよ☆
（珊瑚）

ニキビが早《はや》く治《なお》る
朝日《あさひ》のタオル

新《あたら》しいフェイスタオルを2～3枚《まい》用意《ようい》して、4すみに1つずつ、金色《きんいろ》のビーズをぬいつけよう。そして、そのタオルを朝日《あさひ》に当《あ》て、太《たい》陽《よう》のかがやきのパワーを吸収《きゅうしゅう》しておくの。毎《まい》日《にち》の洗顔《せんがん》のあとに、かならずこのタオルを使《つか》うようにしてみて。するとニキビが早《はや》く治《なお》るよ。タオルは毎日《まいにち》かえてね。（みるくちょこ）

きれいになる
クルクル♪ガード

日《ひ》焼《や》け止《ど》めを、右《みぎ》ほほ→左《ひだり》ほほ→おでこ、の順番《じゅんばん》でクルクルぬると、一週間《いっしゅうかん》後《ご》にきれいになれる！（千奈）

顔《かお》が引《ひ》きしまる
たまごの鏡《かがみ》

いつも使《つか》っている手《て》鏡《かがみ》のウラに、細《こま》かくくだいたたまごのカラのかけらを少《すこ》しだけテープで止《と》めておいて。そして鏡《かがみ》を見《み》るたびに、両《りょう》ほほを軽《かる》く3回《かい》たたいて。ちょっとずつ顔《かお》が引《ひ》きしまり、理《り》想《そう》のフェイスラインに近《ちか》づいていくはず。（BLUE）

顔《かお》がスベスベになる
エンジェルソープ

新《あたら》しい白《しろ》いソープに、フォークの先《さき》などで天《てん》使《し》のつばさの形《かたち》をほります。そのときに出《で》た、ソープのけずりかすを集《あつ》めて、左《ひだり》のほほを洗《あら》ってね。次《つぎ》からこのソープを使《つか》うたびに、お肌《はだ》がスベスベになるよ。（みるきい）

自然《しぜん》な笑顔《えがお》になる

ミラーマジック

おフロから上《あ》がったら、手鏡《てかがみ》を見《み》ながら一番《いちばん》ステキな笑顔《えがお》をしてみて。そして、鏡《かがみ》の中《なか》の自分《じぶん》の目《め》を見《み》ながら、「カ・エ・キ・シ・エ」と声《こえ》に出《だ》して5回《かい》となえてね。毎日《まいにち》続《つづ》けると、ステキな笑顔《えがお》になっていくよ〜。

（ラペ）

ニキビがなくなる

お米《こめ》の神様《かみさま》

お米《こめ》を7つぶ入《い》れたぬるま湯《ゆ》を、右手《みぎて》で7回《かい》かき回《まわ》して。そのお湯《ゆ》で顔《かお》を洗《あら》い、お米《こめ》は白《しろ》い紙《かみ》に包《つつ》んで捨《す》てて。ニキビがなくなるよ。

（紫）

キラキラひとみに

ウインク☆バード

空《そら》を飛《と》んでいるトリを1日《にち》10羽《ば》数《かぞ》えるようにして。そして10羽《ば》目《め》のトリに向《む》かって、ウインクするの。これを毎日《まいにち》続《つづ》けるように心《こころ》がけると、ひとみがどんどんきれいになっていくよ♪

（キヨシ）

美《び》人《じん》になれる

ピーチストーン

モモのタネをきれいに洗《あら》って、かわかして、アルミはくに包《つつ》んでお守《まも》りに♡　モモは美《び》人《じん》を守《まも》るフルーツ。女《おんな》の子《こ》をきれいにしてくれるんだって♪　（星リング）

ミリョクフェイスに

ヴィーナスの洗《せん》顔《がん》

洗《せん》顔《がん》フォームやせっけんを少《すこ》し指《ゆび》に取《と》り、手《て》のひらに金《きん》星《せい》マーク（♀）をかく。そして、う～んとアワだてて洗《せん》顔《がん》しよう。アワの中《なか》から生《う》まれたヴィーナスのように、ミリョク的《てき》なフェイスになれるから～♡　（♥にの♥）

メイクが上《じょう》手《ず》にできる

コスメ・ヴィーナス

美《び》の女《め》神《がみ》・ヴィーナスのパワーを授《さず》かれば、メイク上《じょう》手《ず》になれちゃう！　メイクを始《はじ》める前《まえ》に自《じ》分《ぶん》のメイクグッズの上《うえ》に指《ゆび》で金《きん》星《せい》マーク（♀）を空《くう》中《ちゅう》にえがくだけでOK。これで、女《め》神《がみ》が力《ちから》を貸《か》してくれるよ！　（A_love）

早《はや》く髪《かみ》がのびる

セブンヘア

もし、髪《かみ》を切《き》りすぎちゃったら、毎晩《まいばん》9時《じ》に「ヘア、ヘア……」と、「ヘア」を7回《かい》となえながら、髪《かみ》を強《つよ》めに引《ひ》っぱると、早《はや》くのびるよ～！　(池子)

ブロー上手《じょうず》になる

くるくるムース

急《いそ》いでいるとき、ブローが決《き》まらないと、それだけで気分《きぶん》は最悪《さいあく》だよね。右手《みぎて》の薬指《くすりゆび》で3回《かい》、時計回《とけいまわ》りに円《えん》をかくの。その上《うえ》にヘアムースを出《だ》して、髪《かみ》につけるようにしよう。そうすれば、思《おも》ったようにブローがうまくいくよ。(スワンボート)

ツヤツヤになる

うしろ頭《あたま》◎！

シャンプーするときに指《ゆび》で後頭部《こうとうぶ》に3回《かい》マルをかくと、ツヤツヤの髪《かみ》になる！

(コロン)

サラサラになる

スター☆ブラッシング

いつも使《つか》うブラシの持《も》ち手《て》に、油性《ゆせい》ペンで、ひとふでがきの星《ほし》をかいて。中心《ちゅうしん》に自分《じぶん》の名前《なまえ》のイニシァル（まゆみなら、M）もかいておいてね。夜《よる》ねる前《まえ》に、かならずこのブラシでブラッシング。サラサラヘアになれるよ☆

（レモンパイ）

キラキラになる

リーフペンダント

どんなヘアスタイルでも、決《き》め手《て》はやっぱり髪《かみ》のキラキラ感《かん》。みずみずしい葉《は》っぱを１枚用《まいよう》意《い》して、緑色《みどりいろ》の糸《いと》を通《とお》して。それを、いつも使《つか》っているシャンプーボトルに、ペンダントのようにかけておくの。シャンプーするたびに、髪《かみ》にキラキラのかがやきが出《で》てくるよ。

（早樹）

シェイプアップが成功《せいこう》する

ホワイトバランスリボン

白《しろ》いリボンを用意《ようい》するよ。長《なが》さは自分《じぶん》のウエスト＋30センチにして。そのリボンの両《りょう》はしに、ブルーの糸《いと》でルーン文字《もじ》のハガル「N」をししゅう。エクササイズなどをするときに、このリボンをウエストに巻《ま》いて結《むす》んでおくと、シェイプアップ効果《こうか》がグーンと高《たか》まるよ。

（Sam）

すきとおった肌《はだ》になる

ミルキークオーツ

コップ1ぱいのミネラルウォーターに、ミルクを3滴《てき》、混《ま》ぜて。それを製氷皿《せいひょうざら》に入《い》れて氷《こおり》を作《つく》ると、「ミルキークオーツ」というクリスタルに似《に》たきれいな氷《こおり》ができるの。これを湯《ゆ》ぶねに1つ入《い》れておフロに入《はい》ると、すきとおるような、きれいな肌《はだ》になるんだよ★

（相葉）

ミリョク的《てき》な声《こえ》になる

マジカルボイス

思《おも》わず聞《き》きほれちゃう、ステキな声《こえ》ってあるよね。そんな声《こえ》の持《も》ち主《ぬし》になりたいあなたにおすすめ♡　あなたが大好《だいす》きな曲《きょく》のワンフレーズを、1日《にち》1回《かい》かならず口《くち》ずさむこと。これを毎日《まいにち》続《つづ》けると、だんだんミリョク的《てき》な声《こえ》が出《だ》せるようになるよ。

（ラブスピード）

シェイプアップが長続《ながつづ》き

チョコのお薬《くすり》

よく歩《ある》いたあとや、エクササイズなどをしたあとに、チョコレートを少《すこ》しけずって粉《こな》にして。それを銀色《ぎんいろ》のスプーンに乗《の》せて、「ウォール・ティフ・ショコラ」ととなえてから食《た》べるの。これ、シェイプアップの根気《こんき》が続《つづ》くおまじない♪

（やきそばパンナ）

ウエストが細《ほそ》くなる

ひみつのお月様《つきさま》

おフロでおへその下《した》に月《つき》（☽）のマークを3回《かい》かけば、ウエストが細《ほそ》くなる。

（ノーアート）

ダイエット成功《せいこう》！

Pマジック

ボディソープをPの形《かたち》に出《だ》して「細《ほそ》くな～れ」と念《ねん》じながら洗《あら》うと、ダイエットが成功《せいこう》する！

（あマン）

スタイルがよくなる

ステキのひと呼吸《こきゅう》

ごはんを食《た》べる前《まえ》に、ゆっくり息《いき》を吸《す》って、3秒間息《びょうかんいき》をとめ、そしてゆっくり息《いき》をはいて。それから水《みず》をひと口《くち》飲《の》んで、「ステキが1つ増《ふ》えた」って心《こころ》の中《なか》でつぶやくの。これでシェイプアップ効果《こうか》が表《あらわ》れやすくなって、スタイルがよくなるんだって。

（スノーマン♡）

背《せ》が高《たか》くなる

トールのじゅもん

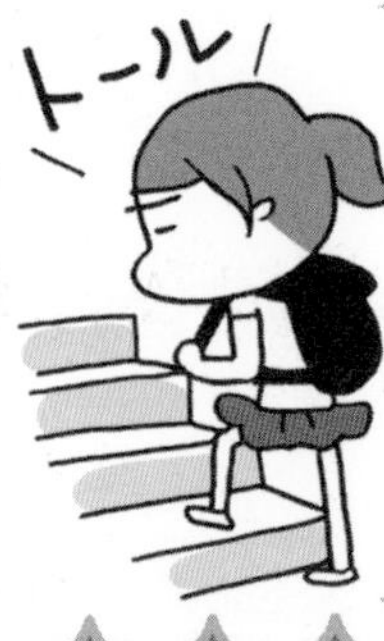

階段《かいだん》をのぼるとき、最初《さいしょ》の一段目《いちだんめ》に足《あし》がつく前《まえ》に「トール」って心《こころ》の中《なか》でとなえて。そして階段《かいだん》をのぼり終《お》わる瞬間《しゅんかん》にも、同《おな》じようにつぶやいてね。階段《かいだん》は背《せ》を高《たか》くするパワーを持《も》っているので、毎日《まいにち》やると◎。

（みほ）

きれいなツメになる

コロントリートメント

ぬるま湯《ゆ》を入《い》れた洗面器《せんめんき》に、お気《き》に入《い》りのコロンをひとふり。そしてお湯《ゆ》をよくかき混《ま》ぜて、指先《ゆびさき》を1分間《ぷんかん》ひたしてね。そのあと、指先《ゆびさき》にハンドクリームをぬっておけば、ピカピカのツメになるよ♡

（ヨロ2）

おやつをガマンできる 不思議《ふしぎ》マーク

そのひと口《くち》がいけないと、わかっていても、つい食《た》べちゃうのがおやつ。「食《た》べたい！」という気持《きも》ちがガマンできなくなりそうなときは、おなかに右手《みぎて》の人《ひと》さし指《ゆび》で、図《ず》のようなマークをかいて！　頭《あたま》の中《なか》で、細《ほそ》くなって、めっちゃステキな服《ふく》を着《き》ている自分《じぶん》を想像《そうぞう》してみて～♡　「もう少《すこ》しガマンしよう」と思《おも》えるようになるから。私《わたし》はこれで3キロやせたよ！　（NAMI）

バストアップする 月《つき》をだきしめて

きれいなバスト、あこがれちゃう。夜《よる》、女《おんな》の子《こ》をきれいにする魔力《まりょく》を持《も》つ月《つき》の光《ひかり》を両《りょう》ほうの手《て》のひらに受《う》けよう。それから、胸《むね》の前《まえ》で月《つき》の光《ひかり》を集《あつ》めるようにイメージしながら、手《て》のひら同士《どうし》を合《あ》わせて。そのままちょっと手《て》がふるえるくらいグーッと力《ちから》を入《い》れて、強《つよ》～く押《お》してね。ココがかんじんだよ！　毎日《まいにち》おフロ上《あ》がりにやると、マジでバストアップしてくるんだ♪　（ミッキー）

イメチェンが成功《せいこう》する

ピンクのタネ

写真のウラ
ピンク!

スイカの白《しろ》くてやわらかいタネを見《み》つけたら、よく洗《あら》ってかわかそう。そしてサインペンや絵《え》の具《ぐ》で全体《ぜんたい》をピンクにぬって。これを自分《じぶん》の写真《しゃしん》のウラ側《がわ》にマステやテープではろう。その写真《しゃしん》をウラ返《がえ》しにして（ピンクのタネがオモテ）自分《じぶん》の部屋《へや》にかざっておくの。だんだんイメチェンが成功《せいこう》するよ。自分《じぶん》がイイ感《かん》じになってきたと思《おも》ったら、写真《しゃしん》はオモテにもどしてね。

（ハイデン）

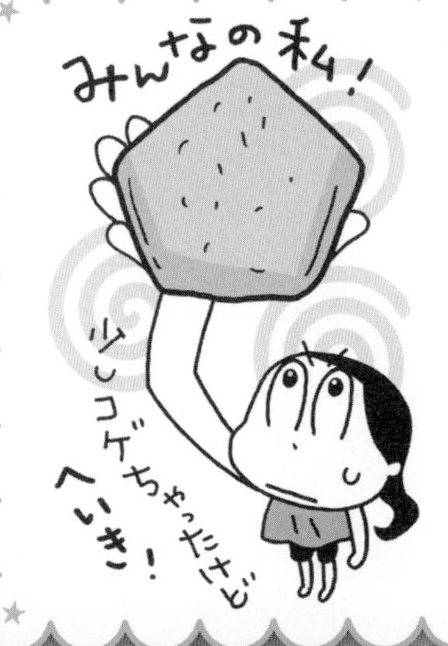
みんなの私!
少しコゲちゃったけど
へいき!

人気《にんき》が出《で》てくる

クッキー☆ペンタゴン

がんばって五角形《ごかっけい》のクッキーを焼《や》いてね。焼《や》き上《あ》がったら、熱《あつ》いうちにクッキーに手《て》をかざして、「みんなの私《わたし》」ってつぶやくの。このクッキーを、翌日《よくじつ》みんなに食《た》べてもらえばバッチリ☆　人気《にんき》が出《で》てくることまちがいなし！

（マーメイド）

めだつそんざいになる

アイドルストーン

ピンクの石《いし》（種類《しゅるい》は何《なん》でもいいよ）を、自分《じぶん》がなりたいアイドルやモデルの写真《しゃしん》の上《うえ》に乗《の》せ、ひとばん置《お》いてから、ピンクの小《こ》ぶくろに入《い》れて持《も》ち歩《ある》けばＯＫ。クラスの中《なか》でアイドルっぽくめだつためのお守《まも》りだよ♡　（たれうさぎ）

みんなの人気者《にんきもの》になる

小石《こいし》でテレパシー

自分《じぶん》の家《いえ》から見《み》て、東《ひがし》の方角《ほうがく》から、白《しろ》い小石《こいし》をひとつ拾《ひろ》ってきてね。よく洗《あら》って、水気《みずけ》を取《と》ったら、白《しろ》い紙《かみ》の上《うえ》に乗《の》せ、あなたのつくえの上《うえ》に置《お》いて。その小石《こいし》を見《み》つめながら、あなたがみんなに囲《かこ》まれて楽《たの》しくしているすがたを、強《つよ》く強《つよ》く思《おも》いうかべて！　きれいになった小石《こいし》が願《ねが》いをかなえてくれるんだよ♪　翌日《よくじつ》、小石《こいし》は元《もと》の場所《ばしょ》にもどしておいてね。もどすのをさぼると、全然効果《ぜんぜんこうか》ないからね〜！　（オリバー♡）

センスがよくなる

ファイブカラー

赤《あか》・青《あお》・白《しろ》・黄《き》・黒《くろ》の５色《しょく》の糸《いと》をそれぞれ２センチに切《き》って、束《たば》にするよ。この糸束《いとたば》を、ジッパーつきの小《ちい》さなビニールぶくろに入《い》れて持《も》ち歩《ある》けば、だんだんセンスがよくなっていくんだよ。とくに買《か》いものをするときに持《も》っていくといいよ☆

（青湖）

モテモテになる

オープン♡リップ

いつも使《つか》っているリップクリームに、針《はり》などでイラストのように二重《にじゅう》の♡をほって。このリップを使《つか》うたびに「オープンハート」ととなえていると、リップがなくなるころには、モテ効果《こうか》発動《はつどう》！　いつの間《ま》にか男子《だんし》がやさしくなっているんデス♡

（とろけるもちもち）

きれいになったと思《おも》われる

ミルクの美容薬《びようやく》

金色《きんいろ》のスプーンを用意《ようい》して。このスプーンに月《つき》の光《ひかり》を当《あ》ててから、ミルクをひとさじすくってのむの。毎《まい》ばん、ねる前《まえ》にやっていると、だんだんあなたに、月《つき》のようなかがやきが宿《やど》るよ。そして いつの間《ま》にか、「きれいになった♡」と思《おも》われるの。

（のりか）

服《ふく》をかわいく見《み》せる

赤《あか》い羽根《はね》の魔法《まほう》

どんなのでもいいから、トリの羽根《はね》を１本《ぽん》用意《ようい》して。その羽根《はね》をサインペンなどで赤《あか》くぬっておくの。お気《き》に入《い》りの服《ふく》を身《み》につけたら、両肩《りょうかた》をサッとこの羽根《はね》でなでてみよう。これでかわいく見《み》せるオーラを、服《ふく》にまとえるんだよ。

（大村）

ビューティーに
効《き》くじゅもんも
いっぱい
とどいたよ♪

じゅもん編《へん》

前髪《まえがみ》を上手《じょうず》にカットする

ヘアカット用《よう》のハサミ（なかったら、よく切《き》れるハサミ）を利《き》き手《て》に持《も》って、**「オド・クー・ドット」**と言《い》ってから切《き》ってね。切《き》りすぎちゃったり、ナナメになったりしないです☆　（♡姫）

ねグセがつかない

ふとんに入《はい》る前《まえ》に、両手《りょうて》で頭《あたま》をマッサージするようにもみながら、**「シーゲン・イシャン」**ととなえると、次《つぎ》の日《ひ》、ねグセがつかないんだよ。髪《かみ》がぬれているときは×。　（TKG）

ニキビがなくなる♪

洗顔後《せんがんご》に、**「ニキ・アビニラ・サヨン」**ととなえながら、ニキビケアの薬《くすり》をぬりぬりすると◎。（なちゅみ）

写真《しゃしん》映《うつ》りがよくなる

写真《しゃしん》をとられる瞬間《しゅんかん》に、**「ミラクル・ラッキー」**と言《い》うだけで、ばっちりかわいく写《うつ》りますー♡　（インド）

ぷるぷるのくちびるに

リップクリームをたっぷりぬってから、左《ひだり》手《て》の小《こ》指《ゆび》でくちびるをさわりながら、**「キス・リプ」**と3回《かい》となえてみてね。いつの間《ま》にかキュートなくちびるになるよー♪　(YOKO)

スリムになるよ

今《いま》よりもっとやせたいっていう子《こ》は、このじゅもん☆体育《たいいく》の時間《じかん》の前《まえ》に、全身《ぜんしん》をさすりながら、**「ミルス」**ととなえると、運動《うんどう》の効果《こうか》がアップしてやせやすくなるよっ！　(ヒロりん)

アイメイクが決《き》まる！

このおまじないをかけるときは**「アイ・グイックト」**と言《い》ってから、左《ひだり》目《め》からアイメイクを始《はじ》めてね。左《ひだり》が終《お》わったら、今《こん》度《ど》は**「イド・グイックト」**と言《い》って、右《みぎ》目《め》のメイクをすると、イイ感《かん》じに仕《し》上《あ》がっちゃいますよ♡　(O田くんラブ)

顔《かお》のむくみを取《と》る！

朝《あさ》、ぬるま湯《ゆ》で顔《かお》を洗《あら》いながら、**「シムク」**。そのあと、水《みず》で流《なが》して引《ひ》きしめながら、**「アニム」**ととなえるといいよ☆　(みなこ)

集合写真《しゅうごうしゃしん》で かわいく写《うつ》る

みんなで写真《しゃしん》をとるときに、だれよりもかわいく写《うつ》りたい〜と思《おも》ったら、なるべく真《ま》ん中《なか》に入《はい》って、**「ミニー」**と３回《かい》となえるといいよ。これ、ものすごく効《き》くからやってみて！　（３Ｂ）

目《め》の下《した》のクマにバイバイ

顔《かお》を洗《あら》っているときに、とじたまぶたに水《みず》をパシャパシャかけながら、ゆっくりと**「ルーイ・ノーイ・ムーイ」**と言《い》うと、目《め》の下《した》のクマがうすくなります。ぜひぜひ、試《ため》してね。（キディ）

いつもより かわいくな〜れ

朝《あさ》、目《め》が覚《さ》めてすぐに、おふとんの中《なか》でのびをしながら、**「アポロン・パワー！」**ととなえて、ズバッと起《お》き上《あ》がろう！　これは、とっておきのイベントの朝《あさ》などにやるといいよ！

（ころすけ）

足首《あしくび》をキュッと

右手《みぎて》の薬指《くすりゆび》と親指《おやゆび》で右《みぎ》の足《あし》首《くび》、左手《ひだりて》の薬指《くすりゆび》と親指《おやゆび》で左《ひだり》の足首《あしくび》をつかんで、**「キス・ビス・リムア」**ととなえれば◎。毎日《まいにち》、続《つづ》けてね〜♪

（てっぺー）

ぱっちり目《め》になる♡

小指《こゆび》でやさし〜くまぶたをさすりながら、**「タップ・リティ」**ととなえるといいですよ♪　めちゃカワイイ、ぱっちり目《め》に♡

（オシャレキャット）

ラッキーをキャッチ☆

「いってきます！」の前《まえ》にこのじゅもんを忘《わす》れずにとなえること。**「トゥインクルハート　トゥーラハートステキなことが起《お》きますように」**。すると外出先《がいしゅつさき》でステキな幸運《こううん》をキャッチする。

（メグ）

つやつやヘアになる

ブラシで髪《かみ》をとかすたびに**「サン・ヘア・ヘブン」**ってとなえると、エンジェルヘアに♡　（カイリ）

ヘアアレンジが決《き》まる！

ムースやミストのヘアケア剤《ざい》を使《つか》うときは、**「ヴィーナス・ヘア」**と言《い》いながら、髪《かみ》につけてアレンジすると、ふつうに使《つか》うよりきれいに決《き》まる。ヘアケア剤《ざい》を使《つか》わないなら、水《みず》でもＯＫ。

（あっきー）

ジンクス編《へん》

ジンクスってこんなにいっぱいあるんだ！

3日《か》続《つづ》けて飛行機雲《ひこうきぐも》を見《み》ると

↓

白《しろ》い歯《は》をゲットできる！

（たなせ）

友《とも》だちにも教《おし》えたいおもしろネタばかり！

うっかりヘアピンをなくすと

↓

似合《にあ》うヘアスタイルが見《み》つかる！

（恵美）

あれ？
ヘアピン

5枚

赤《あか》ちゃんのころにとったハダカの写真《しゃしん》が5枚《まい》以上《いじょう》あると

↓

将来《しょうらい》ナイスボディになる！

（サッチ）

ボロボロ

肌《はだ》がボロボロになる夢《ゆめ》を見《み》ると

↓

肌《はだ》がきれいになる！

（ミキ）

学校《がっこう》で何《なに》かの代表《だいひょう》に選《えら》ばれると
髪《かみ》がツヤツヤになる！
（コーイチ）

おそい時間《じかん》におフロに入《はい》ると
髪《かみ》がボサボサになる〜！
（姫ちゃん）

学校以外《がっこういがい》の友《とも》だちが増《ふ》えると
センスがよくなる！
（スキーヤー）

1日《にち》にトラックを10台《だい》以上《いじょう》見《み》てしまうと
ぬけ毛《げ》が多《おお》くなる！
（カナッチ）

近所《きんじょ》にヒマワリが咲《さ》いている家《いえ》があると
目《め》が大《おお》きくなっちゃいますっ！
（まきんこ）

ミカンの皮《かわ》をむくとき、ヘタのほうからむく人《ひと》は
セクシーなくちびるになるぅ♡
（あーちゃん）

年上《としうえ》の男《おとこ》の子《こ》に恋《こい》をすると

↓**ムネが大《おお》きくなるし♡**

（ほしの希望）

自分《じぶん》の部屋《へや》に東向《ひがしむ》きの窓《まど》があると

↓**きれいな声《こえ》になる☆**

（カレン）

黒板《こくばん》の板書《ばんしょ》をきれいに写《うつ》せる子《こ》は

↓**ぱっちりふたえになれる☆**

（このみ）

体育《たいいく》の時間《じかん》に着《き》がえが早《はや》いと

↓**足《あし》がきれいになる！**

（モナー）

家《いえ》にある観葉植物《かんようしょくぶつ》が元気《げんき》だと

↓**美肌《びはだ》になれちゃうー！**

（サエキ）

家《いえ》のトイレがきれいだと
色白《いろじろ》になれる♪
（サッチ）

朝起《あさお》きたとき、
まくらが頭《あたま》からはなれていたら
背《せ》がのびるよ
（BANBI）

男友《おとこども》だちとばかり
仲良《なかよ》くしていると
太《ふと》る！
（MIYUKI）

友《とも》だちとケンカすると
ニキビができるぅ～↘
（ますわか）

片手《かたて》でたまごを割《わ》れた日《ひ》は
メイクがバッチリ決《き》まる～♡
（ノゾミ）

好《す》きな人《ひと》に告《こく》ると

体《たい》毛《もう》がうすくな〜る〜♪

（イコー）

目《め》覚《ざ》ましが鳴《な》る前《まえ》に起《お》きられると

その日《ひ》はキラキラ目《め》になれる☆

（すみこ）

友《とも》だち関係《かんけい》がうまくいくと

きれいにツメがのばせる♡

（潮っち）

新《あたら》しい友《とも》だちができると

似《に》合《あ》う服《ふく》が手《て》に入《はい》る！

（ミチッチ）

外国《がいこく》の人《ひと》にやさしくすると

鼻《はな》が高《たか》くなる〜！

（やっぱりきたろ）

男《おとこ》の子《こ》にプレゼントをもらうと

↓グーーンとかわいくなる♡

（メガ）

メガネをこわすと

↓目《め》の下《した》にクマができちゃうし

（つるのち）

気《き》になるカレが真《ま》後《うし》ろの席《せき》になると

↓ウエストが細《ほそ》くなっちゃう！

（NEWS）

雨《あめ》上《あ》がりに虹《にじ》を見《み》ると

↓かわいいって言《い》われる♡

（ルーブル）

ティッシュボックスをふんづけると

↓カレにブサイク顔《がお》を見《み》られる

（ねむねむ）

勉強《べんきょう》をがんばると
髪《かみ》が早《はや》くのびる
（さくら）

イライラしてばかりの人《ひと》は
フケ顔《がお》になる
（しゅん）

カレとキスする夢《ゆめ》を見《み》た日《ひ》は
笑《え》顔《がお》がかわいくなる♪
（はんにゃん）

ゾロ目《め》のおつり（77円《えん》とか33円《えん》とか）をもらうと
足《あし》首《くび》が細《ほそ》くなる♪
（大ちゃん）

制服《せいふく》のボタンが取《と》れて落《お》ちると
背《せ》がちぢむ!?
（なっちゅ）

朝《あさ》ごはんに黄色《きいろ》いものが出《で》た日《ひ》には

↓

超《ちょう》かわいい写真《しゃしん》がとれる！

（しょこる）

おフロでお湯《ゆ》につかりながら、シャボン玉《だま》を5つ作《つく》れたら

↓

翌日《よくじつ》はお肌《はだ》つるつるに☆

（みぎわ）

友《とも》だちを大笑《おおわら》いさせた次《つぎ》の日《ひ》は

↓

顔《かお》がむくまない！

（いそのー）

朝《あさ》、起《お》きたときにトリの鳴《な》き声《ごえ》が聞《き》こえると

↓

その日《ひ》のヘアアレンジはカンペキに◎

（タープル）

かっこいい人《ひと》に頭《あたま》をなでられると

↓

ぐーんと背《せ》がのびーる

（亀ちゃん）

監修／オトメのミリョク研究会

女の子のミリョクを引き出す方法を研究する、スタイリスト、ヘアメイクアップアーティスト、ネイリスト、インストラクター、美容ライター、デザイナーのメンバーで構成するプロジェクトチーム。かわいくなりたい、すべての女の子のサポート活動をしている。

カバーイラスト／ミニカ
カバーデザイン／根本直子（説話社デザイン室）
マンガ・イラスト／吉乃もっこ、ミニカ、これきよ、水玉子、オチアイトモミ、小平帆乃佳、poto、のはらあこ、ナカムラアヤナ、まつもとめいこ、久永フミノ、山口泉、シンカイモトコ、菊地やえ、ちょこまい、原ペコリ、せり☆のりか、アイ。、めやお、上田惣子
本文デザイン・DTP／萩原美和、橋本綾子、渡辺実穂、風間佳子、吉原敏文（デザイン軒）、
説話社デザイン室（菅野涼子、根本直子）
企画・制作／仲川祐香、長澤慶子、村山佳代、宇内恵子（以上、説話社）

おしゃカワ！ ビューティー大じてん

監　修　オトメのミリョク研究会《けんきゅうかい》
発行者　深見公子
発行所　成美堂出版
〒162-8445　東京都新宿区新小川町1-7
電話(03)5206-8151　FAX(03)5206-8159
印　刷　広研印刷株式会社

ISBN978-4-415-32532-3
落丁·乱丁などの不良本はお取り替えします
定価はカバーに表示してあります